Jaimini-Śrauta-Sūtra

FSC
www.fsc.org
MIX
Paperi vastuul -
lisista lähteistä
Paper from
responsible sources
FSC® C105338

Jaimini-Śrauta-Sūtra

with Bhavatrāta's *Vṛtti*
and *Śrauta-kārikā*

edited by
ASKO PARPOLA

Preliminary edition, reprinted from
Electronic Journal of Vedic Studies, vol. 27 (2023), issue 1

Publisher: BoD · Books on Demand GmbH, Helsinki, Finland
Print: Libri Plureos GmbH, Hamburg, Germany

ISBN: 978-952-80-8359-7

Contents

Preface

In September 2019, I completed the first round in my efforts to edit the Sūtras of Jaiminīya-Sāmaveda with Bhavatrāta's commentaries. For digital search and for cross-references, I needed a draft version of Bhavatrāta's texts with his divisions of the Sūtra texts (especially the unpublished *Jaimini-Kalpa* and *Jaimini-Paryadhyāya*) into individual *sūtras*. I got the texts more or less established, but annotation of significant variant readings, parallel passages and the like was left for the second round, on which I would also collate the manuscripts of the plain Sūtra texts of the JŚS, the JGS and the JĀrB (many new mss. have been traced and photographed, see Fujii & Parpola 2016). The introductions, too, were largely yet to be written. In spite of these shortcomings I wanted to publish a preliminary version of my editions as they stand now, for the following reasons.

A new Vedic concordance is being prepared by Oliver Hellwig, Sven Sellmer and Kyoko Amano, and I would like them to include these (partly so far unpublished) texts — I sent to Oliver Hellwig an earlier version of this preliminary edition in December 2022.

Secondly, I shall be tied to publishing the last volume (3.4) of *Corpus of Indus Seals and Inscriptions* in 2023 — finishing this series was the reason for interrupting the editing the Jaimini-Sūtras with Bhavatrāta's commentaries in 2019 (CISI vol. 3.2 was then published in 2019 and vol. 3.3 in 2022): the publisher, Finnish Academy of Science and Letters, decided to discontinue with its Humaniora series in which the CISI has been appearing.

In the third place, it remains to be seen if I will be able to carry out the planned second round. I have been suffering from bone marrow cancer (multiple myeloma) for four years, and though the doctors and I myself are doing our best to keep me alive, it is uncertain how long we will succeed. And I would like to see at least this preliminary version published and made available to Vedic scholars.

Currently the following texts (all with Bhavatrāta-vr̥tti) are LaTeX-formatted and more or less ready for printing (altogether nearly 1700 pp.). Page numbers may slightly change.
1. Jaimini-Śrauta-Sūtra in 26 khaṇḍas & Śrauta-kārikā by Bhavatrāta. 187 pp.
2. Jaimini-Kalpa 1. Stoma-Kalpa in 13 khaṇḍas (forming 4 adhyāyas). 124 pp.
3. Jaimini-Kalpa 2. Prākr̥ta-Kalpa in 33 khaṇḍas. 87 pp.
4. Jaimini-Kalpa 3. Saṃjñā-Kalpa in 6 khaṇḍas. 59 pp.
5. Jaimini-Kalpa 4. Vikr̥ti-Kalpa in 129 khaṇḍas. 331 pp.
6. Appendices to the Jaimini-Kalpa by Asko Parpola:
- Synopsis of the Jaiminīya-Ūha-Gāna. 88 pp.
- Jaiminīya-Grāmegeya-Gāna index to the Jaiminīya-Ūha-Gāna. 87 pp.
- Synopsis of the Jaiminīya-Ūhya-Gāna. 17 pp.
- Jaiminīya-Āraṇyaka-Gāna index to the Jaiminīya-Ūhya-Gāna. 17 pp.
7. Jaimini-Paryadhyāya (Jaimini-Sūtra-Pariśeṣa) in 86 khaṇḍas (forming 12 adhyāyas).
- Khaṇḍas 1-28. 207 pp.
- Khaṇḍas 29-86. 237 pp.
8. Jaiminīya-Ārṣeya-Brāhmaṇa with Jayanta ' s commentary. 17 pp.
9. Jaimini-Gr̥hya-Sūtra & Gr̥hya-kārikā by Bhavatrāta. 242 pp.

When I presented this publication plan to Michael Witzel and Masato Fujii, asking if the proposed preliminary edition could be published in the *Electronic Journal of Vedic Studies*, I got a very welcoming reply. Michael Witzel kindly promised that the parts listed above could be published in the EJVS as and when they are submitted in PDF form, and moreover that the final edition if and when it was finished, could be published in *Harvard Oriental Series.* I have been closely collaborating with Masato Fujii in the study of the Jaiminīya tradition, especially in the search of new manuscripts, and I owe him many things, among them my knowledge of the Sanskrit LaTeX. We had been planning a coordinated publication of our researches.

After finishing CISI vol. 3.3 in December 2022 and some accumulated other tasks, I wrote the following introduction to this and the following volumes. I first discuss Jaimini, the supposed author of these Sūtra texts, and Bhavatrāta, the commentator; then I tell about the discovery of the manuscripts containing the *Jaimini-Kalpa* (JK) and the *Jaimini-Paryadhyāya* (JPA) and Candraśekhara's *Sāma-Prayoga-Vṛtti* (Ca.), and the long-drawn process of their editing; finally I describe the manuscripts of Bhavatrāta's commentaries on the JŚS, JK and JPA. Manuscripts of Bhavatrāta's commentary on the JGS will be dealt with in the preface to that text.

Asko Parpola

Helsinki, April 2023

Introduction

Jaimini

The commentator Bhavatrāta ascribes the above listed Sūtra texts to Jaimini, whom he identifies with the author of the *(Pūrva-)Mīmāṃsā-Sūtra* (PMS) and a student of Veda-Vyāsa [Bh 1,5-8]. The whole Jaiminīya branch of Sāmaveda has been named after Jaimini. Originally, however, the eponym of this school and probably also the "author" of its Sūtras and its Brāhmaṇas was Śāṭyāyani, quoted as an authority in the Jaiminīya-Brāhmaṇa and once also in the JŚS, in 1,18, while the next sūtra 1,19 quotes Tāṇḍya, the eponym of the other main school of Sāmaveda, that of the Kauthumas, also called Tāṇḍinaḥ. Śāṭyāyani and Tāṇḍya are actually the only teachers mentioned by name in the JŚS, and Tāṇḍya is supposed to be the author of the Tāṇḍya-Brāhmaṇa alias Pañcaviṃśa-Brāhmaṇa of the Kauthuma school. Batakrishna Ghosh (1935: 1-102) has traced 71 quotations from a lost Brāhmaṇa variously called *Śāṭyāyani-Brāhmaṇam, Śāṭyāyaninām (Brāhmaṇam)* or *Śāṭyāyanakam*, and in most cases a parallel passage, often either wholly identical or only slightly different, is found in the Jaiminīya-Brāhmaṇa. (For a comprehensive study of the authorities and Vedic schools quoted and Vedic schools mentioned in the JŚS, JK and JPA, see Parpola 2016.)

Since the edition of Dieuke Gaastra (1906), the present text has been called Jaiminīya-Śrautasūtra. I have modified the name into Jaimini-Śrauta-Sūtra, retaining Śrauta-Sūtra. It is to be noted, however, that Bhavatrāta calls the text simply Sūtram (authored by Jaimini), and in the manuscripts of the plain text, it is called either *Agniṣṭomasya Jaimini-Sūtram* or *Kalpa-Sūtram* (Gāstra 1906: 33). Dhanvin in his commentary on the Drāhyāyaṇa-Śrauta-Sūtra, refers a number of times to the JŚS by simply mentioning Jaimini, but twice using the term Jaimini-Kalpa. Dhanvin once quotes Jaimini-Sūtra-Pariśeṣa. (Gaastra 1906: xiv-xvii). Bhavatrāta mentions Sūtra-Pariśeṣa as an alternative name of Jaimini-Paryadhyāya. So far it has not been known that the Jaiminīyas actually had a proper Kalpa-Sūtra different from the JŚS.

Chronologically, the Jaimini-Śrauta-Sūtra belongs to the older layer of Vedic texts comprizing all Saṃhitās, Brāhmaṇas and Śrautasūtras (excepting the Kātyāyana-Śrautasūtra), which contain no reference to mirror, while the mirror (*ādarśa*) is mentioned in the Upaniṣads (excepting the oldest, Jaiminīya-Upaniṣad-Brāhmaṇa), the Gṛhyasūtras and the Kātyāyaṇa-Śrautasūtra. The dividing line between these two groups of texts is c. 500 BCE, when mirror was adopted in North India from Achaemenid Persia. Late Vedic *ādarśa* 'mirror' appears to be a translation loan from the indirectly preserved Old Persian word for 'mirror', **ādaina(ka)-*, from the preverb *ā-* + the Iranian verbal root **dai-* 'to see, look'. (Parpola 2019).

It appears that the Śāṭyāyani school decided to change its name and to ascribe its works to Jaimini when the Epic-Purāṇic myth of Veda-Vyāsa became prevalent. Vyāsa is said to have divided (*vivyāsa*) the Vedas into four and taught them to four students of his, the R̥gveda to Paila, the Sāmaveda to Jaimini, the Yajurveda to Vaiśampāyana and the Atharvaveda to Sumantu, and his own composition, the epic Mahābhārata as the fifth Veda meant for common people, to his son Śuka. (Sullivan 1990; Renou 1947). According to Mahābhārata 1,48,6, Jaimini performed the duty of the Udgātr̥, the chief Sāmavedic priest, in the Snake sacrifice (*sarpasattra*) of King Janamejaya.

When the Vyāsa legend came into being, Jaimini was undoubtedly the most famous Sāmavedin: he was the author of the PMS and of the unpublished Anupada-Sūtra of the Kauthuma school, which in *mīmāṃsā* terms comments on the Tāṇḍya-Brāhmaṇa (Parpola 2012). The PMS came into being around 300-250 BCE, because it is slightly earlier than the Kātyāyana-Śrauta-Sūtra, which is dependent on it, and this ritualist Kātyāyana is likely to be the same as the grammarian Kātyāyana who wrote the *Kārikās* on Pāṇini's grammar (Paranjpe 1922) and who can be dated to c. 250 BCE. Jaimini is not mentioned or quoted in older Vedic literature. Pāṇini knows the Mahābhārata and some of its main characters, but not Vyāsa nor Jaimini; Kātyāyana and Patañjali, however, know Vyāsa. The mentions of Jaimini in younger Vedic literature, in the *pravara*-lists and in the Gṛhya-Sūtras, already reveal knowledge of the Vyāsa legend. In the Jaiminīya-texts, Jaimini's name occurs only once, in JGS 1,13,9. Here Jaimini is mentioned first (i.e. as the oldest) in the list of thirteen teachers of the Sāmaveda who are to be satiated with water libations. In the corresponding *tarpaṇa* list of the Kauthuma school (Weber 1886: 27-28), Jaimini is the last (i.e. the youngest) of thirteen Sāmavedic teachers. (Parpola 2023.)

The *tarpaṇa* list of JGS 1,13,9 runs: *ācāryam ācāryāṃś ca jaiminin talavakāraṃ sātyamugriṃ rāṇāyaṇiṃ kuruvāsasañ ca bhāguriṃ kaurukuṇḍiṃ gaulgulavam bhagavantam aupamanyavaṃ kārāḻiṃ sāvarṇiṃ gārgyaṃ vārṣagaṇyan daivantyam ity etāṃś trayodaśa.* Here Jaimini is followed by Talavakāra ('musician-maker') which may be an epithet of Jaimini and not another teacher (Jaimini's student and follower), although it is so understood by Bhavatrāta and in customary verses paying homage to Jaimini, such as:
sāmākhilaṃ sakalavedaguror munīndrād vyāsād avāpya bhuvi yena sahasraśākham /
vyaktaṃ samastam api sundaragītarāgaṃ taṃ jaiminiṃ talavakāraguruṃ namāmi //
(Raghu Vira & Lokesh Chandra 1954: 3 n. 1).

Of the two words *jaiminin talavakāraṃ* at the beginning of the JGS list *talavakāraṃ* is new compared to the names in the Kauthuma list of thirteen successive teachers of the Sāmaveda. It is true that only by counting Talavakāra as a separate teacher, the Jaiminīya list reaches the required number of thirteen. On the other hand, Talavakāra is used as an alternative name for the Jaiminīya school of Sāmaveda: one speaks of the *Talavakāra-śākhā*; and Talavakāra replaces Jaimini in alternative names of several texts: Jaiminīya-Brāhmaṇa = *Talavakāri-Brāhmaṇam* (Raghu Vira & Lokesh Chandra 1954: 3); Kena-Upaniṣad = *Talavakāra-Upaniṣad*; Jaiminīya-Upaniṣad-Brāhmana = *Talavakāra-Upaniṣad-Brāhmaṇa* (Oertel 1896).

According to Albrecht Weber (1876: 257) the name Jaimini has been formed irregularly from the Ṛgvedic noun *jéman* 'victorious' — one would have expected Jaimani. Jaimani is actually sometimes attested as a variant reading for Jaimini. (In later Jaiminīya manuals and manuscript colophons one also meets the folk-etymological variants Jaimuni and Jayamuni.) But it seems possible to derive Jaimini regularly from the neutral noun *jemán* 'victoriousness' with the late suffix *-m-in-* giving the meaning 'possessing victoriousness' (cf. *dhar-mán-* : *dhar-m-in-*).

Bhavatrāta

A proper introduction to, and assessment of, Bhavatrāta's excellent commentaries to the Jaiminīya Sāmaveda Sūtras has to be postponed to a later occasion. Only his life time and family history will be discussed here.

Bhavatrāta can be dated to the seventh century CE on the basis of what Daṇḍin, the famous author of the *Daśakumāracarita* and the *Kāvyādarśa*, tells in his partly autobiographical *Avantisundarīkathā* (Uḷḷūr 1955, I: 102-104; Raja 1980: xvii & appendix p. iii; Shastri 1966: 9). Unfortunately this work has survived only in a single incomplete and lacunary manuscript (ed. Kuñjan Piḷḷai 1954) and in a metrical summary called *Avantisundarīkathāsāra* (ed. Harihara Sastri 1957). "If tradition preserved in the *Avantisundarīkathā* is true, the illustrious Daṇḍin was the great-grandson of Dāmodara, a friend of Bhāravi, and adorned the Pallava court of Narasimhavarman I (630-68)" (Nilakanta Sastri 1966: 345). But in another place of the same book, Nilakanta Sastri (1966: 153) states that Daṇḍin probably spent many years at the court of Narasimhavarman II Rājasimha (700-728).

In Kāñcīpuram Daṇḍin one day met a famous architect (*sthapati*) Lalitālaya, whom the people around praised as an excellent mechanical engineer and a man of many other skills. Whisking away these praises Lalitālaya wanted Daṇḍin to come with him to Mahāmallapuram to see if his mending of the broken arm of the Śeṣaśayana image on the shore was worth anything. Daṇḍin's friend, son of a general, was present; he recommended acceptance of this invitation, as Daṇḍin would in Mahāmallapuram also meet his own friends Mātṛdatta and Devaśarman, illustrious Brahmins who had come from Kerala to see Daṇḍin. Mātṛdatta is here said to be son[1] of the Kalpa-Sūtra commentator (*kalpasūtraṭīkākāra*) Bhavarāta (*sic*). Avantisundarīkathāsāra I.45-46:
ārya saṃbhāvyatām asya sthapateḥ praṇayas tvayā /
api ca spṛhaṇīyaṃ te suhṛdām api darśanam // 45 //
mitrāṇi mātṛdattādyāḥ keraḷebhyo dvijottamāḥ /
tvaddarśanārtham āyātās tasmin sannidadhaty amī // 46 //
In the Avantisundarīkathā itself this key passage is told more elaborately (ed. Kuñjan Piḷḷai 1954: 13-14; here ... denotes skipped passages, [...] gaps in the ms.): *atha sannidhāv evopaviṣṭo* (ed. *-tā-*) ... *raṇamalla(ḥ?) senāpatikumāraḥ ... abravīt / ārya sambhāvya evāsya śilpivarasya praṇayaḥ / ... mitraṃ ca tavaiṣa viśvabrahmarāśeḥ kalpasūtraṭīkākārasya sakalavidyānadīpūravāridhes triṃśatkratuvibhūtibhāvitatrayastriṃśasya śāpānugrahasamarthasya brahmarṣer bhavarātanāmnaḥ putraḥ tatputrāṇāṃ tatsamānamedhādisarvasampadāṃ dvitīyas trayyām aṅgeṣv ai[tihyakalāsu]kavitāyāṃ cādvitīyaḥ suhṛnmatanirvikāradattahṛdayo guruparicaryāparaḥ paramamāheśvaro labdhavarṇakarṇadhāraḥ karṇam api naparā[xx]kas tyāgaśaktyātikrānto mantrārthatattvavyākhyānacaturaś caturvedavit sarvajanamātṛbhūtakaruṇāvṛttir mātṛdattaḥ tadā caiṣā* [follows a blank space of ca. 10 lines in the ms.] ...
In a little later passage (p. 17), Mātṛdatta and Rāmaśarman are mentioned as Daṇḍin's "dear friends" who pressed him to unravel a mysterious event that took place in Mahāmallapuram (*mātṛdattarāmaśarmaprabhṛtibhiḥ priyasakhair muhur muhuḥ preryamāṇo...*).

In the introductory verses to his JŚS-vṛtti, Bhavatrāta [Bh 1,15–2,7] tells that his grandfather Hastiśarman, who descended from ṛṣi Maṭhara, one of the many sons of Sage Kaśyapa, migrated to Kerala from a village of many great sāman singers called Vasiṣṭhakuṭi in the Cōḷa country. (Today the village is called Tiṭṭakuṭi, located in the South Arcot District of Tamilnadu near Vriddhachalam.) Hastiśarman's son, named Mātṛdatta, mastered the Sāmaveda, Ṛgveda and Yajurveda, and knew thoroughly the meaning of the *śruti* and the *smṛti*, and was held in high regard by kings and was much consulted by Brahmins.

[1] Shastri 1966:9 wrongly states that Daṇḍin's friend Mātṛdatta was the father of Bhavatrāta.

Mātr̥datta married the daughter of Brahmadatta belonging to Viśvāmitra gotra. Their son Bhavatrāta had his maternal grandfather Brahmadatta as his teacher.

According to the custom of the Nampūtiri Brahmins of Kerala, the firstborn son should be named after the paternal grandfather, the second son after the maternal grandfather and the third son after the father. Thus Bhavatrāta's firstborn son would have been named Mātr̥datta, which agrees with Daṇḍin's testimony of his son's name. Daṇḍin comments on the name Mātr̥datta in terms very similar to Bhavatrāta's introduction.

Bhavatrāta had also a daughter and a son-in-law, who was also his sister's son (the Dravidian kinship system, drastically different from the Vedic kinship system, prefers cross-cousin marriage). This son-in-law, Jayanta belonging to the Bharadvāja-kula was also Bhavatrāta's faithful student, who (either as a collaborator, or more likely after Bhavatrāta's death) completed the Vr̥tti by writing parts of it (naturally on the basis of what he had learnt from Bhavatrāta). He gives this information at the end of his JĀrṣB commentary that concludes the manuscripts of Bhavatrāta-vr̥tti on JŚS, JK and JPA. According to Jayanta, Bhavatrāta composed the commentaries on the JŚS, JGS, the Stoma, Saṃjñā and Vaikr̥ta parts of the Jaimini-Kalpa, and parts of the Paryadhyāya, while Jayanta composed the commentaries on the Prākr̥ta part of the Jaimini-Kalpa, the Jaiminīya-Ārṣeya-Brāhmaṇa, and parts of the Paryadhyāya.[2]

Four of the presently existing twenty Jaiminīya Nampūtiri manor houses (*mana*) belong to "aristocratic" *āḍhyan* ('rich') Nampūtiris, who use the honourific name Nampūtirippāṭŭ and who do not officiate as priests in Vedic sacrifices; all the rest are "ordinary" (*āsyan*) Nampūtiris. These four *manas*, Mūttiriṅṅōṭŭ, Narippaṯṯa, Muṇṭāya and Vaṭakkañcēri, are the only ones belonging to the Kāśyapa gotra, and it is only in these four families that the uncommon name Bhavatrātan is current. All these features connect these houses with the commentator Bhavatrāta, who descended from Sage Kaśyapa's son Maṭhara. (The late E. R. Sreekrishna Sarma, who was a Tamil Brahmin from Kerala, orally suggested to me that the name Mūttiriṅṅōṭŭ might go back to hypothetical Māṭharaṅṅōṭŭ). In my researches, Mūttiriṅṅōṭŭ turned out to be the only one to have manuscripts, among them Bhavatrāta's commentary on the JGS (cf. Fujii & Parpola 2016: 148).

Bhavatrāta's commentary is among the Nampūtiris known as *Bhavatrātīyam*, and this is also the popular title of the book *Aphanṯe makaḷ* 'Uncle's daughter' (1933) written by Mūttiriṅṅōṭṭu Bhavatrātan Nampūtirippāṭŭ (1903-1944, Kollam years 1077-1119), famous for fighting for social reforms in the Nampūtiri community (Uḷḷūr 1955 [1990] V: 323-325).

From Bhavatrāta's genealogy it appears that in the seventh century CE a Tamil Brahmin coming from the Cōḷa country to Kerala was treated as an equal by the Nampūtiri Brahmins, to the extent that he could marry a Nampūtiri girl, and that his son could become an advisor to local kings and Brahmins. But later the relations between immigrant Tamil Brahmins and the Nampūtiris have not been so cordial, perhaps after Cōḷa kings from Rājarāja the Great (985-1014 CE) onwards warred against the Cēra kings of Kerala (Nilakanta Sastri 1955: 201-203). It was around then, too, that Malayāḷam started diverging from Tamil and becoming a separate language.

[2] Uḷḷūr in his great history of Keralan literature (1955 vol. III: 88-90) quoted from the Madras manuscript (R 5507) parts of Bhavatrāta's and Jayanta's autobiographical verses summarized here, but he believed that Bhavatrāta's *Jaiminīya-sūtra-vr̥tti* is a commentary on the *(Pūrva-)Mīmāṃsā-Sūtra*.

The Tamil Jaiminīyas and Nampūtiri Jaiminīyas of today have clearly been separated a long time and differ in some fundamental respects: the Nampūtiris have kept alive the tradition of performing *śrauta* sacrifices, including the great Soma sacrifices of *agniṣṭoma* and of *atirātra* with *agnicayana*, while the Tamils have for a long time performed just *gr̥hya* rites and learnt by heart the Sāmavedic verses and songs. The Nampūtiri chanting is much slower than the Tamil singing, and the two groups use different hand movements to accompany the chant (the Nampūtiris also head movements) – these are clearly of great assistance in teaching the *svaras* to students. Slight differences in the textual divisions of the Saṃhitā have developed between the Tamil and Nampūtiri versions, but the most notable difference is that only the Tamils have had manuscripts of the song books with a particular musical notation (Howard 1988).

Discovery of previously unknown Jaiminīya Sūtras

My doctoral dissertation (Parpola 1968) examined in broader Sāmavedic context the differences between the Lāṭyāyana-Śrauta-Sūtra (LŚS) of the Kauthuma-śākhā and its later version, the Drāhyāyaṇa-Śrauta-Sūtra (DŚS) of the Rāṇāyanīyas, a sub-school of the Kauthumas. The LŚS is divided into 10 prapāṭhakas and these in turn into 13 kaṇḍikās (excepting the 10th prapāṭhaka, which has 20 kaṇḍikās). The DŚS is divided into 31 paṭalas, each of which usually has 4 khaṇḍas (three paṭalas have 5 khaṇḍas and one paṭala has 6 khaṇḍas). While there are also other kinds of differences between the Śrauta-Sūtras and Gr̥hya-Sūtras of these two Sāmavedic schools, most of their other texts are practically identical, though the musical notation of the ancient song books (Gānas) constitutes an important exception. The textual divisions and the terms used of the various sections appeared to constitute a previously unnoticed means to distinguish the school affinity in the case of the nearly identical texts of the Kauthumas and Rāṇāyanīyas. The reason for the new Rāṇāyanīya way of dividing the texts and for a number of other changes in the DŚS in comparison to the LŚS seemed to be the influence of the Jaiminīya school of Sāmaveda.

Wanting to verify these provisional conclusions concerning the textual divisions and the associated chapter terms, I checked many manuscript catalogues, which often mention these data and also quote passages from the manuscripts described. Thus in 1966 I came to check what the *Descriptive Catalogue of Manuscripts in the Tanjore Maharaja Serfoji' s Sarasvati Mahal Library* (vol. IV, 1929, pp. 1503-1506, no. 1969) says of the *Maśaka-Kalpa-Sūtra*, a well-known Kauthuma-Rāṇāyanīya text. In the colophon the work is called *Kalpabrāhmaṇam*, and the cataloguer, P. P. S. Sastri, thought that it was "probably by Maśaka". From the extracts quoted from the beginning and end of the manuscript, however, I could conclude that it did not contain the Maśaka-Kalpa-Sūtra, but an otherwise unknown text belonging to the Jaiminīya school, as the sacrifices enumerated and their order had counterparts in the Jaiminīya-Brāhmaṇa.

In the very same year, 1966, Premnidhi Shastri published for the first time the *Jaiminīya-Śrauta-Sūtra-Vr̥tti of Bhavatrāta*, together with a useful seven-page introduction in Sanskrit (pp. v-xi), a table of contents (pp. xīi-xvi), and three indexes of authorities quoted (pp. 347-8). The bulky book appeared in the Śata-Piṭaka series as vol. 40, published in New Delhi by the International Academy of Indian Culture. The editor believed that "only one single manuscript of the work exists in the whole world"; he used a transcript procured "from Madras" by Professor Lokesh Chandra; according to Shastri it "abounds in scriptural errors and not infrequently has lacunas". I have identified the original as manuscript no. R 5507 in the Government Oriental Manuscripts Library, Madras, a devanāgarī transcript made in 1930-31 from a manuscript in the Adyar Library, Madras.

Bhavatrāta ' s Vṛtti (as published by Shastri) comments upon three major texts, called by Bhavatrāta (1) Sūtra, (2) Kalpa and (3) Paryadhyāya or Sūtrapariśeṣa. The first of these is the Jaimini-Śrauta-Sūtra (JŚS) in 26 khaṇḍas, edited (with an introduction, a Dutch translation, and indexes) as her doctoral dissertation by Dieuke Gaastra in 1906. The second and third texts I could identify as the texts contained in the above mentioned manuscript of Tanjore (Thanjavur / Tañjāvūr), abbreviated in my editions Tj. Bhavatrāta quotes only the first two and the last two syllables of the individual rules (*sūtra*) he is commenting on, but this sufficed to confirm the identity of the newly discovered texts JK and JPA. I communicated their discovery and reviewed Shastri's edition of the Bhavatrāta-Vṛtti in detail in Parpola 1967 (1968) (cf. also Parpola 1973: 15).

The long-drawn project of editing the Jaiminīya Sūtras with Bhavatrāta's commentaries

Planning to publish the three basic texts and Bhavatrāta ' s commentary on them, I ordered a copy of the Tanjore manuscript Tj (palm leaves numbered 11-128 in the grantha script) containing the Jaimini-Kalpa (JK) and Jaimini-Paryadhyāya (JPA) (unfortunately the first two khaṇḍas of the JK and part of the third are missing in Tj, but thanks to Ca. they can mostly be reconstructed with fair confidence). I also wanted to have a copy of another manuscript that had come to the library together with that of JK and JPA, namely the Sāma-prayoga-vṛtti by Candraśekhara Bhaṭṭārya Pañcāgni = Ca. (146 palm leaves in the grantha script, P. P. S. Sastri 1929, vol. 5, pp. 2208-2214, no. 2623; Burnell 1880 no. 9117a). This latter work (abbreviated Ca.) contains copious and long quotations of the JK, JPA and Bhavatrāta, and has turned out to be of really vital importance. We do not know much about Ca., except that on the basis of his name he was a worshipper of Śiva, once called by him bhagavān Pinākapāṇi (p. 7 fol. 2a). In addition he once refers to another work of his: p. 216 fol. 45 b *eṣāṃ gāyatrāmahīyavādīnāṃ sāmnāṃ ṛṣicchandodevatānidhanārṣeyaṃ ca ... tāni cāsmadīya ṛṣyādinirṇayākhye granthe draṣṭavyānīti.* More on Candraśekhara and his Sāma-prayoga-vṛtti in the Preface to Vikṛti-Kalpa.

Photographic copies could not be supplied by the Tanjore library, but I got devanāgarī transcripts of both texts;[3] later the two manuscripts have been photographed several times, both by myself (1971, 2010) and in 2006 by our team of the Jaiminīya manuscripts documentation project led by Masato Fujii (Fujii & Parpola 2016: 152).

From the beginning it was clear to me that a good edition required a thorough search for more manuscripts. New manuscripts were needed not only of the JŚS, JK, JPA, Ca., and Bhavatrāta ' s Vṛtti, but also of the then unpublished Jaiminīya Gānas, the song books, which are the central subject matter of the JK and which are constantly referred to in all the texts to be edited. The song books consist of the two basic or primary collections of melodies (*sāman*), the *Jaiminīya-Grāmegeya-Gāna* (JGG) and the

[3] Kalpabrāhmaṇam (9102), 276 pp., copied by S. Nāgarāja Cāstrikaḷ, checked by P. M. Padmanābha Sarma, dated 18 Dec. 1967; Sāmaprayogavṛttiḥ B-9117a, 752 pp., copied by N. Ranganatha Sastri, checked by P. M. Padmanabha Sarma, dated 19-1-68.

Jaiminīya-Āraṇyaka-Gāna (JĀrG), the latter being a collection of particularly powerful sāmans (which can be taught and learned only 'in the forest', while the sāmans of the JGG can be taught and learned 'in the village'). In these 'prior song books' (*Pūrva-Gāna*), the melodies are each sung on a 'womb' (*yoni*) verse. The 'latter song books' (*Uttara-Gāna*) are also divided into two collections, the *Jaiminīya-Ūha-Gāna* (JŪha) and the *Jaiminīya-Ūhya-Gāna* (JŪhya), the latter being a collection of 'secret' (*rahasya*) songs (also called *ūṣāṇi*, from *ūharahasyāni*) corresponding to the JĀrG. The Uttara-Gāna sāmans have been adapted (*ūh-*) to verses other than their 'womb'.

The verses on which the sāmans of the Pūrva-Gāna are sung have been recorded in the *Pūrva-Ārcika* of the Jaiminīya-Saṃhitā (JS 1-2, JS 2 being the *Āraṇyaka-Saṃhitā* with the verses on which the sāmans of the JĀrG are sung); the verses on which the sāmans of the Uttara-Gāna are sung are recorded in the *Uttara-Ārcika*, JS 3-4. The *Jaiminīya-Saṃhitā* (JS) has been published with a good index and comparison with the Kauthuma-Saṃhitā by Raghu Vira in 1938. (Here the name JS has been used in the restricted sense of the two Ārcikas; but in wider meaning the name JS covers also all the Gānas.) The structure of the JGG and JĀrG has been known from the *Jaiminīya-Ārṣeya-Brāhmaṇa* (JĀrṣB) published by A. C. Burnell in 1878: this text records in the proper order the names of the sāmans contained in the JGG (divided into an *āgneyaṃ parva*, *aindraṃ parva*, and *pāvamānaṃ parva*) and in the JĀrG (divided into *vrataparva*, *arkaparva*, *dvandvaparpa*, *śukriyaparva* and the *śakvaryaḥ*, of which the last is *prājāpatyaṃ gāyatram*). An approximate idea of these song books could be formed by comparing them to their published counterparts belonging to the Kauthuma school. But the JGG was first published in 1976, by Vibhūtibhūṣaṇa Bhaṭṭācārya, while the JĀrG was first published in 2000 by T. N. Makarabhūṣaṇam. The voluminous JŪha and JŪhya were published only in 2017 by Giriprasad Shadangi.

In the 1960s and early 1970s, none of the Jaiminīya Gānas had been published. When I first visited South Asia in 1971, I started the search for Jaiminīya manuscripts on a broad basis. V. Raghavan had in 1957 published an all-India survey on where the chanting of the different Vedas including the Jaiminīya Sāmaveda has survived until then. I started at a place connected with Bhavatrāta, not mentioned by Raghavan. According to Bhavatrāta, his grandfather Hastiśarman migrated to Kerala from the village of Vasiṣṭha-kuṭi in the Cōḷa country. I wanted to check if there still are some Jaiminīya people there. In Tiṭṭakuṭi I did meet one Śrīvaiṣṇava Brahmin family belonging to the Jaiminīya Sāmaveda, and could photograph one unique manuscript containing *Jaiminisāmaprayoga* on domestic rituals. The main temple of the village is dedicated to Śiva as Vaidyanātha. (Bhavatrāta's name suggests worship of Śiva.) One member of the Tiṭṭakuṭi Jaiminīya family, Vidvān T. R. Narasimhan Aiyangar, lived in the nearby Śrīraṅgam as a Hindi paṇḍit and astrologer; he has published small booklets on some Jaiminīya domestic rites. Narasimhan showed me the hand gestures denoting the 16 *svaras* (musical figures), used while singing Jaiminīya sāmans and noted with letters in the Gāna manuscripts; these I could later video-record.

In Śrīraṅgam I also met T. Rajagopala Aiyangar (1908-1977), teacher of the Jaiminīya Sāmaveda Pāṭhaśālā that he himself had founded in his native village Tōkūr in 1963. Rajagopala Aiyangar was the foremost Jaiminīya scholar of Tamilnadu. He gave me his own copy of a rare book, *Jaiminīyaprayogavivaraṇam* in 312 pages, by Uttamacīli A. Rangaswami Aiyangar, printed in Kumbhakonam in 1923. Rajagopa Aiyangar also promised to copy for me the unpublished work of Sabhāpati on the Jaiminīya Sāmaveda musical notation, and indeed he sent it to me by post a year later. In 1985, after his death, I could photograph his manuscripts, then kept by his relatives in Pudukkottai. (These mss. are now with Rājagopālan's student and present Adhyāpakar of the Tōkūr Jaiminīya Sāmaveda pāṭhaśālā, T. N. Makarabhūṣaṇam.) They contain, among other things, a manuscript (in Rajagopala's hand) of the Tamil version of the JŪha and JŪhya, and Bhavatrāta's introductory verses and commentary on JŚS 1,1, as well as Bhavatrāta's Śrauta-kārikā. In 1971 I also visited both of A. Rangaswami Aiyangar's sons, Śrīnivāsan and Rāmānujan, who denied having any Jaiminīya mss., but told me the life history of their father.

I also quickly checked the main Jaiminīya villages near Tiruccirappaḷḷi and Thanjavur (Puthur, Nacciyārkōil, Anbil, Tirumangalam, Pinnavāsal, Pāppākuruchi, Tōkūr) with negative result in regard to Jaiminīya manuscripts. I also went to Teṉtiruppērai near Tirunelveli in southern Tamilnadu, and the village of Koṭuntirappuḷḷi near Palghat, both places from where A. C. Burnell had got his Jaiminīya manuscripts, and also mentioned by Raghavan (1957). Teṉtiruppērai is the biggest existing Jaiminīya village, with some forty houses belonging to this Sāmaveda branch, but now with hardly any manuscripts.

Frits Staal (1961, 1968) had traced the oral existence of the JŪha and JŪhya in Kerala. Meeting Staal in Madras in 1971, I got from him the coordinates of Panjal (in Malayāḷam *Pāññāḷ*) near Shoranur Junction in the Trichur District, the principal Jaiminīya Sāmaveda village of the Nampūtiri Brahmins of Kerala. The village contains manor houses of several Jaiminīya families, including those of all the three existing *ācārya* families — Muṭṭatukkāṭṭu Māmaṇṇù, Nellikkāṭṭu Māmaṇṇù, and Perumaṅṅāṭù. In one week's time I could just have a brief glance at the rich manuscript libraries of these three houses, which I studied, catalogued and partially photographed during the coming years. (Altogether these three houses possess some 300 manuscripts, only part of them related to the Veda and Jaiminīya Sāmaveda in particular; for a complete listing see Fujii & Parpola 2016: 134-147). It was mainly Śrī Muṭṭattukkāṭṭil Māmaṇṇu Iṭṭi Ravi Nampūtiri who guided me around and gave information on the Nampūtiri Sāmavedins. Among other things, he corrected the list of the twenty Sāmaveda Nampūtiri *mana*s in Staal 1961 p. 86, pointing out some mistakes and giving further specifications. Staal had left a taperecorder and tapes to Śrī Muṭṭattukkāṭṭil Māmaṇṇu Iṭṭi Ravi Nampūtiri with the wish that he would sing the entire JŪha and JŪhya on tape. I brought the resulting tapes to Copenhagen, where they were (with Staal's permission) copied for the Scandinavian Institute of Asian Studies, while the originals were forwarded to Staal.

Based on this brief initial field trip in spring 1971, I published in 1973 a report which announced the discovery of a number of previously unknown Jaiminīya works.

I could briefly return to Panjal in connection with the *atirātra-agnicayana* sacrifice performed there in 1975. Frits Staal had initiated an ambitious project to film and otherwise document this major Vedic śrauta ritual, and I had participated in its preparations already since 1972 through correspondence. Besides the 45-minute documentary movie *The Altar of Fire* (1976) produced by Robert Gardner of the Film Study Center of Harvard University, the project resulted in a monumental two-volume monograph edited by Frits Staal, *Agni: The Vedic Ritual of Fire Altar* (1983). I contributed three papers to this work, one being an edition and annotated translation of the passages dealing with the *agnicayana* in the Jaimini-Śrauta-Sūtra and Bhavatrāta ' s commentary.

In 1975 I could get from my "Sāmaveda guru", Śrī Muṭṭattukkāṭṭil Māmaṇṇu Iṭṭi Ravi Nampūtiri, two paper manuscripts covering the entire Sāmaveda Saṃhitā of the Jaiminīyas in Malayalam script, including the Pūrva- and Uttara-Ārcika, the JGG and the JĀrG (572 pp.); and the JŪha and JŪhya (251 + 138 pp). The Nampūtiri Sāmavedins traditionally have no manuscripts of these texts, as they have been taught and learnt by heart in childhood, and have existed only in this oral form. However, one of Iṭṭi Ravi's students, Malamēl Parameśvaran Nampūtiri, had for his own use written them down from his memory. When Iṭṭi Ravi saw the manuscripts, he asked for them, and Malamēl Parameśvaran could not refuse, and wrote new manuscripts for his own use. Iṭṭi Ravi parted with the first mss., counting that he could get new ones from Malamēl Parameśvaran. I thus got the Keralan version of the JŪha and JŪhya. One drawback in these mss. is that they do not record the names of the sāmans. But the sāman names are recorded in the Tamil version of the JŪha and JŪhya, which I got in 1985 from the mss. of T. Rajagopala Aiyangar. (The Tamil and Nampūtiri versions differ also in that only the Tamil version has musical notation; in addition, there are small differences in the textual division.) I was thus in a position to prepare detailed analytical indexes to these texts in 1999, when Masato Fujii kindly arranged for me a position as visiting research scholar at the Institute for Research in Humanities at Kyoto University (Parpola 1999).

Photographic collection of manuscripts of Jaiminīya texts could start in the earnest in 1983, when I had a research project to document Jaiminīya Gṛhya rituals visually (videos & photographs) in Kerala and to study their unpublished Malayāḷam manual called Sāmasmārtta-c-caṭaṅṅū with Śrī Muṭṭattukkaṭṭil Māmaṇṇu Iṭṭi Ravi Nampūtiri. (The first part of this text and its comparison with the JGS was published and analysed in Parpola 2011a.) In 1983 I was accompanied by my wife Marjatta, who studied cultural change among the Nampūtiri Brahmins. She continued her work in 1985, and published the results in a book in 2000. She could study the family life closely, as we were staying at the house of this Nampūtiri family.

We continued our field work in Panjal and elsewhere in Kerala in 1985. This time we were accompanied by two post-graduate students. Klaus Karttunen had for his phil. lic. thesis (1985) in a comprehensive way studied the previously mentioned *Jaiminisāmaprayoga* that I had photographed in 1971 in Tiṭṭakuṭi; he has subsequently published parts of it in English in various forums. (Later I participated in the Festschrift for Klaus with the edition and translation of a particularly interesting chapter of the JPA: Parpola 2011b). Masato Fujii from Kyoto University had spent the academic year 1984-85 in Helsinki studying with me the JŚS with Bhavatrāta ' s commentary in order to acquaint himself with the Sāmavedic ritual and terminology; he has afterwards published articles resulting from this work. Masato Fujii ' s main research interest throughout his career has been the Jaiminīya-Upaniṣad-Brāhmaṇa. He defended his doctoral dissertation on this text at Helsinki University in 2004, but his monumental *magnum opus* on this text is yet to be published.

The 1971 trip I could carry out as a Research Fellow of the Scandinavian Institute of Asian Studies — besides research on Jaiminīya Sāmaveda I worked in museums of Pakistan and India, studying their holdings of seals and other kinds of inscriptions of the Indus Civilization; this eventually led to the project of publishing a *Corpus of Indus Seals and Inscriptions*. The project of Jaiminīya Gṛhya rituals was financed by the Finnish Academy (the National Research Council). I could carry on work on Jaiminīya Sāmaveda in Kerala and Tamilnadu for short periods in various occasional contexts in 1986, 1987, 1989.

In 2002, 2003, 2004, 2006 and 2008, the research team of Masato Fujii, Asko Parpola and M. N. Narayanan Nambudiri (from Muṭṭattukkāṭṭu Māmaṇṇū in Panjal) systematically traced Jaiminīya communities and photographed with digital cameras Jaiminīya manuscripts existing in Kerala, Tamil Nadu and Karnataka as comprehensively as possible. Besides private libraries, Fujii and Parpola photographed Sāmaveda manuscripts in the public manuscript libraries of Trivandrum, Adyar (in Chennai), Baroda (Vadodara) and Chandigarh and made an unsuccesful visit to Varanasi. This research, led by Masato Fujii, was funded by the Japan Society for the Promotion of Science, and accounts of the results have been published by Masato Fujii in an article entitled " The Jaiminīya Sāmaveda traditions and manuscripts in South India " (2012) and by Masato Fujii and Asko Parpola in an article " Manuscripts of the Jaiminīya Sāmaveda traced and photographed in 2002-2006 " (2016). The latter paper includes a report on Asko Parpola ' s visit to the Punjab University Library in Lahore in 2004, as a part of his visit to Pakistan at the invitation of Pakistan's President Pervez Musharraf.

Manuscripts of Bhavatrāta's commentary on the JŚS, JK and JPA

The above sketched fairly exhaustive search for manuscripts of texts related to Jaiminīya Sāmaveda failed to produce any new manuscripts of the JK, JPA and Ca., so the above discussed two manuscripts of these texts (Tj and Ca.) in the Tanjore Sarasvatī Mahal library remain unique. But as many as 14 manuscripts of Bhavatrāta ' s commentary on the JŚS, JK and JPA could be traced, enumerated here with the sigla assigned by me to them. However, only four of these mss. are original, all from Kerala and in the Malayāḷam script: N, T, A, K; the rest are direct or indirect copies of them.

N = Nellikkāṭṭil Māmaṇṇu Mana, ms no. 047 (no. 77 in Fujii & Parpola 2016 p.143). Perhaps 300 years old and brittle, unfortunately lacunary, 53 x 5.5 x 5.5 cm. Originally 179 numbered palm leaves (there are two leaves numbered 8) in the Malayāḷam script. The first 4 leaves are missing; another great gap comprises folia 160-163. After the word *yathāmnātam* at the end of the commentary on JŚS 7,7, N omits the passage beginning with *eva vaktavyam* and ending with *śabdasyāyam pratiṣedho yathāmnātam* in the beginning of the commentary on JŚS 7,8. Since the other mss. cover the omitted long passage, N cannot be the source of any of them. This is a typical example of how such omissions take place: the scribe has last written *yathāmnātaṃ* and continues from the next occurrence of this word, which accidentally happens to occur in the same place of the leaf but one line later. N shares with T mistaken readings not found in A and K.

T = Trivandrum / Thiruvanthapuram, The Oriental Research Institute and Manuscripts Library, University of Kerala, ms. no. L321. 55.5 x 4.8 x 5.6 cm. 184 palm leaves in the Malayāḷam script, with 8 lines on either side. The ms. was given to the Library in 1941 by Śrī Karuvellil Nīlakaṇṭha Piḷḷai, but there is no information about where he got it. (Karuvellil is near the town of Cherthala in the Alappuzha District of Kerala.) The ms. was digitally photographed in 2004 (no. 22 in Fujii & Parpola 2016 p.152).

I have mainly used the rather accurate devanāgarī transcript (ādarśagranthaḥ no. 4321) in 459 pages measuring 21 x 30 cm with about 22 lines per page, received from the library in June 1981. I am obliged to Dr K. Appukuttan Nair, Reader-in-charge, for this transcript and for the information concerning the provenance of the manuscript.

A = The Adyar Library and Research Centre, Chennai, ms. no. 75583 (34. D.9). 56 x 5.4 x 6.1 cm. 180 palm leaves with 9 lines on either side, in the Malayāḷam script. The Adyar Library provided me a microfilm of this ms. in the 1970s, but as the long leaves were photographed from a great distance to fit them in one picture, the resulting microfilm could not be read. I photographed the ms. in March 1990; this time the photos were difficult to read because the Library had used linseed oil to conserve the ms. and this made the leaves very shiny even in the shade. The ms. was photographed digitally in 2004 (no. 1 in Fujii & Parpola 2016 p. 152). Ms. A alone has preserved some passages of the commentary, so it is independent of N, T and K, with which it shares mistakes, having in addition many mistakes of its own.

I have mainly used the manuscript's devanāgarī transcript TR629 (accession no. 63517, former shelf mark 39.C.6) in 813 numbered pages measuring 21 x 17 cm, with 15 lines per page. According to the colophon at the end of p. 813, the transcript was made in 1925 by V. Nārāyaṇaśarmā. In another hand: "Copied from 34. D.9 MS. See 75583 MS. PL."

A photocopy of this transcript with 813 pages is kept at the Vishveshvarand Vedic Research Institute, Hoshiarpur, as VVRI ms. no. 2002 (Vishva Bandhu 1959 vol. I p. 32).

K = Muṭṭattukkāṭṭil Māmaṇṇu Mana, mss. nos. P104, P32 and P30 (Fujii & Parpola 2016 pp. 139, 137). 37.7 x 4.3 x 3 cm; 35.5 x 4.6 x 5.6 cm and 35.5 x 4.5 x 5 cm. Palm leaves with 10 lines on either side, in the Malayāḷam script. P104 in 167 numbered leaves (93 missing) with 10 lines each side was photographed by me in 1971, and digitally in 2004, when P32 was photographed by NN and P30 by MF (Fujii & Parpola 2016 pp. 137, 139).

A paper copy of K in 636 pages measuring 16 x 20 cm with 13-16 lines per page in the Malayāḷam script exists as ms. no. 233 of the Ravi Varma Manuscripts Library (= no. 739 of the Sanskrit Grandha Library) at the Government Sanskrit College, Tripunittura / Thripunithura, Cochin. This copy extends from the beginning to the beginning of the Saṃjñākalpa [Bh 1,3 — 153,6]. The colophon at the end tells that the copy was written by Śrīnivāsa Śāstri and completed on the 5th day of the Tulā month in the Kollam year 1114 (1939 CE). K is here expressly identified as the original: *itinṟe mātṛkāgrantham muṭṭattukkāṭṭil māmaṇṇu manakkal vaka yākunnu.*

B = Baroda / Vadodara, The Oriental Institute, ms. no. 11538, paper ms. measuring about 33 x 20 cm, pages numbered 1-92 with about 30 lines per page, in the grantha script, and pages numbered 1-140 with about 13 lines per page, in the devanāgarī script (Ramaswami 1942: pp. xi-xii, 15, 111-4.). I got microfilms of B sent by the Oriental Institute in November 1973 and had them enlarged into paper prints in 1974-5. This ms. was copied in 1921, clearly from ms. K, with which it shares the very significant lacuna in Bhavatrāta's introductory verses to the JŚS-vṛtti [Bh 1,21-22], while the unmarked lacuna in the commentary on JŚS 5,3-4 exactly corresponds to one full line in K. Besides, the grantha portion ends, like the first codex of K (P104), at the end of p. 204 in Premnidhi Shastri's edition.

A photocopy of ms. B is preserved at the Adyar Library in two bound volumes as ms. nos. PHO 4.1 (the grantha portion) and PHO 4.2 (the devanāgarī portion), accession nos. 63009 & 63010, former shelf mark 36.E.14:1-2.

Another photocopy exists in Lahore: *Catalogue of Sanskrit manuscripts in the Punjab*

University library, vol. I, Lahore 1932, p. 48 no. 294; consists of 92 pp. in the grantha script and 140 pp. in the devanāgarī script, together 232 pp.

H = The Vishveshvaranand Vedic Research Institute, Hoshiarpur, has a devanāgarī paper ms. no.6594 (formerly in the Library of the Dayanand College, Lahore) with 392 pp. with about 15 lines each. It ends at the end of p. 204 of Premnidhi Shastri's edition, and is likely to be a transcript of the grantha portion of ms. B. This transcript was made in 1933.

S = The Sarasvati Bhavana Library of the Sampurnanand Sanskrit Vishwavidyalaya, Varanasi, has a Bhavatrāta manuscript, no. 55591 (accession no. 80832), which also ends at the end of p. 204 of Premnidhi Shastri's edition, and is likely to be a transcript of the grantha portion of ms. B.

M = Madras Government Oriental Manuscripts Library, ms. no. R 5507. Two big volumes in the devanāgarī script, beautifully written. I photographed this manuscript in 1971. This ms. was in 1930-31 copied from an Adyar Library ms., the photocopy of ms. B, and is the "unique manuscript" on which Premnidhi Shastri's edition is based.

R = T. Rajagopala Aiyangar's large old notebook, part II, written in the grantha script probably in 1930 (on p. 205 there is the date 3-8-30). (1) Pp. 172-176: *śrautasūtrabhāṣyaḥ prārabhyate*: the beginning of Bhavatrāta's commentary on JŚS up to the beginning of the commentary on JŚS 1,2. Has the significant lacuna in the introductory verses [Bh 1,21-22], hence the source is likely to be either the Adyar Library's photocopy of B, or M. (2) Pp. 198-200: *śrautakārikā bhavatrātaviracitā* [Bh 105-113].

Some conventions and abbreviations

The orthography of the Malayāḷam manuscripts has been well explained by Voegeli 2009, vol. I:12-13 and 16-18. The avagraha, which is not found in the mss., has been added here in square brackets: [']. The visarga sandhi, both external and internal, is more complicated and more archaic than in classical Sanskrit. Instead of -*ḥ*, the homorganic sibilant is found before sibilants, and this has been kept in the established text. The sibilant corresponding to classical -*ḥ* is omitted when the following word begins with a sibilant followed by a semivowel or consonant, but in the established text the omitted sibilant has been indicated by adding it within square brackets. In mantras of the plain JŚS manuscripts, the final visarga assimilates to the following voiceless guttural stops as *jihvāmūlīya*, i. e., guttural spirant, marked here with -*x* (Greek χ), and before voiceless labial stops as *upadhmānīya*, i. e., labial spirant, marked here with -*f*. Also kept is the external sandhi of the Malayāḷam mss. in which the final -*m* does not become anusvāra as in classical Sanskrit, but assimilates to the following palatal, dental or labial consonant. On the other hand, certain conventions of the Malayāḷam mss. have been normalized in the established text. These include the gemination of the consonants and semivowels after *r*, the use of anusvāra for internal *ṅ* (but ṃ is retained in some expressions), and the contractions of -*ttr*- and -*ttv*- into -*tr*- and -*tv*-. The *cillu-t* (*virāma-t*) in words like *utgātā* has been normalized into *d: udgātā*, although the Nampūtiris follow the old Malayāḷam pronunciation of these words with *l*: *ulgātā*). (Cf. Voegeli 2009: 16 & 18).

In order to make it easier to refer to different places in Bhavatrāta's commentary, each Bhavatrāta passage in this edition is prefixed with a reference to its place in Premnidhi

Shastri's edition (1966). This reference is put into square brackets and consists of Bh followed by the page number(s) and line number(s) in Shastri's edition. Thus, for example, Bhavatrāta's introductory verses are found from the third line of page 1 to the seventh line of page 2 in Shastri's edition: [Bh 1,3–2,7].

Vedic texts are referred to with their normal, generally used abbreviations. Abbreviations related to the Jaiminīya Sāmaveda are:

Bh = Bhavatrāta (ed. Shastri 1966, referred to with page & line numbers)

Ca. = Candraśekhara Bhaṭṭārya Pañcāgni's *Sāma-prayoga-vṛtti* (Tanjore Sarasvatī Mahal Library, ms. Burnell 1880 no. 9117a = Sastri 1929 vol. V no. 2623)

JĀrG = *Jaiminīya-Āraṇyaka-Gāna* (ed. Makarabhūṣaṇam 2000)

JĀrṣB = *Jaiminīya-Ārṣeya-Brāhmaṇa* (ed. Burnell 1878)

JB = *Jaiminīya-Brāhmaṇa* (ed. Raghu Vira & Lokesh Chandra 1954, quoted with page & line after the chapter number)

JGG = *Jaiminīya-Grāmegeya-Gāna* (ed. Bhaṭṭācārya 1976)

JK = *Jaimini-Kalpa* (Tanjore Sarasvatī Mahal Library, ms. Burnell 1880 no. 9108 = Sastri 1929 vol. IV no. 1969 = Tj)

JPA = *Jaimini-Paryadhyāya* (Tanjore Sarasvatī Mahal Library, ms. Burnell 1880 no. 9108 = Sastri 1929 vol. IV no. 1969 = Tj)

JS = *Jaiminīya-Saṃhitā* (ed. Raghu Vira 1938)

JŚS = *Jaimini-Śrauta-Sūtra* (ed. Gāstra 1906)

JUB = *Jaiminīya-Upaniṣad-Brāhmaṇa* (ed. Oertel 1896)

JŪha = *Jaimnīya-Ūha-Gāna* (ed. Shadangi 2017)

JŪhya = *Jaiminīya-Ūhya-Gāna* (ed. Shadangi 2017)

Tj = the unique manuscript of the JK and JPA in the Tanjore Sarasvati Mahal Library.

[ ] The square brackets indicate that the part within the brackets is missing in the text, either because part of the manuscript is broken off or because there is a purposefully left empty space in the manuscript indicating that the original manuscript from which it was copied had a break. Here the text within square brackets is (more or less certain) reconstruction.
An exception involving no break is the convention of putting the avagraha in square brackets. The avagraha has been added for the sake of convenience, but brackets have been added around it to remind the reader that the avagraha is nowhere written in the manuscripts. The avagraha sign is a very late invention to mark the supposed elision of initial *a-* after *-e* or *-o* ending the preceding word. The term *avagraha* is used already in Vedic Prātiśākhyas for a pause between parts of compound words.

(( )) what is within double parentheses is not in the manuscript(s) but an emendatory addition of the editor

References

Bhaṭṭācārya, Vibhūtibhūṣaṇa, 1976. *Jaiminīya Sāmagāna* [i.e. JGG] edited. (Sarasvatī-Bhavana-Granthamālā 109.) Varanasi: Sampurnanand Sanskrit Vishvavidyalaya.

Burnell, A. C., 1878. *The Jaiminīya text of the Ārsheyabrāhmaṇa of the Sāma Veda,* edited in Sanskrit. Mangalore: Printed at the Basel Mission Press.

Burnell, A. C., 1880. *A classified index to the Sanskrit Mss. in the palace at Tanjore, prepared for the Madras Government.* London: Trübner & Co.

Fujii, Masato, 2004. *The Jaiminīya-Upaniṣad-Brāhmaṇa: A study of the Earliest Upaniṣad, Belonging to the Jaiminīya Sāmaveda.* Helsinki: The Institute for Asian and African Studies, University of Helsinki.

Fujii, Masto, 2012. The Jaiminīya Sāmaveda traditions and manuscripts in South India. Pp. 99-118 in: Saraju Rath (ed.), *Aspects of Manuscript Culture in South India.* Leiden & Boston: Brill.

Fujii, Masato, & Asko Parpola 2016. Manuscripts of the Jaiminīya Sāmaveda traced and photographed in 2002-2006. Pp. 127-162 in: Asko Parpola & Petteri Koskikallio (eds.), *Vedic Investigations.* (Papers of the 12th World Sanskrit Conference, vol. 1) Delhi: Motilal Banarsidass Publishers Pvt. Ltd.

Gaastra, Dieuke, 1906. *Bijdrage tot de kennis van het vedische ritueel: Jaiminīyaśrautasūtra.* Leiden: E. J. Brill.

Ghosh, Batakrishna, 1935. *Collection of the fragments of lost Brāhmaṇas.* Calcutta: Modern Publishing Syndicate. Reprinted, (Panini Vaidika Granthamala 9), New Delhi: Panini, 1982.

Harihara Sastri, G., 1957. *Avantisundarī kathāsāra, edited with introduction.* Madras: Kuppuswami Sastri Research Institute.

Howard, Wayne, 1988. *Decipherment of the musical notation of the Jaiminīyas.* (Studia Orientalia, 63.) Helsinki: Finnish Oriental Society.

Kuñjan Piḷḷai, Śūranāḍ, 1954. *Avantisundarī of Ācārya Daṇḍin, published.* (Trivandrum Sanskrit Series 172.) Trivandrum: University of Travancorey.

Makarabhūṣaṇam, T. N., 2000. *Ārana Ganam of Talavakara Sakha of Jaiminiya Samam.* Chennai: Veda Rakshana Nidhi Trust.

Nilakanta Sastri, K. A., 1955. *The Cōḷas.* Second edition. (Madras University historical series no. 9.) Madras: University of Madras.

Nilakanta Sastri, K. A., 1966. *A history of South India from prehistoric times to the fall of Vijayanagar.* Third edition. Madras: Oxford University Press.

Oertel, Hanns, 1896. The Jāiminīya or Talavakāra Upaniṣad Brāhmaṇa: Text, translation, and notes. *Journal of the American Oriental Society* 16: 79-260.

Paranjpe, V. G., 1922. *Le Vārtika de Kātyāyana: Une étude du style, du vocabulaire et des postulats philosophiques.* Heidelberg: Weiss.

Parpola, Asko, 1967 (1968). On the Jaiminīyaśrautasūtra and its annexes. *Orientalia Suecana* 16: 181-214.

Parpola, Asko, 1968. *The Śrautasūtras of Lāṭyāyana and Drāhyāyaṇa and their commentaries: An English translation and study,* I (1): General introduction and appendices to vol. I. (Societas Scientiarum Fennica, Commentationes Humanarum Litterarum 42: 2.) Helsinki: Societas Scientiarum Fennica.

Parpola, Asko, 1973. *The literature and study of the Jaiminīya Sāmaveda in retrospect and prospect.* (Studia Orientalia 43: 6.) Helsinki: Societas Orientalis Fennica.

Parpola, Asko, 1999. The Uttara-Gāna and the Kalpasūtra of the Jaiminīyas: Important additions of the corpus of extant Sāmavedic texts. Unpublished paper read at the Second International Vedic Workshop, Kyoto University, 30 October - 2 November 1999.

Parpola, Asko, 2011a. Codification of Vedic domestic ritual in Kerala: Pārvaṇa-sthālīpāka - the model of rites with fire offerings - in Jaiminīya-Gr̥hyasūtra 1,1-4 and in the Malayāḷam manual of the Sāmaveda Nampūtiri Brahmins of Kerala, the Sāma-Smārtta-Caṭaṅṅù. Pp. 261-354 in: Jan E. M. Houben & Julieta Rotaru (eds.), *Veda-Vedāṅga and Avesta between orality and writing.* (Travaux de symposium international Le livre, La Roumanie, L'Europe, Troisième édition - 20 a 24 Septembre 2011, Tome III: La troisième section - Études euro- et afro-asiatiques, Section III A.). Bucarest: Éditeur Bibliothèque de Bucarest.

Parpola, Asko, 2011b. The three ways of chanting in a sacrificial laud: Chapter two of Jaimini-Paryadhyāya (Jaiminīya-Śrautasūtra III) with Bhavatrāta's commentary: Sanskrit text with an annotated English translation. Pp. 141-163 in Bertil Tikkanen & Albion M. Butters (eds.), *Pūrvāparaprajñābhinandanam: East and West, Past and Present. Indological and other essays in honour of Klaus Karttunen.* (Studia Orientalia 110.) Helsinki: The Finnish Oriental Society.

Parpola, Asko, 2012. The Anupadasūtra of Sāmaveda and Jaimini: Prolegomena to a forthcoming edition and translation. With the text of Anupadasūtra I.1 and its translation attained with the help of Kiyotaka Yoshimizu. Pp. 363-403 in: François Voegeli, Vincent Eltschinger, Danielle Feller, Maria Piera Candotti, Bogdan Diaconescu & Malhar Kulkarni (eds.), *Devadattīyam: Johannes Bronkhorst Felicitation Volume.* (Worlds of South and Inner Asia, vol. 5.) Bern: Peter Lang.

Parpola, Asko, 2016. References to ritual authorities and Vedic schools in the Jaiminīya-Śrautasūtra and its commentary, collected and evaluated. Pp. 665-689 in: Jan E. M. Houben, Julieta Rotaru and Michael Witzel (eds.), *Vedic śākhās, past, present, future. Proceedings of the Fifth International Vedic Workshop held in Bucharest 2011.* (Harvard Oriental Series, Opera minora 9.) Cambridge, MA: Department of Sanskrit and Indian Studies, Harvard University.

Parpola, Asko, 2019. The Mirror in Vedic India: Its ancient use, and its present relevance in dating texts. *Studia Orientalia Electronica* 7: 1-29.

Parpola, Asko, 2023. Jaimini and Bādarāyaṇa. In: *Brill's Encyclopaedia of Hinduism,* vol. VII. Leiden & Boston: Brill.

Parpola, Marjatta, 2000. *Kerala Brahmins in transition: A study of a Nampūtiri family.* (Studia Orientalia 91.) Helsinki: The Finnish Oriental Society.

Raghavan, V., 1957. Present position of Vedic chanting and its future. *Bulletin of the Institute of Traditional Cultures, Madras University, 1957*: 48-69.

Raghu Vira 1938. *Sāmaveda of the Jaiminīyas: Text and Mantra Index.* (Sarasvati Vihara Series 3.) Lahore: The International Academy of Indian Culture.

Raja, K. Kunjunni, 1980. *The contribution of Kerala to Sanskrit literature.* Second ed. Madras: University of Madras.

Ramaswami, K. S., 1942. *A descriptive catalogue of manuscripts at the Oriental Institute, Baroda,* vol. 2. (Gaekwad's Oriental Series 96.) Baroda: The Oriental Institute.

Renou, Louis, 1947. *Les écoles védiques et la formation du Veda.* (Cahiers de la Sociétéé Asiatique, 9.) Paris: Imprimerie Nationale.

Sarma, K. Madhava Krishna, 1942. *Descriptive catalogue of Sanskrit manuscripts in the Adyar Library,* I: *Vedic.* (Adyar Library Series 35.) Madras: The Adyar Library.

Sastri, P. P. S[ubrahmanya], 1929. *A Descriptive Catalogue of Manuscripts in the Tanjore Maharaja Serfoji' s Sarasvati Mahal Library,* vol. IV-V. Srirangam: Sri Vani Vilas Press.

Shadangi, Giriprasad, 2017. *Jaimineeya Uha-Ushanee,* critically edited and published. Tirupati: Department of Samaveda, Sri Venkateswara Vedic University.

Shastri, Premnidhi, 1966. *Jaiminīya-śrauta-sūtra-vr̥tti of Bhavatrāta,* edited. (Śata-piṭaka series, vol. 40.) New Delhi: International Academy of Indian Culture.

Staal, J. F., 1961. *Nambudiri Veda recitation.* (Disputationes Rheno-Trajectinae 5.) 's-Gravenhage: Mouton & Co.

Staal, J. F., 1968. The twelve ritual chants of the Nambudiri agniṣṭoma. Pp. 409-429 in: J. C. Heesterman, G. H. Schokker, and V. I. Subramoniam (eds.), *Pratidānam: Indian, Iranian and Indo-European Studies presented to Franciscus Bernardus Jacobus Kuiper on his sixtieth birthday.* (Janua Linguarum, Series Maior 34.) The Hague: Mouton & Co.

Staal, Frits, (ed.) 1983. *Agni: The Vedic Ritual of Fire Altar* I-II. Berkeley: Asian Humanities Press. Reprinted, Delhi: Motilal Banarsidass, 2001.

Sullivan, Bruce M., 1990. *Kr̥ṣṇa Dvaipāyana Vyāsa and the Mahābhārata: A new interpretation.* Leiden: E. J. Brill. Reprinted in 1999 with the title *Seer of the Fifth Veda.* Delhi: Motilal Banarsidass.

Uḷḷūr S. Parameśvara Ayyar 1955 (1990). *Kēraḷasāhityacaritraṃ* I-V. Fourth ed. Tiruvanantapuraṃ: Kēraḷasarvvakalāśāla.

Vishva Bandhu 1959. *Catalogue of V. V. R. I. manuscript collection in two parts.* Part I: *Classified descriptive tables.* (V. I. Publications 159.) Hoshiarpur: Vishveshvarand Vedic Research Institute.

Voegeli, François, 2009. *The Vth prapāṭhaka of the Vādhūlaśrautasūtra.* Volume I: *Introduction to the edition, translation, and commentary.* Volume II: *Edition.* Lausanne: The University of Lausanne. (Published in 2022 in Cambridge, MA, as vol. 98 of Harvard Oriental Series.)

Weber, Albrecht, 1876. *Akademische Vorlesungen über indische Literaturgeschichte.* Zweite, vermehrte Auflage. Berlin: Ferd. Dümmler.

Weber, Albrecht, 1886. *Verzeichniss der Sanskrit- und Prākr̥it-Handschriften der Königlichen Bibliothek zu Berlin,* Zweiter Band, Erste Abtheilung. Berlin: A. W. Schade.

(jaiminiśrautasūtrasya bhavatrātavr̥ttiḥ)

[Bh 1,3 - 2,7]

namas trinetrāya jitātmajanmane vijanmane janmanivr̥ttihetave /
nabhasvadākāśakr̥śānumedinījalendubhāsvadyajamānamūrtaye //

jigāya devān api ya[s] svatejasā viveda ca vyāsa ca vedasāgaram /
parāvarajñas sa parāśarātmajo mayā mahātmā praṇipatyate muniḥ //
vedārthatattvāmaladarpaṇaṃ yaś cakāra loke tatakīrti śāstram /
jñānaikadhāmne vidadhāmi tasmai kr̥tāñjalir jaiminaye namasyām //

dhyānenāramayattarān trinayanaṃ somena yo vāsavam /
viprān vedatadaṅgatattvavacanair vittena vidvajjanam //
vande brahmavidan dvijanmatilakan tam brahmadattāhvayam /
tatpādāmbujasevanopajanitaprajñālavaḥ prāñjaliḥ //

yadadhīnā śivaprāptir ihāmutra ca dehinām /
tasyai vidvatsamitaye namaḥ kṣapitapāpmane //

sāma gāyatram amr̥taṃ sāmavedārṇavāmr̥tam /
yasmād ānaśire martyā brahmaṇo vibudhā iva //
muner brahmanidhes tasya kāśyapasya mahātmanaḥ /
bahavaḥ prathitā vaṃśā vivasvata ivāṃśavaḥ //
teṣu yasyābhavad r̥ṣir maṭharo maṇḍanam param /
madhus saṃvatsarasyeva maṇiḥ phaṇipater iva //
tasmin sañjajñire vaṃśe sāmagā guṇaśālinaḥ /
siṃhā iva suvarṇādrau dhiṣṇyāgnaya ivādhvare //
sa vasiṣṭhakuṭin nāma grāmañ coleṣv avekṣitam /
vaṃśo [']dhivasati śrīmān haṃsaśreṇīva mānasam //
āsīd guṇanidhis tatra hastiśarmeti vedabhr̥t /
sa keralākhyaṃ sadrāṣṭram agān nāga ivārṇavam //[4]
tasya putro budhasamas sāmargyajuṣapāragaḥ /
avanīndrair abandhyājñaiś śirasā dhr̥taśāsanaḥ //
śrutismr̥tyarthatattvajño dharmakarmasu dakṣiṇaḥ /
dvijanmahitalābhāya dvijanmabhir upāśritaḥ //
āsīd anupamotsāhas sarveṣu khalu jantuṣu /
mātr̥tulyadayo nāmnā mātr̥datta iti śrutaḥ //
parāṃ kāṣṭhāṃ gatavatas sa sutām bodhakarmaṇoḥ /
viśvāmitrajamukhyasya brahmadattasya labdhavān //
tasyām ajani yas tena sa bhavatrāta ity abhūt /
sa svavāganibhr̥tyaiva vyākaroty adhvarāgamam //

[4] Instead of the lines *siṃhā iva suvarṇādrau ... nāga ivārṇavam* (preserved in T; the beginning of the text including this passage is missing in N and A), K, B, M and E have *siṃhā ivārṇavam.* The omission is due to the double occurrence of *iva.*

JŚS 1-22. (agniṣṭomasaṃstho jyotiṣṭomaḥ)

[Bh 2,8 - 3,15] śrutivihitānāñ jyotiṣṭomādīnāṃ kriyāviśeṣāṇān nityakāmyanaimittikānān tadadhikṛtaiḥ puruṣair avaśyānuṣṭheyatvād aidaṃyugīnānāñ ca puruṣāṇāṃ śrutyālocanenaiva samyak karmaṇām anavadhāryatvād bahvīṣu ca śākhāsu saṃkīrṇānāṃ vidhīnām ekaśākhādhyāyibhir anupalakṣyamānatvād bahuśākhādhyayanakṣamāyāś ca medhāyāḥ kasya cid api kalāyā avidyamānatvāt kramādeś ca viśeṣaṇasya keṣu cit padārtheṣu śrutyanumeyasya durjñānatvād anyaprakaraṇapaṭhitānāñ cāsyasmin prakaraṇe keṣāñ cid aṅgānām anuṣṭhānasyeṣṭasya jñātum aśakyatvān mantraliṅgajñāpitānāñ ca katipayānāṃ vidhīnām alpamatibhir idānīntanair aparijñāyamānatvād bhuvanānugrahaparair ācāryair jaiminiprabhṛtibhir bahvīnāṃ śākhānām pāradṛśvabhis tapobalopalabdhatattvāvabodhair yathāvidhi vaidikaṃ kriyāmārgam anuṣṭhātāro [']nutiṣṭheyur ity etadarthaṃ sarvavidhipadārthopasaṃhāreṇa yajñaśāstrāṇi prāṇīyanta / teṣv idam udgātṛpadārthaprakāśanam paramācāryeṇa jaimininā praṇītaṃ śāstram /

tatra sarvakratuprakṛtitvād brāhmaṇe (JB 1,66-364) ca prathamavihitatvāj jyotiṣṭomo [']gniṣṭomaḥ prathamam prārabhyate /

nanv agnihotram prathamaṃ vihitam (JB 1,1-65) prathamañ ca prayujyate / satyam etat / kin tv agnihotra audgātrasyābhāvād udgātṛpadārthavyācikhyāsayā cāsya sūtrasya praṇayanād agnihotran na prārabhyate /

nanv audgātrād anyad api yac chrutau vidhīyate tat sūtreṇa vivaritavyam / ko nety āha / audgātram eva tv asmacchrutau kārtsnyena vidhīyata anyad ādhvaryavādi kiñ cit kiñ cid itaravedavihitam anuvādarūpeṇābhidhīyata iti manyāmahe / tathā hīdaṃ vacanam upapadyate *tad āhur yad ṛcā hotṛtvaṃ kriyate yajuṣādhvaryavaṃ sāmnodgītho [']tha kena brahmatvaṃ kriyata ity anayā trayyā vidyayeti ha brūyād* (JB 1,358: 148, 26-27) iti / atra rgādibhiś śabdair vedā evābhidhīyante *trayyā vidyayeti-* ity atraiva darśanāt / tasmāt sāmavedenaudgātram eva vidhīyate / tad eva sūtreṇāpi vaktavyam /

atha vāgnihotrasyārtvijyam adhikṛtya *ṛtvijām eka* (ĀśvŚ 2,4,3) iti śaunakenoktatvād brāhmaṇe (JB 1,1-65) ca prayatnenoktatvād agnihotrasyāpi vidhi[s] syāt / tat tu śrutāv (JB 1,1-65) eva kṛtsnaṃ vihitam iti nātra kathyate / yat kiñ cic chrutāv avihitam agnihotrāṅgan tad uttaratrāgnyādheyasambandhena vidhāyiṣyate (JŚS 23,22-25) /

nanv agnyādheyapūrvikā sarvakarmaṇām pravṛttiḥ / asti caudgātram agnyādheye / atas tad evādau vaktavyam / neti brūmaḥ / na hy audgātram agnyādheyikam asmacchrutāv asti / agnyādheyan tu pradarśitam eva *tad yad etad agnīn manthanti-* (JB 1,1: 3,2) ity ārabhya katipayair vākyaiḥ / tatrāgnyādheyaudgātrasyāsmacchrutāv asataḥ prathamābhidhānam asadāditvaṃ sūtrasyāmaṅgalam iti kṛtvā na kriyate /

atha vā *brahmā sāmāni gāyed* iti (JŚS 23,21) vakṣyamāṇatvād audgātram agnyādheye vaikalpikaṃ sāmagānam / yat tu nityam audgātram eva bhavati tenaiva prārambho yukta iti kṛtvā jyautiṣṭaumikenaiva karmaṇā sūtram prārabhyate /

tasyedam ādau vākyam //

JŚS 1. (audgātrapravr̥ttiḥ / somapravacanam)

JŚS 1,1.

somapravākam āgatam pratimantrayeta
mahan me [']voco
bhagam me [']vocaf
puṣṭim me [']voco
yaśo me [']voca iti

[Bh 3,6 - 4,26] soma===iti // nanu pratijñāya prārabdhavyam idaṃ vakṣyāma iti / vivakṣitasyārthasya pratijñāyāṃ kr̥tāyām idam anena vakṣyata ity avahitamanasām pratipattr̥̄ṇām pratipattau lāghavam upajāyate / dr̥śyate ca śāstrādau pratijñā / *athāto vidhyavyapadeśe sarvakratvadhikāraḥ* (DŚS 1,1,1) / *yajñaṃ vyākhyāsyāmaḥ* (ŚŚS 1,1,1; HŚS 1,1,1) / *athāto dharmajijñāsā-* (PMS 1,1,1) iti / na cāyam ekānto yat pratijñā kartavyeti / pratijñātam api yadi na samyag vyākhyāyeta durbodha evārtho bhavati / apratijñātam api sādhu varṇyamānam arthaṃ sadya eva śrāvakāḥ pratipadyante / alpīyas tu pratipattilāghavam asty eva pratijñākaraṇe / tadarthaṃ ke cid ācāryāḥ pratijānanti ke cid granthalāghavārtham apratijñāyaiva śāstrāṇi prārabhante / dr̥śyate hy *āgneyañ cāgnīṣomīyañ ca puroḍāśāv āsādya hotāram āmantrayate* (source untraced) *vr̥ddhir ād aij* (Pāṇini 1,1,1) ity evamādi śāstrāṇi / śrutāv apy ubhayan dr̥śyate / *sāvitram pūrvedyuf paśum ālabhanta* (JB 2,371: 320,2) ity *athaiṣa upaśada* (JB 2,81: 192,2) iti ca / śrutyanukaraṇārtham ācāryo [']py ubhayaṃ karoti yathātra na pratijānāti pratijñāsyati cāgnyādheyādiṣu (JŚS 23,1, etc.) / tasmād apratijñānam adoṣam /

alam atiprasaṅgena / sūtraṃ vyākhyeyam / tatra somam pravakti prabravītīti vā somapravākaḥ / tam ātmānam ābhimukhyena gatam udgātā pratīkṣya *mahan me [']voca* ity etan mantrañ japet / ayan tāvat samudāyārtho vistareṇa ca varṇyate /

somo yajño makha iti paryāyāḥ / somadravyakatvāt somaśabdo yajñe pravartate / sa ca sarveṣv ekāhāhīnasattreṣv aviśeṣeṇa pravartamāno 'pi jyotiṣṭomam evābhisandhāyātra prayujyate tasyaivātra vakṣyamāṇatvāt /

somenāsau yakṣyate tasya tvayaudgātraṃ kartavyam iti ya udgātāram prabravīti sa somapravāko na yaḥ kaś cit somo vidyata ity etanmātram prabravīti / uttaratra hy *anūcānair eva saha yājayed* (JŚS 1,12ff.) ityādy ārtvijyasambandham eva vakṣyate /

nanu *somapravākam pratimantrayeta-* ity etāvataivārthasya siddhatvād āgataśabdo [']narthakaḥ / nānarthakaḥ / *śaryāto vai mānava* (JUB 2,7,1) ity etadanuvākapradarśitasya *sa yady adīkṣitam* (JŚS 1,21) iti vākyenātrāpi vidhāsyamānasya svayam evodgānārtham abhigamanasyānabhipretatvapradarśanārthatvāt /

atha vā somapravacanasyāniyatakartr̥tvam āgataśabdena jñāpyate / ya āgatas tam pratimantrayeteti /

nanv anirdeśād eva somapravākasyāniyatatvaṃ sidhyati / naivam / anirdeśe yajamāna eva somapravāka iti gr̥hyeta / sa hy ātmana ārtvijyaṃ kārayitum r̥tvija[s] svayam evābhigamya vaktum arhati na yaḥ kaś cid anādareṇaiva prahetuḥ / tatra yajamāno vānyo vā somapravāka ity āgataśabdena jñāpyate /

atha vodgātus sattre yajamānasya sato [']prārthitopanatatvād asya vidher abhāvo nyāyyaḥ / tajjñāpanārtham āgatam iti / prārthayitum āgatan nānyam iti /

katham punar ayājayiṣyatāpi vakṣyamāṇaiḥ (JŚS 1,2ff.) kāraṇaiḥ pratimantraṇīyam uta yājayiṣyataiva / ubhābhyām iti brūmaḥ / yadi hi yājayiṣyataivābhaviṣyat sa yadi yājayiṣyan syād ity atraiva pratimantraṇaṃ vyadhāsyata / ayājanabuddhiś ca yājane doṣajñānād utpadyate / *kac cin nāhīnā3* (JŚS 1,2) iti pr̥ṣṭvā tatprativacanena doṣādoṣau jñāyete na ca pūrvavihitam pratimantraṇam akr̥tvā praṣṭuṃ yuktam / athaivam ucyeta / prokte some tadānīm eva pratimantraṇam akurvan *kac cin nāhīnā3* (JŚS 1,2) ity ato [']nyenaiva prakāreṇa guṇadoṣān yājane vijñāya tataḥ pratimantrayeta vā na veti / tad ayuktam / nityam anyenaivopāyena yājanadoṣābhāve [']pi vijñeye sati tadarthānām eṣām praśnānām ānarthakyaprasaṅgāt / na ca yājanam akariṣyatāpi pratimantraṇe kriyamāṇe kiñ cid virudhyate / *mahan me [']voca* iti mantreṇa hi somasya mahābhāgyaṃ kīrtyate na ca tāvatā yājanam abhyupagatam bhavati / tasmāt prokte some [']vicāryaiva guṇadoṣān pratimantrayeta / kin tu yadi pūrvam eva vijñātam ayājanakāraṇam prokte some buddhau pravarteta tadā pratimantraṇe [']pi nādaraḥ kāryo vyavasitatvād ayājanasya /

somapravākaśabdo [']nyatra kvādividhilakṣaṇaḥ /
kiṃ vā lakṣaṇavādena śrutir evātra lakṣaṇam //

JŚS 1,2.

athainam āha
kac cin nāhīnā3x
kac cin nānūdeśyā3x
kac cid anyastam ārtvijyaṃ
ke yājayanti
kā dakṣiṇā iti

[Bh 4,27 - 5,23] athai===iti // athety ānantarye / pratimantraṇānantaram enaṃ somapravākaṃ *kac cin nāhīnā3* iti nigadena pañcārthān pr̥cchati /

pāṭhakramād evānantaryasiddher athaśabdo [']narthakaḥ / nānarthako [']tikramya pāṭhakramam arthakrameṇa pūrvam pratimantraṇāt praśnasya prasajato nivr̥ttyarthatvāt /

atha vā sarvatrāpi na kiñ cid arthādhikyam athaśabdena kriyate / alaṃkaraṇam evānena laukikavaidikānāṃ vākyasamudāyānām prāyeṇa kriyate / yathā- *athādhiśrayati-* (JB 1,39: 16,13) *athāvadyotayati-* (JB 1,39: 16,14) *athāpaf pratyānayati-* (JB 1,39: 16,15) iti yathā ca *snātavantas tīrthe vayam atha praviṣṭā gr̥ham atha bhuktavanta* iti / pāṭhakramād eva hi prayogakramas sidhyati / evaṃ siddhasyaiva kramasya dr̥ḍhīkaraṇam athaśabdena kriyata iti vyākhyeyam /

katham punar āhiḥ pracchyartho bhavati / praśnānām eṣān darśanād anekārthatvāc ca dhātūnām pr̥cchatyartho [']yam atra kalpyate / śabdārthasāmānyāt tv anayor api sukalpyam evaitat /

vihitasyaivārthasyānuṣṭhānārhatvād avidhāyakatvāc ca laṭo brūyād iti liṅaiva vaktavyam / nātra liṅaḥ prayojanam / kutaḥ / na kalpasūtrāṇi kriyamāṇāni vidhiparāṇi / tair hi śrutivihitā eva kriyāviśeṣāḥ kramādiparijñānārtham anukramyante / laṭaiva cāyam arthas sidhyati / atas sūtre vidhiśabdā na dṛśyante / yatra tu kva cid dṛśyante yathā pūrvasminn eva vākye (JŚS 1,1) tatrāpy avivakṣito vidhyartha iti mantavyam /

atha vā ye śrutau pratyakṣavihitāḥ padārthās te sūtre laḍantair nirdiśyante / ye tv avihitā[ś] śrutyā liṅgādibhir upādīyante te liṅādibhiś śabdair atra vidhīyanta iti grāhyam / ye tu pratyakṣavihitā api vidhiśabdair evātra nirdiśyante padārthā yathā *tam uttiṣṭhantam ārabhyānūttiṣṭhed* (JB 1,89: 39,29f. = JŚS 11,20) *bṛhata[s] stotram pratigṛhya brūyāt* (JŚS 18,12; cf. JB 1,129: 55,6 *bṛhati prastute brūyāt*) *pṛthivyāṃ hastau syātām* (JB 1,330: 138,5 = JŚS 18,19) ity evamādayaḥ / teṣv ayam parihāra[ś] śrautāny evaitāni vākyāni prakṣipyanta iti /

nanu śrutāv api kriyāvidhau laḍ eva prāyeṇa dṛśyate / yathā *audumbarīm anvārabhate* (JB 1,70: 31,27f. [= JŚS 6,1]) *tam prohati* (JB 1,78: 34,27 [= JŚS 9,1]) *pṛthivīm abhimṛśati*- (JB 1,327: 137,1 [= JŚS 18,7]) ity evamādiṣu / nedaṃ laṭo darśanam / leḍ iyañ chandasi vidhāyikā vibhaktiḥ (cf. Pāṇini 3,4,7 [*chandasi*] *liṅarthe leṭ*) / tasmāt sādhūktaṃ śrutivihitānāṃ sūtreṇānukramaṇam iti /

kac cin nāhīnā3 iti pañca praśnāḥ / teṣām ayam arthaḥ / yo bhavatā proktas somas sa kac cid ahīno na bhavati / kac cic cāyam anūdeśyo na bhavati / kac cid asya yajñasyārtvijyaṃ kena cid anyastam apratyākhyātam / ke [']nena yajñena yājayanti / kāś cāsya yajñasya dakṣiṇā iti /

prativacanasyābhāve praśnasyānarthakyaprasaṅgād acoditam api prativacanadānam arthāt somapravākena kartavyam / *nāhīnaḥ* / *nānūdeśyaḥ* / *na nyastam ārtvijyam* / *devadattaḥ kṛṣṇarātaś śivaguptaś ca yājayanti* / *dvādaśaśataṃ gāvo dakṣiṇā* iti vā yathārthaṃ vā //

JŚS 1,3.
tasya trīṇi mīmāṃseta janma karma ṛtvija iti

[Bh 5,24 - 6,3] tasya===iti // tasya yajamānasya janma karma ṛtvija ity etāni trīṇy udgātā vicārayed duṣṭāny aduṣṭānīti / janmeti mātāpitarāv abhipretau / karma prasiddham eva sasamācāram / ṛtvijaś ca ye yajamānasya pratinibaddhāḥ pūrveṣāṃ karmaṇāṃ kartāraḥ / te tu mīmāṃsyante /

nanu prakṛtatvāt somapravākasyaiva *tasya*- iti grahaṇaṃ yuktam / naivam / yajamānasya hi janmādivicāreṇātrārtho bhavati na somapravākasya / arthataś ca yajamāno [']pi prakṛta eva / yajamānasyaiva ṛtvijo grāhyāḥ /

trīṇi- ity anarthakam / nānarthakam anyebhyo [']pi mīmāṃsebhyas trayāṇām eṣām eva mukhyatvapratipādanārthatvāt / tataś caivaṃ grāhyam / yady api yajamānasya janmādīnīmāni trīṇi sammatāny eva loke kathyante tathāpi bahuvidhair upāyair asakṛn mīmāṃsetaiva / ye tu doṣā vātarogādayas te yadi sakāraṇam āśaṅkyeran santīti tata eva mīmāṃsyeran nānyatheti / ṛtvijāñ ca mīmāṃsā na kevalaṃ guṇadoṣagrahaṇārthaiva / tair apasṛṣṭasyānabhyupagamārthāpi //

JŚS 1,4.
etāny u eva yajamāna ṛtvijām mīmāṃsate

[Bh 6,3-17] etā===sate // janma karma ṛtvija ity etāny eva trīṇi yajamāna ṛtvijām mīmāṃsate /

nipātadvayaṃ kimartham / idam ucyate / asati nipātadvaya etāni yajamāna ṛtvijām mīmāṃsate nodgātā yajamānasyeti pūrvavākyārthapratiṣedhakam idaṃ vākyam bhavet /

vidhidvayatvān mitho vā vākyaṃ vikalpyeta / yathā *uttarīyam upānahau chattram iti devadattāya dātavyam etad viṣṇumitrāya dātavyam* ity ukte devadattāya pratiṣiddham matvā tad viṣṇumitrāyaiva dīyate / aniyamena vā dvayor ekasmai / tad evaśabdena nivartyate / etāny eva yajamānasya mīmāmsitāny eveti / evaśabde ca saty eṣām eva trayāṇām avadhāraṇam āśaṅkyeta / etāny eva mīmāṃsyāni nāpare doṣā iti / tan nipātānām anekārthatvād uśabdena samuccayārthena nivartyate / etāni caiva trīṇi mukhyāny anye ca doṣā iti /

nanu yathā pūrvasmin vākye *tasya-* (JŚS 1,3) ity uktam arthād yajamānasyeti gṛhītam evam atrāpi *sa* ity eva vaktavyam / arthād eva yajamāna iti gṛhṇīmaḥ / nātra yajamānasyārthād grahaṇaṃ śakyate / eṣa hi chandogānāṃ rāddhānta *anādiṣṭakartṛkaṃ karmodgātrā kartavyam* iti (cf. DŚS 1,1,4 *ekaśrutividhānan mantrān karmāṇi codgātaiva kuryād anādeśe*) / agnyādheyādhikāre (JŚS 23,15) cāyam arthas sādhu pratipādayiṣyate / tasmād yajamānagrahaṇam acodyam /

kim idam udgātṛkarmavācini sūtre yājamānaṃ karmocyate / atra brūmaḥ / iha yajñe pañca padārthā hautram ādhvaryavam audgātram brahmatvaṃ yājamānam iti / teṣān trayo hautrādayas tribhir vedair vyavasthayā vidhīyante brahmatvayājamāne tu sarvair api / na tau sākalyenaikasmin vede vidhīyete / tasmād acodyaṃ yajamānakarmavacanam /

evam iyam ṛtvigyajamānaguṇadoṣaviṣayā mīmāṃsā kṛtā / tasyāḥ prayojanam uttaratra vakṣyate //

JŚS 1,5.

tad āhuḥ ko [']hīna iti

[Bh 6,18-23] tadā===iti // tatrāhuḥ ko [']sāv ahīno yaḥ pūrvam pṛcchatābhipreta iti / ahīnayājane doṣam āśaṅkya pṛṣṭaṃ *kac cin nāhīnā3* (JŚS 1,2) iti / prasiddhānāñ ca dvirātrādīnām ahīnānām ārtvijyaṃ kartuṃ yuktam eva / dvādaśāhabrāhmaṇe hi *tad āhur yājayitavyan dvādaśāhenā3 nā3 iti neti brūyād* (JB 3,375: 508,28) ity adhikṛtya *tasmād dvādaśāhena naiva yājayed* (JB 3,376: 508,34) iti pūrvam uktvā *tad u vā āhur yājayitavyam eva-* (JB 3,376: 509,1) iti yājanapakṣa eva sthāpitaḥ / tasmād dvādaśāhena tāvad yājayitavyam / tatprakṛtitvād dvirātrādibhir api / tasmād anyo [']sāv ahīnaḥ pṛṣṭo yasyārtvijyan doṣavad iti matvā tacchravaṇārtho [']yam praśnaḥ kriyate *tad āhuḥ ko [']hīna iti* //

JŚS 1,6.

atirātraḥ prathamo [']hīna ity āhur
na hy ahorātrayor hīyate kiñ cid iti

[Bh 6,24 - 7,21] ati===iti // idam pūrvasya prativacanam / atirātraḥ prathamo [']hīna ity āhur ācāryāḥ / na hi so [']horātrayoḥ kiñ cid api hīyata iti /

prathamagrahaṇam anarthakam / nānarthakan dvirātrādīnām apy upādānārthatvāt / ayam arthaḥ / atirātraḥ prathamo [']hīnaḥ prasiddhāś ca dvirātrādaya iti / atirātrasya tv ahīnatvenāprasiddher hetur upādīyate /

nanv evam ucyamāne dvirātrādibhir api yājanan doṣavat syāt / bhavatu / doṣavad eva hi tair yājanam / tathā hi śrūyate *tasmād dvādaśāhena na yājyam pāpmano vyāvṛttyā* (TS 7,2,10,4) iti /

atha vā vaikalpikam ahīnayājanan *tad u vā āhur yājayitavyam eva-* (JB 3,376: 509,1) ity asmād vacanāt *tasmād dvādaśāhena na yājyam* (TS 7,2,10,4) iti paravacanāc ca / ācāryeṇāpi *kac cin nāhīnā3* (JŚS 1,2) iti praśnavacanakaraṇād doṣavad ahīnayājanaṃ khyāpitam anūdeśyādāv iva tu pratiṣedhākaraṇād (JŚS 1,7ff.) anumatañ ca / tasmād atra vikalpa eva yuktaḥ /

athāparaṃ vyākhyānam / atirātraḥ prathamaḥ prathamam prayujyamāno [']hīnaḥ / so [']muṣmin praśne [']bhipretaḥ / śrūyate hi *tad āhur na prathamaṃ yajamāno [']tirātreṇa yajeteti-* (JB 1,207: 85,20) iti / yady api yajanam evātra pratiṣidhyate yājanam apy arthāt pratiṣiddham bhavati / yajanaṃ hīdam pratiṣiddhatvād doṣavat / tat kurvato yājanam api doṣāyaiva syāt / tatparihārārtham praśnaḥ kriyate /

kim ayam prathamasomo [']tirātro na bhavatīti / nanv atirātrasya dvitīyādāv api prayoge [']horātrayor avayavād ekasmād apy ahīnatvaṃ hetur vidyate / tataś cedam prasajati / sarveṇātirātreṇa na yājayed iti / tatra prathamaśabdo [']narthakaḥ / nānarthakaḥ prathama eva prayogo [']hīno na dvitīyādir ity etadarthatvāt / na hi hetusadbhāvamātreṇa dvitīyādiprayogo [']hīno bhavati / vacanād idam atirātrasyāhīnatvan tac ca vacanam prayogāśrayam eva /

nanv asādhāraṇena hetunā bhavitavyam / satyam etat / yatra hetunaivārthas sādhyate tatra hetur asādhāraṇa eva pradarśyate / yathā anityaś śabdaḥ kṛtakatvād *agnir atra dhūmadarśanād* iti / iha tu vacanenaivāhīnatvaṃ siddham hetus tv anaikāntiko [']pi tatra sattāmātram avalambya pradarśyate / yathā loka aitihyapramāṇasiddhe sāsnādimati gośabde *gamanād gaur* iti (cf. ŚB 6,1,2,34; KB 21,1,4; Nir. 2,5; UṇādiS 2,67) gamanasadbhāvo gośabdapravṛttau kāraṇaṃ vyapadiśyate na ca tāvatā gotvam aśvādeḥ prasajati / yathā ca vede *śūrpeṇa juhoti-* (ŚB 2,5,2,23 = ŚBK 1,5,1,21) iti śūrpaṃ homakaraṇatvena vidhāya *tena hy annaṃ kriyata* (cf. ŚB 2,5,2,23 = ŚBK 1,5,1,21 *śūrpeṇa hy aśanaṃ kriyate*) iti vākyaśeṣeṇānnakaraṇatvaṃ hetur ucyate / tathāpi śūrpeṇaiva hūyate na darvyādinā / evam atrāpy *atirātraḥ prathamo [']hīna ity āhur* ity etāvataiva vacanena prathamam prayujyamānasyātirātrasyāhīnatvaṃ siddham / hetus tv ayaṃ sādhāraṇo [']py ahīnaśabdasyātra pravṛttinimittatvena pradarśyate dvitīyādeś ca prayogasyāhīnatve vacanan na paśyāmaḥ / tataś caivaṃ siddham prathamasomena satātirātreṇa na yājayitavyam iti //

JŚS 1,7.

anūdeśyena na yājayed
yatra nv antaśśavo grāmo bhavati tad anadhyāyo bhavati
antaśśava eṣa yajño yo [']nūdeśya iti

[Bh 7,22 - 8,1] anū===iti // anūdeśyena yajñena na yājayet / yasmin hi deśa antaśśavo grāmo bhavati tatrānadhyayanam bhavati / yajñaś cāyam antaśśavo yo [']nūdeśya iti /

tryavayavam idaṃ vākyam / *anūdeśyena na yājayed* iti pratijñā / *yatra nv antaśśavo grāmo bhavati tad anadhyāyo bhavati-* iti dr̥ṣṭāntaḥ / *antaśśava eṣa yajño yo [']nūdeśya* ity ayaṃ hetuḥ /

kaḥ punar ayam anūdeśyo nāma / śunaskarṇastoma iti brūmaḥ / sa hi maraṇakāmasya yajñaḥ (cf. JB 2,167-168) / tatas tena na yājayitavyam /

anūdeśyo vyākhyātavyaḥ / evaṃ sa ity anūdeśyo bhavati / antaśśavaś cāyaṃ yajñamadhya eva yajamānasya maraṇāt /

atha vā *yadi dīkṣitānām pramīyeta-* (ŚŚS 13,11,1) iti dīkṣitamaraṇam adhikr̥tya *saṃvatsare [']sthīni yājayeyur* (ŚŚS 13,11,8) iti vihito [']sthiyajño nāma vidyate / so [']nudiśyamānatvān mr̥tam praty anūdeśyo bhavati antaśśavatvañ ca tasya vidyate / evaṃ hi tatra śrūyate *stotre stotre [']sthikumbham upanidadhāti-* (ŚŚS 13,11,9)iti //

JŚS 1,8.

nyastārtvijyan na kuryād
yad eva te pūrvaf paricakṣāṇo nyasyāt tad eva paricakṣmahā iti

[Bh 8,2-4] nyastā===iti // nyastaṃ kena cit pratyākhyātam ārtvijyaṃ yasya yajñasya sa yajño nyastārtvijyaḥ / tan na kuryāt / itthañ ca tatra pratyācakṣīta / yad eva te duṣṭaṃ karma pūrvas tvayā vr̥taḥ parivadan nyasyāt tad eva te vayam api paricakṣmahā iti / vijñātam api doṣan na vadet / evam eva pratyācakṣīta //

JŚS 1,9.

athāpi *nyastam* ity etenaiva

[Bh 8,5-6] athā===naiva // athāpi hetusamuccayārthaḥ / nyastārtvijyasya yajñasyākaraṇe [']yam api hetuḥ / *nyastam* ity etenaiva śabdena hetunā na kuryāt / doṣas tu vijñāyeta vā na vā //

JŚS 1,10.

ke yājayanti- (JŚS 1,2) iti

[Bh 8,7-8] keyā===tīti // yaḥ pūrvaḥ praśnaḥ *ke yājayanti-* (JŚS 1,2) iti so [']yam anūdyate / anyavivakṣayā *ke yājayanti-* itīdam adhikr̥tya kiñ cid vakṣyata ity arthaḥ /

atha vā *ke yājayanti-* iti pr̥cchatā kim abhipretam iti //

JŚS 1,11.

anūcānā evānūcānam
bandhumanto bandhumantaṃ
sucaritinas sucaritinam iti

[Bh 8,9-14] anū===iti // anūcānā vidvāṃsaḥ / praśastabāndhavā bandhumantaḥ / vihite karmaṇi pravartamānāḥ pratiṣiddhān nivartamānās sucaritinaḥ / tatraivaṃ yojyam

/ anūcānā eva rtvijo yājayanti / anūcānam eva yajamānaṃ yājayanti / bandhumanta eva rtvijo yājayanti / bandhumantam eva yajamānaṃ yājayanti / sucaritina eva rtvijo yājayanti / sucaritinam eva yajamānaṃ yājayanti / iti nyāya iti / tatrāyam arthaḥ / sarveṣām ṛtvigyajamānānām anūcānatvādiguṇābhilāṣayā yasmāt praśnaḥ kṛtas tasmād evaṃvidhā eva rtvijo yājayeyur evaṃvidham eva yajamānaṃ yājayeyur iti //

JŚS 1,12.

anūcānair eva saha yājayet

[Bh 8,15] anū===jayet // anūcānair eva rtvigbhis saha yājayen naikenāpy ananūcānena //

JŚS 1,13.

kṛṣṇajanmānan na yājayet

[Bh 8,15-17] kṛṣṇa===jayet // kṛṣṇañ janma yasya sa kṛṣṇajanmā / duṣṭajanmety arthaḥ / mātāpitṛdoṣeṇa ca janmano doṣaḥ / tasmād apraśastamātāpitṛkan na yājayed ity arthaḥ //

JŚS 1,14.

pāpakarmāṇan na yājayet

[Bh 8,17] pāpa===jayet // pāpakarmāṇam pratiṣiddhasevinan na yājayet //

JŚS 1,15.

kṛṣṇajanmabhir ṛtvigbhis saha na yājayet

[Bh 8,18] kṛṣṇa===jayet //

JŚS 1,16.

pāpakarmabhir ṛtvigbhis saha na yājayet

[Bh 8,18-26] pāpa===jayet // *anūcānā eva-* (JŚS 1,11) ityādivacanata evānanūcānakṛṣṇajanmapāpakarmaṇām ṛtvigyajamānānām aprasaṅgād *anūcānair eva-* ityādīni pañcāpi vākyāny (JŚS 1,12-16) anarthakāni / nānarthakāni yadi vacanam anādṛtyārthayaśo[']bhilāṣādinā nimittena rtvijāṃ ke cid yajamāno vā yajñavidhau pravarteran tatra svayam anūcānatvādisampadyukto [']pi tair asamparkārthaṃ yājanān nivartetety evamarthatvāt /

atha vā- *anūcānā eva-* (JŚS 1,11) iti śrautam etad vākyam ity apunaruktatā vācyā /

nanv *anūcānam eva yājayed* ity etad api vaktavyam / satyam etat / ananūcānasyāpi yajñaprasaṅgo vidyata iti jñāpanārthan nocyate / evañ ca bahvṛcānām pravargyādhikāre vacanam / *tan na prathamayajñe pravṛñjyāt / upanāmuka evainam uttaro yajño bhavati yaf prathamayajñe na pravṛṇakti / kāman tu yo [']nūcāna[ś] śrotriya[s] syāt tasya pravr̥ñjyāt / ātmā vai sa yajñasyātmanaiva tad yajñaṃ samardhayati-* (KB 8,4,2-6) iti / ato [']pi hi vacanād ananūcānasyāpi yajño [']stīti nāyuktaṃ grahītum //

JŚS 1,17.

kā dakṣiṇā (JŚS 1,2) iti

[Bh 8,27] kāda===iti // *kā dakṣiṇā* (JŚS 1,2) ity atra kiñ cid vakṣyate //

JŚS 1,18.

na dakṣiṇāḥ pr̥cched
iti ha smāha śāṭyāyanir
vikrayasyaitad rūpam iti

[Bh 8,27 - 9,2] nada===iti // dakṣiṇā na pr̥cched iti śāṭyāyanir ācārya āha sma ha sa uktavān kila / ayañ ca hetuḥ / vikrayasya tad rūpaṃ yad dakṣiṇāpraśna iti / yathā loke paṭādīni vikrīṇantam pr̥cchanti *kim bhavatādeyam* iti tadvad atrāpy ārtvijyārtham prārthitena dakṣiṇāsu pr̥cchyamānāsu vikrayasya rūpam bhavatīty abhiprāyaḥ / tasmāt *kā dakṣiṇā* (JŚS 1,1,2) iti na pr̥cchet //

JŚS 1,19.

pr̥cched
iti ha smāha tāṇḍya
etatphalo vai yajño yad dakṣiṇā iti

[Bh 9,3-15] pr̥cche===iti // pratiṣiddhasya praśnasya punaḥ pratiprasavaḥ kriyate / pr̥cched dakṣiṇā ity āha sma ha tāṇḍya ācāryaḥ / ayañ ca hetuḥ / yad etad dakṣiṇā iti kīrtyata etatphalo vai yajña iti / dakṣiṇāphalo hi yajña ity arthaḥ /

nanu svargādiphalo yajño na dakṣiṇāphalaḥ / satyam etat / dakṣiṇābhis tu phalaṃ sādhyate / tatra sādhanabhūtāsu dakṣiṇāsu sādhanavyapadeśo gauṇaḥ praśaṃsārthaḥ /

nanu phalasādhanatvam api dakṣiṇānān nāsti yajñasyaiva tad iti / yady api nāsti *dakṣiṇā[s] svargaṃ lokaṃ gamayanti-*(JB 1,250: 103,21-22; cf. Bh on JŚS 23,33) iti liṅgāt sad ivopacaryate / tatrāyam arthaḥ / hīnadakṣiṇo yajñaḥ phalan na sādhayet / phalasādhana-samarthenaiva ca yajñena yājayitavyam / tasmād yajñasyaiva sāphalyacikīrṣayā dakṣiṇāḥ praṣṭavyā iti /

atha vaitatphalo vai yajña r̥tvijām iti vyākhyeyam / dakṣiṇālābha eva hi phalaṃ yajñena r̥tvijāṃ sādhyate nānyat / yadi ca dakṣiṇā na syur akaraṇīyam ārtvijyaṃ syāt / tasmāt praṣṭavyā eva dakṣiṇā iti /

nanu pūrvasmin vākye pratiṣiddhatvād atra ca punarvihitatvād vaikalpiko dakṣiṇāpraśnaḥ / neti brūmaḥ / praśnanigade nityavac chrutatvād anitya eva pratiṣedhaḥ /

pratiṣedha idānīm kimarthaḥ / dravyalobhena na pr̥cched ity evamarthaḥ /

evañ cet punarvidhiḥ kimarthaḥ / asati punarvidhau pūrvaṃ vacanam pratiṣedhakam eva kevalam praśnasya gṛhyeta / tat punarvidhinā nivartyate /

vākyadvaye [']py ācāryagrahaṇam pūjārtham eva //

JŚS 1,20.
sa yadi yājayiṣyan syād abhidravet

[Bh 9,16-21] saya===dravet // sa evaṃ yājane guṇadoṣān mīmāṃsitavān udgātā yājayiṣyan yadi syād ābhimukhyena gacched yajñaṃ yajamānaṃ vā / uktadoṣasadbhāve yājanapratiṣedhāt tadabhāve yājayiṣyan bhavati / tatrāpy aniyama iti cen na yājanasyāpi ṣaṭkarmasv antarbhāvāt teṣāñ ca brāhmaṇasya vihitatvāt (cf. Manu 1,88; 4,9; 10,74-76) /

nanu yajanadānādhyayanāny eva smṛtikārair niyamyante na yājanapratigrahādhyāpanāni (cf. Manu 10,76-78) / satyam etat / itthan tu yājanādīnām aniyamaḥ / yajanādivat svayam prayatnena yājanādiṣu nāvaśyam pravartitavyam iti / tasmād aprayatnopanateṣu yājanādiṣu doṣābhāve pravartetaiva / sati doṣe pratyācakṣīta //

JŚS 1,21.
sa yady adīkṣitaṃ yakṣyamāṇaṃ gacched uttarata upaviśya pravācayeta

[Bh 9,22-29] saya===yeta // sa udgātā dīkṣitaṃ yakṣyamāṇaṃ yadi gacchet tasyottarata upaviśya tam ātmānam prati somam pravācayeta /

nanu pūrvam eva somaḥ proktaḥ / kim idānīm procyate / anyaviṣayam evaitat somapravacanam / yadi svayam evāprārthito dakṣiṇālābhanimittam ārtvijyaṃ kartum icchet tatrāsya viṣayaḥ / asti ca śrutivacanam / *tasmād udgātāvṛta uttarato niveśanaṃ lipseta / etad dhy anāruddhan niveśanaṃ yad uttarata* (JUB 2,8,2) iti / avṛtasyodgātur uttarato niveśanaṃ kartavyam ucyate / tad idam uktam *uttarata upaviśya pravācayeta-* iti /

sa iti cātra vacanam evam evopapadyate / pūrvasmād api vākyāt *sa* (JŚS 1,20) iti śakyam anuvartayitum anyaviṣayatājñāpanārtham eva tv asya punaḥ prayujyate / tatraivam uttarata upaviśyātmānam prati somasya pravācane yajidhātuḥ prayojyate / tataḥ prokte some *mahan me [']voca* (JŚS 1,1) ity ārabheta //

JŚS 1,22.
yadi dīkṣitam abhidrutyābhivādayeta

[Bh 10,1-2] yadi===yeta // dīkṣitaṃ yajamānaṃ yadi gacched abhidrutyābhimukhyena taṃ samīpaṃ gatvābhivādayeta praśaṃset / *yajñārabdhiś śobhanā kṛtā-* iti brūyāt //

JŚS 1,23.
yajamāna evāta ūrdhvam abhidravati pariveṣaṇāya

[Bh 10,3-6] yaja===ṇāya // asmād abhivādanād udgātrā kṛtād ūrdhvaṃ yajamāna evodgātāram abhigacchati pariveṣaṇāya paricaraṇāya /

eva- ity anarthakam / nānarthakam vayasā jñānādinā vā yady api garīyān udgātur yajamāna syāt tathāpi svayam evodgātāram abhigatya satkuryād ity etadarthatvāt /

ata ūrdhvam ity anarthakam / nānarthakam ahar ahar ā yajñaparisamāpter udgātā satkartavya ity etadarthatvāt //

[Bh 10,7-8]
ittham ukto [']yam audgātrapravr̥ttau puṣkalaḥ kramaḥ /
caran yadanurodhena nāśarma labhate naraḥ //

[Bh 10,9-10]
iti jaiminīyasūtravr̥ttāv audgātrapravr̥ttikramo nāma prathamaḥ khaṇḍaḥ //

JŚS 2. (udgātr̥satkāraḥ)

JŚS 2,1.

athāsmā āsanam āharanti

[Bh 11,16-17] athā===ranti // gamanānantaram asmā udgātra āsanam āharanti yajamānapuruṣāḥ / bahuvacanaprayogād aniyamena yaḥ kaś cid yajamānapuruṣa āharati nāvaśyam bahava eva //

JŚS 2,2.

tasminn upaviśati

[Bh 11,17] tasmi===śati // tasminn āsana upaviśati vakṣyamāṇakrameṇa //

JŚS 2,3.

ahe daidhiṣavyod atas tiṣṭhānyasya sadane sīda
yo [']smat pākataras tasya sadane sīda
nirastaf parāvasur iti
tr̥ṇan nirasyati yat pratiśuṣkāgram bhavati
yad vā praticchinnāgram

[Bh 11,18 - 12,2] ahe===nnāgram // tasmād āsanād anena mantreṇa yat tr̥ṇam pratiśuṣkāgram bhavati yad vā tr̥ṇam praticchinnāgram bhavati tan nirasyati / *pratiśuṣkāgram bhavati pratichinnāgraṃ vā-* ity etāvatā siddhe *yad vā-* iti bruvann ubhayor api sator ekam eva nirasanīyam iti jñāpayati /

nanv ayatnasiddham etat / *asinā paraśunā vā chindyād* ity ukte tayor ekenaiva chindanti hi / [neti brūmaḥ /] na hi tenaitat tulyam / nātra nirasanakriyām prati tr̥ṇaṃ karaṇatvena codyate karaṇavibhakter aśravaṇāt / karmatvena tu śravaṇāt tr̥ṇam atra pradhānam / nirasanan tasya guṇabhūtam / tatra tr̥ṇabhede tadguṇasya nirasanasyāvr̥ttir yuktā / pratipradhānaṃ hi guṇabhedan nyāyavido vadanti (cf. PMS 11,1,53) / loke ca *śvā kāko vā nivāritavya* ity ukte dvayam apy āgacchan nivāryate / tadvad atrāpi dvividhasyāpi satas tṛṇasya nirasanaprasaktāv ekasyaiva nirasanārthaṃ yatno [']yaṃ kriyate /

tṛṇanirasanānyathānupapatteś śiṣṭācāratas tṛṇāstaraṇam āsane sidhyati //

JŚS 2,4.

apa upaspṛśya-
ā vasos sadane sīdāmi- iti sīdati

[Bh 12,3-6] apa===dati // tṛṇanirasanānantaram apa upaspṛśyānena mantreṇāsanam upaviśati /

anenaivopaveśanavidhinā siddhatvāt *tasminn upaviśati-* (JŚS 2,2) iti pūrvaṃ vākyam anarthakam / nānarthakan tṛṇanirasanasyopaveśanāṅgatvapratipādanārthatvāt / upaveśanam adhikṛtya hy uktan tṛṇanirasanan tadaṅgaṃ syān nānyathā / aṅgatvajñāpanañ ca *kṛtasyānāvṛttir guṇalopa* (ŚSS 3,20,18) ity evamādyartham //

JŚS 2,5.

athāsmā udakam āharanti

[Bh 12,7-8] athā===ranti // athāsmā āsīnāyodakam āharanti / avacane [']pi śiṣṭācāratas tenodakena pādau prakṣālyācāmati / āhṛtena codakenāvaśyam arthaḥ kāryas sa cāyam ācārata eṣa eva grāhyo nānyaḥ //

JŚS 2,6.

tat pratigṛhṇāti
mayi varco atho bhagam atho yajñasya yat payaḥ /
parameṣṭhī prajāpatir divi dyām iva dṛṃhatv (JS 2,1,4) iti

[Bh 12,9-27] tatpra===iti // *tad* ity udakam evocyate / punar anyad udakam āhṛtam anaya rcā pratigṛhṇāti / grahaṇacodanāyāṃ hy āharaṇam arthasiddham /

nanu pūrvasmin vākye (JŚS 2,5) yasyodakasyāharaṇan tasyaivedam pratigrahaṇam iti vaktuṃ yuktam / satyam / ittham api vaktuṃ śakyam / pādaprakṣālanācamanayos tu lopa eva prasajati / tasmāt pūrvam eva vyākhyānaṃ sādhīyaḥ / anyasya karaṇasyānuktatvāt pareṣāñ ca vacanād añjalinā pratigṛhṇāti /

ādigrahaṇenārthasiddhes samastāyā ṛco vacanam anarthakam / nānarthakam ṛcaṃ vadan pratigṛhṇātīty etadarthatvāt / eṣa hi nyāyaḥ / karmakaraṇamantreṣu mantrānte karmārambha iti / tathā coktaṃ kauṣītakinā *mantrāntena karaṇesu karmaṇas sannipātanam* (ŚSS 1,2,26) iti / tad atrāsyā ṛcas samastapāṭhena nivartyate /

tat katham bhavati / idam ucyate / vacanavairūpyam etad ācāryeṇa kriyate yad asmacchākhāntarbhūtānām eva rcāṃ kāsāñ cit pratīkaṃ gṛhṇāti *pavitran te* (JS 3,20,9-10; JŚS 9,9; 19,7) *san te payāṃsi-* (JS 2,1,2; JŚS 15,12) ity evamādīnām kāsāñ cit pāṭhaṃ karoti yathā *mayi varcas* (JS 2,1,4; JŚS 2,6) *sadasas patim* (JS 1,18,7; JŚS 13,27) iti / tad anena vacanavairūpyeṇārthavairūpyaṃ gṛhyate / pratīkagṛhītānām ante karmārambhaḥ paṭhitānām ādāv iti / tasmād asyā ādāv evodakagrahaṇam ārabdhavyaṃ *sadasas patim* (JS 1,18,7) ity asyāś ca sadaḥprapadanam (cf. JŚS 13,27) /

kiñ cit sadaḥprapadane [']sya vyākhyānasya sahakāripratyayo [']py upodbalako vidyate / *pūrvayā dvārā sadaḥ prapadyante* (sic, *prasarpanti* ŚŚS) / *sādhyā* (sic, *viśve* ŚŚS) *devā anu mā prasarpata* / *indra tridhātu śaraṇaṃ* (ṚV 6,46,9) *yata indra bhayāmahe* (ṚV 8,61,13) *sadasas patim* (ṚV 1,18,6) *iti japanta* (ŚŚS 6,13,2-3) iti / tatas tatra tāvad etad vyākhyānaṃ yuktataram / tat tatsāmānyād atrāpi sthālīpulākanyāyenaivam (cf. PMS 7,4,12) eva niścetavyam /

aikasvaryārthaḥ pāṭha iti ke cid vyācakṣate / tad ayuktam / traisvaryapaṭhitānāṃ hi karaṇamantrāṇām aikasvaryaṃ ke cid ācāryā necchanti / mantrādau punaḥ katipayānāṃ karmaṇām ārambhaḥ paratantreṣv api dṛśyate (cf. ŚŚS 6,13,2-3) / tatra kva cid upalabdhasyaivārthasya jñāpakabalena grahaṇam upapannan nānupalabdhasya / tasmād uktārtha eva pāṭho naikasvaryārthaḥ /

atha vodakagrahaṇasadaḥprapadane prati liṅgasāmarthyam anayor ṛcor pāṭhena pradarśyate tac cāsatyām api codanāyām anayor ṛcor asmin karmadvaye [']vagamanārtham / tasmād gṛhyokte (JGS 1,18,69) [']pi madhuparke [']rghyam udakam *mayi varca* (JS 2,1,4) ity anayaiva rcā pratigrāhyam / *sadasas patim* (JS 1,18,7) ity anayaiva tṛtīyasavane [']pi sadaḥ praveṣṭavyam (cf. JŚS 19,4) / evam idan dvividham prayojanam ṛkpāṭhasya (cf. Bh on JŚS 13,27) //

JŚS 2,7.
athāsmai madhv āharanti

[Bh 12,28] athā===ranti // prasiddham madhupadenātra dadhno grahaṇam / avacanād [vā] kevalam eva madhv āhartavyam //

JŚS 2,8.
tat prāśnāti catasṛbhir aṅgulībhis sāṅguṣṭhābhis triḥ

[Bh 12,29 - 13,1] tatprā===bhistriḥ // tan madhu catasṛbhir aṅgulībhir aṅguṣṭhacaturthābhis triḥ prāśnāti /

sahāṅguṣṭhena pañcabhir iti cen na / yadi hy evam aiṣiṣyata *sarvābhiḥ pañcabhir* ity evāvakṣyata / aṅguṣṭhacaturthatvañ ca prāśanasaukaryārtham avyavadhānārthañ ca kaniṣṭhikayā vinā sampādyam //

JŚS 2,9.
prāśnāti *madhv asi madhavyo bhūyāsam* iti

[Bh 13,1-3] prāśnā===iti // anena mantreṇa prāśnāti /

ekavākyatvenaiva mantrasya prāśanasambandhasiddheḥ *prāśnāti-* ity anarthakam / nānarthakam pratiprāśanam mantrāvṛttipratipādanārthatvāt / itarathā hi *guṇānāñ ca parārthatvād asambandhas samatvāt syād* (PMS 3,1,22) iti nyāyāt prāśanaguṇenābhyāsena mantro na sambadhyeta / atas tu yatnāt sambadhyate (cf. Bh on JŚS 5,3; 6,5) //

JŚS 2,10.

athāsmai vāsasī āharanti śriyai rūpam

[Bh 13,4-6] athā===rūpam // ācamanānantaram asmai vāsasī āharanti / śriyai rūpam iti ṣaṣṭhyartheyañ caturthī / śriyo hi rūpaṃ vastrayugam / śrīrūpatayā ca vacanāc chobhane vāsasī āhartavye / atiśobhanaṃ hi dravyaṃ śrīrūpam iti loke prasiddham //

JŚS 2,11.

te paridhatte *śrīr asi śrīmān bhūyāsam* iti

[Bh 13,6-7] tepa===iti // te vāsasī anena mantreṇa yathāyogam paridhatte / prativastrañ ca mantra āvartate //

JŚS 2,12.

pravartau srajo [']laṅkaraṇam ity asmā āharanti

[Bh 13,8-13] prava===ranti // pravartau kuṇḍale / srajo mālāḥ / alaṅkaraṇam anyad bhūṣaṇam / tāny asmā āharanti /

alaṅkaraṇagrahaṇenaiva siddhe *pravartau sraja* iti pr̥thaggrahaṇam anarthakam / nānarthakam pravartayo[s] srajāñ ca niyamārthatvāt / tasmād avaśyam pravartau srajaś cāhartavyā yathopapādam anyad alaṅkaraṇam / itikaraṇaprayogād anyad api yad asmai śraddhayā dīyate tasyāpy ayam eva kālaḥ /

atha vā pravartau sraja ity evamādy alaṅkaraṇam asmā āharantīti vyākhyeyam / tatra ca pravartagrahaṇaṃ kaṭakakaṭisūtrāṅgulīyakādīnām upalakṣaṇārtham sraggrahaṇam añjanānulepanādīnām iti mantavyam / vividheṣv api dravyeṣu pravartayo[s] srajāñ ca mukhyatvād atropādānaṃ kriyate //

JŚS 2,13.

alaṅkr̥tam enaṃ vr̥ṇīte
parjanyo ma udgātā sa ma udgātā tvam ma udgātā
diśo me prastotr̥pratihartārau subrahmaṇya iti

[Bh 13,14-15] alaṃ===iti // āhr̥tenālaṅkaraṇenālaṅkr̥tam enaṃ yajamāno [']nena mantreṇa vr̥ṇīte / yathodgātrā śrūyeta tathā mantram brūyāt //

JŚS 2,14.

tam upāṃśu pratimantrayate
parjanyas ta udgātā sa ta udgātāhan ta udgātā
diśas te prastotr̥pratihartārau subrahmaṇyaḥ
karmaiva vayaṃ kariṣyāmaḥ

[Bh 13,16-17] tamu===ṣyāmaḥ // taṃ yajamānam udgātānena mantreṇopāṃśu pratimantrayate / itikaraṇādhyāhāreṇa vyākhyeyam //

JŚS 2,15.

om ity uccaiḥ

[Bh 13,17] *om* ity uccaiḥ // pratimantrayeta //

JŚS 2,16.

athainan devayajanaṃ yācaty *udgātar devayajanam me dehi-* iti

[Bh 13,18-24] athai===hīti // devā ijyante [']sminn iti devayajanam / devayajanaśabdo yajñabhūmau pravartate / pratimantraṇānantaram enaṃ yajamāna eva devayajanaṃ yācati /

adr̥ṣṭārtham idaṃ yācanan na yāgadeśalabdhyartham / katham avagamyate / hotrādibhyo yācyamānatvāt / yadi hi dr̥ṣṭārtha[s] syād ekasmād eva labdhe deśe yāgasiddher anyebhyo labdhir vyarthā bhavet / na ca yajamāna r̥tvigbhyo dravyam ādātum arhati / ātmārthaṃ hi yajñe pravartamāna svena dravyeṇa svaiḥ karmakarai[s] svasmin deśe svayam r̥tvigbhyo [']pi dattvā pravartitum arhati / tasmād devayajanayācanād adr̥ṣṭam phalam /

atha vā pūjāvacanam etad aupacārikam / *sarvasvan tubhyam mayā niveditam / devayajanam api deśan tvam eva me dehi-* iti /

atha vā devayajanayācanadvāreṇa yajñasyaivāyam prārambho [']nujñāpyate //

JŚS 2,17.

tan *tathā-* ity upāṃśu pratimantrayate

[Bh 13,24-25] tanta===yate // taṃ yajamānam udgātā *tathā-* ity upāṃśu pratimantrayate //

JŚS 2,18.

om ity uccaiḥ

[Bh 13,25-26] omi===voccaiḥ // *om* ity evoccaiḥ pratimantrayate / *om ity uccair* (JŚS 2,15) iti pūrvoktasyaiva vacanād evakāraḥ prayukto nārthaviśeṣaṇārthaḥ //

JŚS 2,19.

athāsmā āvasatham upapannāya gām upājanti

[Bh 13,27-29] athā===janti // pūrvam evāsanabhojanaśayanādyartham r̥tvijāṃ gr̥hāṇi parikalpitāni bhavanti / tadadhikr̥tam idam ucyate / athāsmā ātmārtham parikalpitaṃ gr̥ham praviṣṭāya gām upājanti samīpan nayanti /

atha vā- *āvasatham upapannāya-* iti heturūpeṇocyate / anyasmā apy ṛtvigbhya[ś] śreyase svagṛham praviṣṭāya gor upājanārtham //

JŚS 2,20.

tām upāṣṭāṃ hate
pāpmānam eva tad dhate

[Bh 13,30 - 14,3] tāmu===ddhate // tāṃ gām upanītām hanti / ajer niṣṭhāyām aniḍbhāvaḥ / hanteś cātmanepadañ chandasi bahulavacanād yuktam / dṛśyate ca *gām upāṣṭāṃ hanīta / pāpmānam eva tad dhata* (JB 2,370: 319,14-15) iti / cchando[']nukaraṇārtham atrāpy evam prayujyate / arthavādo vākyaśeṣaḥ / tasyāyam arthaḥ / yathā pāpmano hananam evam asmin viṣaye gohananam apīti / tasmād asmin goghāte doṣo na śaṅkyaḥ //

JŚS 2,21.

atha yadi gām utsṛjet tām etenaivotsṛjed
gaur dhenur havyā //
mātā rudrāṇān duhitā vasūnāṃ
svasādityānām amṛtasya nābhiḥ /
pra ṇu vocañ cikituṣe janāya
mā gām anāgām aditiṃ vadhiṣṭa //
pibatūdakan tṛṇāny attv ity
om utsṛjata- iti

[Bh 14,4-13]
atha===teti // atha yadi tāṃ gām utsṛjed etenaiva mantreṇa *gaur dhenur* ityādinā *tṛṇāny attv* ityantenānumantrya- *om utsṛjata-* ity uccair utsṛjet /

nanv anumantraṇasyāśrutatvād *gaur dhenur* ityādir *utsṛjata-* ityantas sarvo [']yam utsarjanamantra eva bhavitum arhati / naivam / praṇavāt pūrveṇetikaraṇena kṛtena *gaur dhenur* ity asya mantrasyānto vijñāpyate na cānena kartavyā kriyocyate / utsarjanan tv *om utsṛjata-* ity anenaiva liṅgāt kartavyam / tatra *tām anumantrayate gaur dhenur* (JGS 1,18,84) iti gṛhye dṛṣṭatvād *anumantrya-* ity adhyāhriyate /

etenaiva- ity anarthakam / nānarthakam etenaiva pāpmano hananena hetunotsṛjed ity evamarthatvāt / ayam abhiprāyaḥ / hanane goḥ pāpmano hananam bhavati *gām upāṣṭāṃ hanīta / pāpmānam eva tad dhata* (JB 2,370: 319,14f.) iti śrutivacanāt / utsarjane [']pi hiṃsāvarjanāt pāpmaiva hanyata iti /

atha vaitenaiva *gaur dhenur* ity asya mantrasya liṅgeneti vyākhyeyam /

kim punar ime hananotsarjane gos tulyaṃ vikalpyete / kas sandehaḥ / kin tūtsarjanapakṣa evāsmin kāle śiṣṭair ācaryate //

[Bh 14,14-15]
satkāram praty ayaṃ samyag udgātur udito vidhiḥ /

yena santoṣite tasmin yajñasya phalam edhate //

[Bh 14,16-17] iti jaiminīyasūtravṛttāv udgātṛsatkāro nāma dvitīyaḥ khaṇḍaḥ //

JŚS 3. (subrahmaṇyāhvānam)

JŚS 3,1.*

krīte rājani subrahmaṇyam āmantrayante

[Bh 15,19-21] krīte===yante // rājeti somaḥ kīrtyate / dṛśyate hi *somaṃ rājānaṃ varuṇaṃ* (JS 1,10,1) *somo rājā bhūto vāsi-* (JUB 3,21,2) ityādau some rājaśabdaḥ / tadanukaraṇam ācāryeṇa kriyate / krīte some subrahmaṇyam āmantrayante / *karmakālo bhavatah prāpta* ity avabodhayanti //

JŚS 3,2-3*.*

sa yajñopavītaṃ kṛtvāpa ācamya
dakṣiṇena pāṇinā palāśaśākhāṃ śamīśākhāṃ vādāya-
antareṇa cakrañ cānaḍvāhañ ca dakṣiṇām īṣām anu prasṛpya
rājavāhanasyāntarīṣe tiṣṭhan
subrahmaṇyām āhvayati trir aniruktāṃ
subrahmaṇyoṃ subrahmaṇyoṃ subrahmaṇyom ity upāṃśu

[Bh 15,22 - 16,22] saya===pāṃśu // sa subrahmaṇyo yajñopavītaṃ kṛtvāpa ācamya dakṣiṇena pāṇinā palāśaśākhāṃ vā śamīśākhāṃ vādāya rājavāhanasyānasaś cakrañ cānaḍvāhañ cāntareṇa dakṣiṇām īṣām anu prasṛpyāntarīṣe īṣayor madhye tiṣṭhann aniruktāṃ subrahmaṇyān trir āhvayaty upāṃśu / evam evāhvayati *subrahmaṇyoṃ subrahmaṇyoṃ subrahmaṇyom* iti /

śaucārthasyācamanasya yajñopavītasya ca smṛtisiddhatvād (cf. JGS 1,1,9; Manu 4,36) atra tadvacanam anarthakam / nānarthakam *ajinaṃ vāso vā dakṣiṇata upavīya dakṣiṇam bāhum uddharate [']vadhatte savyam iti yajñopavītam* (TĀ 2,1,4-5) iti śrutivacanasiddhasyājinasya vāsaso vā dvitīyasya yajñopavītasya kriyāṅgabhūtasya cānyasyācamanasya vidhānārthatvāt / tasmād asaty api svapnādāv ācamananimitte (cf. Manu 5,145) karmādāv ācāmed uttarīyañ ca vastrājinayor anyatarat karmaṇy upādadīta / avyavāyena ca rājāhavanīyayoḥ praviśet /

kim atra *dakṣiṇena-* iti vacanād anyatrāvacane pāṇyor ekenāniyamena karmāṇi kriyeran / naivam / dakṣiṇenaiva pāṇinā tāny api kriyeran / tathā ca pareṣāṃ vacanam *ekāṅgavacane dakṣiṇam pratīyād* (ĀśvŚS 1,1,12) iti / evam eva śiṣṭair ācaryate / yāni tu karmāṇi vidhim anapekṣyārthād eva prāpnuvanti dṛṣṭārthāni tāni savyenāpi kriyeran / yathedaṃ śākhādānaṃ *śākhayā samspṛśati-* (JŚS 3,7) iti vacane [']saty arthaprāptam / tad asmin dakṣiṇasyāpi prāptis savyasyāpi / tatra dakṣiṇasyāyan niyamaḥ /

evañ cet *ājyasthālīṃ sasruvām ādāya-* (JŚS 6,1) ityādau savyasyāpi prasaṅgaḥ / bhavatu / tathaivāsmābhir iṣyate /

trir iti vacanād eva siddher abhyastapāṭho [']narthakaḥ / nānarthako niruktāyān dr̥ṣṭayos traisvaryāvasānayor (Bh on JŚS 7,8) asyām api prāpnuvator nivartanārthatvāt /

katham anayor asyām prāptiḥ / idam ucyate / yan niruktāyās subrahmaṇyāyāḥ pratīkan tasyaiveyaṃ saṃjñānirukteti / evaṃ hi parair iyam aniruktā kva cid vidhīyate *subrahmaṇyā-pratīkan trir upāṃśv abhivyāhr̥tya-* (ŚŚS 10,21,17) iti / tatrāyam anirukteti bahuvrīhisamāsa iti /

atha vā śrutyanukaraṇārtho [']yam abhyastapāṭhaḥ (cf. JB 2,78: 190,31) / tasmāt traisvaryāvasānayor anivr̥ttir eva bhavati /

evañ cet pāṭhenaiva siddhatvāt *trir* ity anarthakam / nānarthakan triruktasyāsya subrahmaṇyāsaṃjñāyām prasajato nivr̥ttyarthatvāt / yadi triruktasyaiveyaṃ subrahmaṇyāsaṃjñā syād dve api niruktānirukte subrahmaṇye parācyau na syātām / tatra *te subrahmaṇyayā praṇavāntayā parācyā vācaṃ visr̥janta* (JPA 47,53: 312,13-14) iti codanā nopapadyeta / *trir* iti punar ucyamāne [']nabhyāsāyā eva saṃjñā sidhyati / tatreyam parācī bhavati /

aniruktety anvarthasaṃjñā / na hy atra devatā nirucyate saṃjñānāñ ca prayojanaṃ saṃjñisampratyayārtham / tasmād aniruktāgrahaṇa iyam pratyetavyā /

yatra subrahmaṇyāhvāyām adhvaryus sampreṣya śālām prati nayati tatra sampraiṣānantaram eva subrahmaṇyāhvānam ārabheta / asyān tu subrahmaṇyāyām evaṃ sampraiṣas *subrahmaṇya subrahmaṇyām āhvaya mā tu tvam āhvār yajamāna āhvāsyati-* (BaudhŚS 6,16: 173,17f.) iti / tasmād yathāsampraiṣaṃ yajamānāhvānād ūrdhvam atrāhvayet //

JŚS 3,4 (1).
evam eva prāg vartamāne

[Bh 16,23-27] eva===māne // atha śakaṭam pradakṣiṇam āvr̥tya śālām prati nayanti / atrāpi vakṣyati *paryāvahanti rājavāhanam* (JŚS 3,9) iti / tatredam ucyate / evam eva prācīn diśam prati śakaṭe vartamāne subrahmaṇyām āhvayed iti /

nanu *paryāvahanti rājavāhanam* (JŚS 3,9) iti vidhāya paścād idaṃ vaktavyam / satyam / eṣa eva kramaḥ / vyavahitatvāt tu subrahmaṇyāhvānam *evam eva-* ity atideṣṭum aśakyaṃ syāt punarvacane ca granthagauravam prasajatīti / tat parihartum atraivedaṃ vidhitrayam upanyasyate //

JŚS 3,5 (1).
evan dakṣiṇataḥ

[Bh 16,28] eva===ṇataḥ // evam eva dakṣiṇām prati diśaṃ śakaṭe vartamāna āhvayati //

JŚS 3,6 (1).
evam udak

[Bh 16,28 - 17,2] evam udak // itthaṃ vyākhyāyamāne catasra imās subrahmaṇyā syus tathā ca saty *atha yāṃ krīte rājani subrahmaṇyām* (JB 2,80: 191,27) iti bahuṣv ekavacanan nopapadyeta / *yat prāyaṇan tad udayanam asad* (JB 2,80: 191,28) iti cāyam arthavādaḥ prathamottame eva subrahmaṇye anirukte ity evamartham avalambya pravartamāno bahutve tāsān dussampādārtha[s] syāt / tata idam anyathā vyākhyāyate //

JŚS 3,1-2*.*

krīte rājani subrahmaṇyam āmantrayante
sa yajñopavītaṃ kr̥tvāpa ācamya
dakṣiṇena pāṇinā palāśaśākhāṃ śamīśākhāṃ vādāya-
antareṇa cakrañ cānaḍvāhañ ca dakṣiṇām īṣām anu prasr̥pya
rājavāhanasyāntarīṣe tiṣṭhan
subrahmaṇyām āhvayati trir aniruktāṃ
subrahmaṇyoṃ subrahmaṇyoṃ subrahmaṇyom iti

[Bh 17,3-6] krīte===iti // *subrahmaṇyoṃ subrahmaṇyoṃ subrahmaṇyom* ity evaṃrūpāṃ subrahmaṇyāṃ vakṣyamāṇeṣu triṣu kāleṣu trir āhvayati /

nanv evam asyā apy abhyastarūpatvāt kā cid api subrahmaṇyā pārācī na syāt / satyam etat / evan tu tatra kalpayiṣyāmaḥ / *praṇavāntayā-* (JPA 47,53: 312,13-14) ity aniruktopalakṣaṇārtham *parācyā-* (JPA 47,53) ity abhyāsanivartanārtham iti //

JŚS 3,3.*

upāṃśu

upāṃśu // *āhvayati-* (JŚS 3,1*-2*) ity anuvartate //

JŚS 3,4 (2).

evam eva prāg vartamāne

[Bh 17,7-11] eva===māne // ayam prathama āhvānakālaḥ kathyate / uktarūpāṃ subrahmaṇyām asmin kāle sakr̥d āhvayati /

evañ ced *evam eva-* ity anarthakam / nānarthakaṃ lākṣaṇikasya svarasya prasajato nivartanārthatvāt / evam eva yathāpaṭhitam evety arthaḥ /

nanu lākṣaṇikasvaro yatreṣṭas tatra pāṭhenaiva kriyate niruktāyām (cf. JŚS 3,15) / atra tadvad akaraṇān naivāyam prāpnoti / yady evam *asau yajata* (JŚS 7,4) ity evamādiṣv api na prāpnoti / kim ataḥ / idam ato bhavati / ubhayatra prāptam aikasvaryam atra punarvidhānāt tatra na bhavatīti //

JŚS 3,5 (2).

evan dakṣiṇataḥ

[Bh 17,11] eva===ṇataḥ //

JŚS 3,6 (2).

evam udak

[Bh 17,11-12] evam udak // pūrvasmin vyākhyāne dakṣiṇānayanakāla āhvāne (JŚS 17,16) *subrahmaṇyom* iti trir eva vaktavyaṃ syād uttarasmiṃs tu navakr̥tva eva //

JŚS 3,7.

āvarte dvir dakṣiṇam anaḍvāhaṃ śākhayā saṃspr̥śati

[Bh 17,12-18] āva===śati // āvarte śakaṭasya kriyamāṇe dakṣiṇam anaḍvāhan dviś śākhayā pāṇisthayā saṃspr̥śati /

atha vā niṣṭhānto [']yam āvartaśabdaḥ / tasmād āvarte śakaṭa iti vyākhyeyam /

nanv *āvr̥tta* iti niṣṭhāyām bhavitavyam / satyam etat / āvartaśabdo [']pi tu niṣṭhānta evāsaṃśayan dr̥śyate / yathā *dakṣiṇata udakprāg āvarta iva-* (JPA 40,1: 292,1-5) iti / tatrāvaśyam ācāryaprāmāṇyān niṣṭhāntasyāvartaśabdasya sādhutvam anumanyāmahe / tadvad atrāpi draṣṭavyam / ktaś cāyam ādikarmaṇi (cf. Pāṇini 3,4,71) / tasmāt pravartamānādau śakaṭasyānaḍuho saṃsparśanam /

atha vāparaṃ vyākhyānam / saṃsparśanapradeśo [']yaṃ kathyate / yaḥ pr̥ṣṭhe romṇām āvartas tasminn anaḍvāhaṃ saṃspr̥śati //

JŚS 3,8.

sakr̥d vāmam

[Bh 17,19] sakr̥d vāmam // vāmam anaḍvāhaṃ sakr̥t saṃspr̥śati //

JŚS 3,9.

paryāvahanti rājavāhanam

[Bh 17,19-23] paryā===hanam // rājohyate [']neneti rājavāhanam idaṃ śakaṭam / tad devayajanam parītyāvahanti śālām prati /

nanv idam parakarma / satyam etat / uttaratrāpi bahūni parakarmāṇy evānukramyante / *ātithyayā caranti* (JŚS 1,3,13) *pravargyopasadbhyāñ caranti-* (JŚS 3,14) iti / tenāyam artho jñapyate / anyo[']nyasyāpi tantram r̥tvijo yathāśakti vijñāyaiva yājayeyur iti //

JŚS 3,10.

vimuktayor anaḍuho rājānam prapādayanti

[Bh 17,24 - 18,2] vimu===yanti // dvayor anaḍuhor vimuktayo rājānaṃ śālām prapādayanti / etāvantaṃ kālam anasy eva subrahmaṇyas tiṣṭhet / tatra rājāhavanīyau subrahmaṇyena vyavetau / tasmād vyavāyanivr̥ttyarthaṃ subrahmaṇyam agreṇa paryāvr̥tya rājā prapādyaḥ / yadi tu praveśakāla evāyam apareṇa śakaṭaṃ gatavān naivaṃ kartavyam //

JŚS 3,11.

prapanne rājani
yathetam upanissṛpya
pūrvayā dvārā śālām prapadya-
uttarataś śākhām udgūhati
yajamānasya paśūn pāhi- iti

[Bh 18,3-5] prapa===hīti // śālām prapanne rājani yathetam upanissṛpya yena pradeśena śakaṭam ārūḍhas tenaivāvaruhya śakaṭam uttareṇa pūrvayā dvārā śālām prapadya śālāyā uttarasmin bhāge śākhām uparigūhaty anena mantreṇa //

JŚS 3,12.

atraitad ano yuktan dadāti subrahmaṇyāya

[Bh 18,6-8] atrai===ṇyāya // atrāsmin subrahmaṇyāhvāne nimitta etad rājavāhanaṃ śakaṭam anaḍudbhyāṃ yuktaṃ yajamānas subrahmaṇyāya dadāti / anasi vā yuktam anaḍuddvayam anoyuktaśabdenābhidhīyate / tasmād anaḍvāhāv eva dadāti //

JŚS 3,13.

ātithyayā caranti

[Bh 18,9] āti===ranti // ātithyayā nāmeṣṭyāsmin kāle [']dhvaryavaś caranti vyāpriyante //

JŚS 3,14.

ātithyayā caritvā pravargyopasadbhyāñ caranti

[Bh 18,9-13] āti===ranti // ātithyayā vyāpṛtya pravargyeṇopasadā ca vyāpriyante /

anukramaṇakrameṇaiva paurvāparyasiddher *ātithyayā caritvā-* ity anarthakam / nānarthakam parapadārthānām iha dṛṣṭasya kramasyānityatvajñāpanārthatvāt / tataś ca yāgnyādheye [']nvāhāryapacanādhānāt pūrvakālatoddharaṇasya parasya vāmadevyasyāsmākan dṛśyata (cf. JŚS 23,7-8) iṣṭāsyā anityatā sidhyati / evam audumbarīvyāpārasyāpi dhiṣṇyanivāpottarakālatā (cf. JŚS 6,1) //

JŚS 3,15.

saṃsthitāyām upasady
utkare tiṣṭhan
subrahmaṇyām āhvayati trir niruktāṃ
subrahmaṇyoṃ subrahmaṇyoṃ subrahmaṇyom
indrāgaccha hariva āgaccha
medhātither meṣa vṛṣaṇaśvasya mene

gaurāvaskandinn ahalyāyai jāra
kauśikabrāhmaṇa kauśikabruvāṇa
sutyām āgaccha maghavan
devā brahmāṇa āgacchatāgacchatāgacchata- iti

[Bh 18,13-18] saṃsthi===teti // upasadi samāptāyām utkare tiṣṭhann etān niruktāṃ subrahmaṇyān trir āhvayati / āhvātur avacane [']pi *subrahmaṇyām* iti samākhyayā subrahmaṇya āhvayati / niruktety anvarthasaṃjñendrasya devatāyā nirvacanāt /

vyavahārābhāvān nirukteti saṃjñāvacanam anarthakam / nānarthakaṃ sarvatra niruktāyās trirāhvānārthatvāt / tataś ca yāsu subrahmaṇyāsu *trir* iti nocyata upavasathasutyākālāsu (cf. JŚS 3,19-20) tāsām api trirāhvānaṃ siddham /

prāk pradhānotkarotpattes subrahmaṇyā kva tiṣṭhatāhvātavyā / yo [']sti śālāyām utkaras tatra tiṣṭhatā //

JŚS 3,16.

āhūya subrahmaṇyāṃ yajamānaṃ vācayati
brahmāsi subrahmaṇye
tasyās te pṛthivī pādo [']gnir vatsas
tena me prasnuteṣam ūrjan dhukṣva /
brahmāsi subrahmaṇye
tasyās te [']ntarikṣam pādo vāyur vatsas
tena me prasnuteṣam ūrjan dhukṣva /
brahmāsi subrahmaṇye
tasyās te dyauf pāda āditya vatsas
tena me prasnuteṣam ūrjan dhukṣva /
brahmāsi subrahmaṇye
tasyās te diśaf pādo [']vāntaradiśā vatsas
tena me prasnuteṣam ūrjan dhukṣva /
brahmāsi subrahmaṇye
parorajās te pañcamaf pādas samudra[s] stanaś candramā vatsas
tena me prasnuteṣam ūrjan dhukṣva /
prajām paśūn svargaṃ lokam mahyaṃ yajamānāya dhukṣva-
ity upāṃśu

[Bh 18,19-25]
āhū===pāṃśu // evan trir āhūya subrahmaṇyāṃ yajamānam imān mantrān upāṃśu vācayati / yajamānam praty upāṃśutā codyate / subrahmaṇyena tu yathā yajamānaś śṛṇoti tathā vaktavyam /

āhūya subrahmaṇyām iti padadvayam anarthakam / nānarthakam pitāputrīyāsv api prāpaṇārthatvāt /

evañ cen na pitāputrīyāsv eva tiṣṭhati / aniruktāsv api subrahmaṇyāsv ayaṃ vidhiḥ prāpnoti / na prāpnoti / yadi hi tāsv apy aiṣiṣyatāniruktāyām evādau vyadhāsyata / athaivam ucyeta / aniruktādhikāre [']sya vidher akaraṇan niruktāyām aprāptibhayād iti siddho naḥ pakṣaḥ / atrāpi niruktādhikārān nāniruktāsu prasajati //

JŚS 3,17.
evam evāparāhṇa upasadi saṃsthitāyām

[Bh 18,26] eva===tāyām // aparāhṇa upasadi samāptāyām evam eva subrahmaṇyām āhvayati //

JŚS 3,18.
ete evopavasathād anuvartate

[Bh 18,26 - 19,13] ete===rtate // ete eva paurvāhṇikyāparāhṇikyāv upasadāv anv ā upavasathāt subrahmaṇyā vartate /

ayam āṅ kim maryādāyām utābhividhau (cf. Pāṇini 2,1,13) / maryādāyām iti brūmaḥ / uttarasmin hi vākye (JŚS 3,18) maryādāyām evāṅ grahītavyaḥ / *upavasatha* (JŚS 3,19) iti śvassutyāvidheḥ prāg evopavasathāt sutyāvidhir upapadyate sarūpāṇāñ ca śabdānāṃ sati sambhave tulyārthataiva yuktopādātum / tasmād atrāpy upavasathāt prāg ity eva varṇanīyam /

kaḥ punar upavasatho nāma / ime brūmaḥ / upavāsa upavasathas sa cātra samīpe vāsas sautyāt pūrvasminn ahani kartavyaḥ / vakṣyate ca / *āgnīdhre patnīśālāyām iti saṃviśanti svaḥkarmaṇe [']napagā bhavanti-* (JŚS 7,11-12) iti / tam upavasathaṃ yaḥ karmakalāpo na vyabhicarati samāna evāhani kriyate gharmodvāsanādir agnipraṇayanādir vā sa ihopavasathaśabdena lakṣyate /

nanu mukhyāsambhava eva lakṣaṇopādānaṃ yuktam / satyam etat / asambhava eva tv iha mukhyasyopavasathaśabdasya grahaṇam / katham iti ced upasadante kriyamāṇaṃ subrahmaṇyāhvānam pravargyodvāsanādibahukarmavyavahitād rātrikālād upavasathāt prāg iti na yuktaṃ vaktum / tasmād upavasathasannihitaḥ pravargyodvāsanādikarmakalāpo lakṣaṇayātropavasatha iti gṛhyate /

nanu yasminn ahany upavasathas tad ahar upavasathaśabdenābhidhīyata iti grahītavyam / tathā ca pareṣān dṛśyate / *upavasathe prātar ubhe caraṇe saṃsthāpya-* (ŚŚS 5,11,15) iti / naivaṃ yujyate / uktaṃ hi pūrvam maryādāyām ayam āṅ iti / tatra sarvasminn ahany upavasathatvena gṛhyamāṇe tadahaḥkālayor upasador ante subrahmaṇyāhvānam avihitaṃ syāt tac ca neṣyate *subrahmaṇya subrahmaṇyām āhvaya-* (BaudhŚS 6,22-24) iti sampraiṣasya tatrāpi vidyamānatvāt / tasmād uktavad evopavasathasya grahaṇaṃ yuktam //

JŚS 3,19.
sutyām ity opavasathāt

[Bh 19,13-20] sutyā===sathāt // *sutyām āgaccha-* ity ā upavasathād vadati /

subrahmaṇyāpāṭhād evāsyārthasya siddher idaṃ vākyam anarthakam / nānarthakaṃ ye subrahmaṇye upavasathīye [']hany upasadantabhāginyau tayo[ś] śvaśśabdaprasaṅgasya nivṛttyarthatvāt /

kutaḥ punas tasya prasaṅgaḥ / *śvas sutyām ity upavasatha* (JŚS 3,19) iti vacanāt /

nanūktam pravargyodvāsanādikarmakalāpo [']tropavasatha iti (cf. Bh on JŚS 3,17) / satyam etat / yadi tv etad vākyan na syād adhastanavākyāntarbhūtasyāṅo maryādāvacanataiva nāvadhāryeta / abhividhāv apy āṅ gṛhyeta / tatropavasathaśabdasyāharabhidhāne yo doṣa uktas sa na syāt / ahni copavasathe sati tadahaḥkālāsu catasṛṣv api subrahmaṇyāsu śvassutyāvādaḥ prasajati sati tv asmin vākye nivartate //

JŚS 3,20.
śvas sutyām ity upavasathe

[Bh 19,21-22] śvassu===sathe // upavasathe ye subrahmaṇye vidhāsyete *vapānte* (JŚS 7,2) *parihṛtāsu vasatīvarīṣv* (JŚS 7,11) iti tayo[ś] *śvas sutyām* iti bravīti //

JŚS 3,21.
adya sutyām iti save

[Bh 19,22 - 20,2] adya===save // savas sutyādivasaḥ / tasmin yā subrahmaṇyā vidhāsyata *ājyagrahān gṛhṇatsv* (JŚS 8,5) iti tasyām *adya sutyām* iti bravīti /

evaṃ vyākhyāyamāne punaruktatāprasaṅgaḥ / tatrāpi hi vakṣyate *subrahmaṇyām āhvayaty adya sutyām iti* (JŚS 8,5) / tasmād anyathā vyākhyāsyate /

upavasathakālayor eva subrahmaṇyayor ayaṃ vidhir upayujyate / sutyādivasa evopavasathe kriyamāṇe *śvas sutyām* iti prakṛtitaḥ prasaktan nivartya sadyaskryādāv *adya sutyām* iti vidhir ayaṃ kriyate / tasmāt sadyaskriyāṃ vapāntakālādyāsu tisṛṣv api subrahmaṇyāsv *adya sutyām* iti vacanaṃ siddham /

nanv arthād eva sadyaskriyāṃ śvaśśabdo nivartate / kāman nivartatām / adyaśabdas tv avihito na pravarteta / atas tu vacanāt pravartate //

[Bh 20,3-4]
subrahmaṇyā śrutā sattrasamīpe prakṛtiṃ gatā /
dakṣiṇānayanāgniṣṭudādiyogena hetunā //
agniṣṭuti- *indra-* ity asya- *agna* iti sthāne paraṃ samam /
apy atra *viśve devā* ity arthato bahuvat param //

[Bh 20,5-6] iti jaiminīyasūtravṛttau subrahmaṇyāhvānavidhis tṛtīyaḥ khaṇḍaḥ //

JŚS 4. (agnicayanapakṣaḥ)

JŚS 4,1.

atha yadi agniñ cinvīta
pañca suvarjyotirnidhanāni sāmāni (JĀrG 25,2-6) gāyet

[Bh 21,8-12] atha===gāyet // *atha-* ity agnicayanam adhikriyate / agniṃ yadi cinvīta yajamānas tatra pañca sāmāni suvarjyotiśśabdanidhanāny udgātā gāyet /

pañcānāṃ sāmnām anukramiṣyamānatvāt (cf. JŚS 4,2-6) *pañca-* ity anarthakam / nānarthakam anyāny api sāmāny agnicaye santi geyānīti jñāpanārthatvāt / anyeṣv api vidyamāneṣu suvarjyotirnidhanānāṃ sāmnāṃ saṃkhyayā viśeṣaṇam upapadyate / tāni cāgniparigāṇāni pareṣāṃ vihitāni (cf. LŚS 1,5,1.5-10; DŚS 2,1,1.8-13; AnupadaS 7,12; ŚB 7,4,1,3-24; 8,7,4,1-6; KŚS 17,3,28; 17,4,4.16-17; ĀpŚS 16,22,2-3; 16,23,5-6; VaikhŚS 18,17) / *tāni khalv agniparigāṇeṣv* (JPA 19,36: 261,20-23) iti paryadhyāye [']smākam api dr̥śyate /

yadi ... cinvīta- iti vacanād vaikalpiko [']gnicayaḥ //

JŚS 4,2.

satyam iti (JĀrG 25,5) iti puṣkaraparṇa upadhīyamāne

[Bh 21,13-16] satya===māne // puṣkaraparṇam adhvaryur upadadhāti / tasminn upadhīyamāne *satyam* iti vyāhr̥tisāma gāyet /

atrāvacane [']pi śiṣṭācārataḥ prāṅmukhatā grāhyā / sthānāsane tu vikalpyete iva / na vā vikalpaḥ / tiṣṭhataivānādeśe gātavyam / tad agnyādheye pratipādayiṣyāmaḥ (Bh on JŚS 23,18*) / tataś ca paścād agne[s] sthitenaitāni geyāni //

JŚS 4,3.

puruṣa iti (JĀrG 25,6) puruṣe

[Bh 21,16-17] puru===ruṣe // hiraṇmaye puruṣa upadhīyamāne *puruṣa* iti vyāhr̥tisāma gāyet //

JŚS 4,4.

bhūr iti (JĀrG 25,2) prathamāyāṃ svayamātr̥ṇṇāyām

[Bh 21,17-19] bhūri===ṇṇāyām // kaś cid upalaviśeṣa[s] svayamātr̥ṇṇākhyaḥ / tisra[s] svayamātr̥ṇṇāḥ prathamatr̥tīyottamāsu citiṣūpadhīyanta aparāś catasra uttamāyām eva (cf. BaudhŚS 10,46: 46,5) / tatra prathamāyāṃ svayamātr̥ṇṇāyām *bhūr* iti sāma gāyet //

JŚS 4,5.

bhuva iti (JĀrG 25,3) madhyamāyām

[Bh 21,19-20] bhuva===māyām // pūrvoktāsu tisṛṣv eva yā madhyamā tasyām idam ucyate / netarābhis saha saptasu / na hi tābhir āsāṃ sādharmyam //

JŚS 4,6.

svar ity (JĀrG 25,4) uttamāyām

[Bh 21,20] svari===māyām //

JŚS 4,7.

sañcitam agniṃ sāmabhir upatiṣṭhate

[Bh 21,21-22] sañci===ṣṭhate // sañcitam pariniṣṭhitacayanam agniṃ sāmabhir vakṣyamāṇair upatiṣṭhate / cayanād uparitaneṣu keṣu cit saṃskāreṣu kṛteṣūpastheyam / tasmin hi kāle [']dhvaryavaś codayanti / tadarthaṃ *sañcitam* ity uktan na *citam* iti //

JŚS 4,8.

agna āyūṃṣi pavasa (JS 4,12,6-8) ity etāsu śarīravad gāyatran (JŪhya 1,1,18-20) tena śiraḥ

[Bh 21,23 - 22,4] agna===śiraḥ // yasya gāyatrasyodgītha ṛgakṣarasaṃsparśo nāsti tad aśarīram amṛtagāyatram / gāyatraprakaraṇe hi śrūyate / *tasyāśarīreṇa sāmnā śarīrāṇy adhūnod* (JUB 3,38,10) iti / yasya tv ṛgakṣareṣv eva gānan tac śarīravat / *agna āyūṃṣi pavasa* (JS 4,12,6-8) ity āsv ṛkṣu yad gāyatraṃ śarīravat tenāgneś śira upatiṣṭhate /

atha vā yacchabdam anadhyāhṛtya vākyabhedaṃ kṛtvā vyākhyeyam / tatra *gāyatram* ityantam ekaṃ vākyam bhavati /

nanv asminn api pakṣe *[']sti-* ity adhyāhāryam eva / naiṣa doṣaḥ pūrvasminn api pakṣe vidyamānatvāt //

JŚS 4,9.

rathantareṇa ([JĀrG 16,9 on JS 1,25,1] / JŪhya 1,1,21-23 on JS 3,4,1-2) dakṣiṇam pakṣam

[Bh 22,4-5] ratha===pakṣam // agner dakṣiṇam pakṣaṃ rathantareṇopatiṣṭhate //

JŚS 4,10.

bṛhatā- ([JĀrG 12,15 on JS 1,25,2] / JŪhya 1,1,24-26 on JS 3,15,7-8) uttaram

[Bh 22,5] bṛha===ttaram //

JŚS 4,11.

ṛtuṣṭhāyajñāyajñīyena (JĀrG 8,3 on JS 2,3,3) puccham

[Bh 22,5] ṛtu===puccham //

JŚS 4,12.

vāravantīyena (JGG 1,2,11 on JS 1,2,7) dakṣiṇam aṃsam

[Bh 22,6] vāra===maṃsam //

JŚS 4,13.

śyaitenottaram (JGG 3,1,7 on JS 1,25,3)

[Bh 22,6] śyaite===ttaram //

JŚS 4,14.

prajāpater hṛdayena (JĀrG 10,5 on stobhas) dakṣiṇam apipakṣam

[Bh 22,6-7] prajā===pakṣam // prajāpatiśabdo hṛdayaśabdaś ca yasmin sāmni vidyete tat prajāpater hṛdayam //

JŚS 4,15.

agner vratenottaram (JĀrG 5,3 on JS 1,3,7)

[Bh 22,7] agne===ttaram //

JŚS 4,16.

agner arkeṇa (JĀrG 13,5 on JS 1,3,7) śiraḥ

[Bh 22,7] agne===śiraḥ //

JŚS 4,17.

vāmadevyena- (JGG 2,6,16[-18] / JŪha 1,1,13-15 on JS 3,4,3-5) ātmānam

[Bh 22,7-19] vāma===tmānam // bṛhadrathantaravāmadevyeṣu saṃśayaḥ / kim atra tṛcasthāni tāni grāhyāṇy utaikarcasthānīti / tatrāgnyādheyādau tṛcasthānām iṣṭe grahaṇe *teṣāṃ yāni tṛcasthāni tṛceṣu tāni gāyed* (JŚS 26,16) iti vacanād atra tadavacanād ekarcasthāny evātra grāhyāṇīti prāpte tṛcasthānām evātrāpi grahaṇaṃ yuktam brūmaḥ / kutaḥ / āmnāyāt / tṛcasthayor bṛhadrathantarayor ūharahasye (JŪhya 1,1,21-23.24-26) samāmnāyo vidyate /

nanv agnyādheye tṛcasthānām eṣām upayogāt kṛtārthas samāmnāya[s] syāt / naivaṃ yuktam / kramād ayam āmnāyo [']gnyartha eva / śarīravato (JŪhya 1,1,18-20; cf. JŚS 4,8) hi gāyatrasyānantare tṛcasthe bṛhadrathantare (JŪhya 1,1,21-23.24-26) / evam atrāmnāyata eva tr̥casthagrahaṇasiddhes tadartham akr̥to yatnaḥ / kr̥tārthasya cātra samāmnāyasyāgnyādheyādāv aprayogaprasaṅge tatrāsthito yatnaḥ (cf. Bh on JŚS 23,16) /

br̥hadrathantarayos tāvad evam bhavatu / kathaṃ vāmadevye / tad api tr̥castham eva grāhyam br̥hadrathantarasahacāritvāt / yac cedaṃ śarīravad vāmadevyan tr̥ce samāmnāyate (JGG 2,6,16-18 on JS 3,4,3-5) tasya sthānan na smaryate / tatrāgnikrama (JK 2,6) eva *sa na indrāya-* (JS 3,3,2) ity asmāt saindhukṣitāt (JŪha 2,1,3) prāktanam idaṃ vāmadevyam anumātavyam /

atha vānārabhyādhītam idaṃ vāmadevyam prakr̥tipraveśārhatvāt / prakr̥tau jyotiṣṭome maitrāvaruṇapr̥ṣṭhatām āpitsamānam prākaraṇikena vāmadevyena bādhitam anarthakaṃ sad *ānarthakyāt tadaṅgeṣv* (PMS 3,1,18) iti nyāyāj jyotiṣṭomāṅgam pravargyam agnicayanañ ca praviśati //

JŚS 4,18.
atra śānto [']gniḥ

[Bh 22,20-21] atra===ntogniḥ // atrāsminn upasthāne kr̥te śānto [']gnir bhavati / ayam arthavādas sāmabhir upasthānasya stutyarthaḥ / sarvatra cārthavādānāṃ sūtre vacanam arthavādajñāpanapūrve prayoge phalabhūyastvajñāpanārtham //

JŚS 4,19.
atrodgātre varan dadāti

[Bh 22,21-23] atro===dāti // varo varaṇīyo [']bhilaṣaṇīyaḥ / yad udgātābhilaṣati tad asmin karmaṇi dadāti yajamānaḥ /

atha vā gaur dātavyā varaḥ / paratantre hi paribhāṣitaṃ *gaur brāhmaṇasya vara* (PGS 1,8,15) iti //

[Bh 22,24-25]
nyāyataḥ prakr̥tāv agner vikr̥tāv apy anityatā /
nityatā tv asya vikr̥tau śrūyate tu kva cit kva cit //

[Bh 22,5-6]
iti jaiminīyasūtravr̥ttāv agnicayanapakṣavidhiś caturthaḥ khaṇḍaḥ //

[JŚS 4,20-39.] (upasadagnicayanam)

[Manuscripts of the plain text of JŚS (without commentary) contain one spurious chapter (not commented upon by Bhavatrāta), which the various manuscripts insert in different places. As this extra chapter also deals with the *agnicayana*, I am adding it to the *agnicayana* chapter JŚS 4 as sūtras 20-39, yet incating their spurious nature by placing their numbers within square brackets. Thus the chapter numbering established by Gaastra is not disturbed, yet the extra text comes to occupy the same place as in the manuscripts B2 and T1, where this chapter also follows JŚS 4 but is numbered as chapter 5. Manuscript B3 gives it as chapter 26 at the end of JŚS, T2 as chapter 24. It is missing from ms. Baroda 9800A. The quotation from the lost Brāhmaṇa of the Raurukins or Rauravins attests to the relatively old age of this spurious chapter. On the other hand it appears to be partially based on LŚS 1,5,5-22/DŚS 2,1,7-29 prescribing the parisāman ritual of the Kauthuma-Rāṇāyanīyas for the agnicayana.]

[JŚS 4,20.]

agniñ ced upasatsu cinvīta gānakālam upadekṣyāmaḥ

[JŚS 4,21.]

puṣkarapalāśa upadhīyamāne
brahma jajñānam (JS 1,33,9) ity uttaraṃ sāma (JGG 4,1,18) gāyet
satyam iti [ca] vyāhr̥tisāma (JĀrG 25,5)

[JŚS 4,22.]

hiraṇyapuruṣe
navānugānam puruṣavratam (JĀrG 10,1-9)
puruṣavrato (JĀrG 8,10-16) vā
puruṣa iti ca vyāhr̥tisāma (JĀrG 25,6)

[JŚS 4,23.]

tr̥tīyādyāny ekaikam ekaikasyāṃ [svayamātr̥ṇṇāyām]
bhūr bhuva[s] svar iti vyāhr̥tisāmāni (JĀrG 25,2-4)

[JŚS 4,24.]

saṃyāneṣv apāvr̥tsu
yauktāśve (JGG 6,1,30-31 on JS 1,49,3)
plavam (JGG 6,5,16 on JS 1,53,1)
ākūpārañ (JGG 6,8,14 on JS 1,56, or one of JGG 4,4,15-18 on JS 1,36,4)
śrudhīyaṃ (JGG 1,11,8 or 9 on JS 1,11,3)
vāravantīyam (JGG 1,2,11, on JS 1,2,7 or JGG 4,1,19 on JS 1,33,10) iti

[JŚS 4,25.]

virāṭsv
indrasya ca vairāje (JGG 5,9,16-17 on JS 1,47,10)
vasiṣṭhasya ca vairāje (JGG 5,6,14-15 on JS 1,44,8)

[JŚS 4,26.]

prathamamaṇḍaleṣṭakāyām
indrasya sañjayam (JĀrG 5,7 on JS 1,57,1)

[JŚS 4,27.]

dūrveṣṭakāyāṃ
svāśirām arkaḥ (JĀrG 13,7 on JS 1,49,2)

[JŚS 4,28.]

hiraṇyeṣṭakāyāñ
candra (JS 1,40,9) iti yat prathamam (JGG 5,2,16)

[JŚS 4,29.]

kūrma upadhīyamāne
varuṇasāma- (JGG 2,11,5 on JS 1,23,5; or one of JGG 3,3,7-9 on JS 1,27,3 or JGG 5,1,21-22 on JS 1,39,9) abhigāyati

[JŚS 4,30.]

patny āṣāḍhāṃ samalaṅkaroti

[JŚS 4,31.]

tasyāṃ samalaṅkriyamāṇāyāṃ
yoṣitām priyaṃ (JĀrG 16,13 on JS 1,1,1)
śrāyantīyaṃ (JGG 3,4,6 on JS 1,28,5)
hariśrīnidhanaṃ (JGG 2,9,2 on JS 1,21,2)
hārivarṇaṃ (one of JGG 5,5,8-11 on 1,43,3)
śauktāni (JGG 6,10,11-15 on JS 1,58,3 and JGG 6,11,10-12 on JS 1,59,3)

[JŚS 4,32.]

lokampṛṇāsu
draviṇaspardhinī (JĀrG 22,5-6 on JS 1,20,8)
śārṅgāni (JGG 6,9,31-33 on JS 1,57,10) ca
vyāhṛtisāmāni (JĀrG 25,1-17)

[JŚS 4,33.]

śarkarāsu
śārkare (JGG 5,7,2-3 on JS 1,45,2)

[JŚS 4,34.]

agnau pāñcajanye
agner vratañ (JĀrG 5,3 on JS 1,3,7) ca

[JŚS 4,35.]

cityāñ cityāñ sañcitāyān dadhnā madhumiśreṇābhyukṣanti

[JŚS 4,36.]

tad agner vratan (JĀrG 5,3 on JS 1,3,7)
dadhikram (JGG 4,5,10 on JS 1,37,7)
madhuścunnidhanam (JGG 4,5,7 on JS 1,37,4)
iti gāyet

[JŚS 4,37.]

aṅgaśaś cainam āgneyīṣṭ̣ha
gāyatrarathantarabṛhadvāmadevyayajñāyajñīyair upatiṣṭ̣heta-
ātmānam [ca] (cf. JŚS 4,7-11 and 17)

[JŚS 4,38.]

atra śānto [']gnir bhavati

varañ codgātre deyam upadiśanti (cf. JŚS 4,18-19)

[JŚS 4,39.]

tad yadīdam agnicitaṃ virudhyām āhur
amaṅgalyo vā asyāgnir abhūd *iti*
tad v asyaitais sāmabhir agniñ cīyamānañ ca sañcitañ cābhigāyati
samr̥ddhir evāsya bhavati nāvr̥ddhir
iti raurukiṇām iti //

JŚS 5. (pravargyodvāsanam)

JŚS 5,1.

udvāsya pravargyam athainam āmantrayante

[Bh 23,10-18] udvā===yante // udvāsya pravargyam mahāvīram anantaram enam prastotāram āmantrayante / atra pravargyodvāsanārtham ādānam udvāsanam abhipreyate / prasiddhe tu pravargyodvāsane gr̥hyamāṇa *udvāsya-* iti paurvakālikapratyayo nopapadyeta / pūrvam eva hi prasiddhād udvāsanāt prastotāmantranīya udvāsane sāmagānārtham /

atha vā prasiddham evodvāsanam astu / ekam etat padam *udvāsyapravargyam* iti / udvāsyaḥ pravargyo [']nenety udvāsyapravargyaḥ prastotā / chandogeṣu hi prastotaiva pravargyodvāsana upayujyate (cf. DŚS 2,1,1 *sarvatrānādeśe parisāmāni prastotā gāyed*)/ tasmād udgātrādyapekṣayā prastotodvāsyapravargyaḥ / tam āmantrayante /

kim punar aprakr̥tasya prastotur *enam* ity abhidhātuṃ yujyate / prakr̥ta eva prastotā pravargyopasados sāmagānāt /

kasmāt punar adhastanavākyāpekṣayā (cf. JŚS 4,19) prakr̥tasyodgātur evedam āmantraṇan na gr̥hyate / nāmantritenātra prayojanam udgātrā / na hy atrodgātr̥kartr̥kaṃ karma vakṣyate / tasmāt prastotur eveyañ codanā / ayañ cārthaḥ prastotur anvādeśena jñāpyate / agniparigāṇāni (cf. JŚS 4) prastotā gāyatīti //

JŚS 5,2.

sa yajñopavītaṃ kr̥tvāpa ācamya
tad evānapago bhavati

[Bh 23,19-21] saya===vati // sa prastotā yajñopavīty ācāntas tatraiva bhavati / anapagaḥ karmadeśa eva syāt / nāpagacched ity arthaḥ / ācamanaprabhr̥tivyavāyaparihārārtham etad uktaṃ sarvatrāpi paribhāṣārūpeṇa grāhyam / tad uktaṃ kauṣītakinā / *ācamanaprabhr̥ti yenādhikaraṇena saṃyujyeta na tena vyāvarteta / na ca vyaveyād* (ŚŚS 1,1,8-9) iti //

JŚS 5,3.

taṃ yadādhvaryus sampreṣyati
prastotas sāma gāya- iti
sa hiṃkr̥tya sāma trir gāyaty
agniṃ hotāram manye dāsvantam (JS 1,48,10) ity
eteṣām uttamam (JGG 5,10,16)

[Bh 23,22 - 24,3] taṃya===ttamam // taṃ yadādhvaryuḥ *prastotas sāma gāya-* iti sampreṣyati sa tadā hiṃkr̥tya- *agniṃ hotāram manye dāsvantam* (JS 1,48,10) ity asyām r̥ci gītānām eteṣāṃ sāmnām uttamaṃ sāma trir gāyati /

na cātraiva trir gāyati / *pratiṣṭhite pratiṣṭhita* (JŚS 5,8) iti vidhāsyamānatvāt sakr̥d evāsmin kāle gāyati / yadi cātraiva trir gīyeta *pratiṣṭhite pratiṣṭhita* (JŚS 5,8) iti ca vidher dvir uttaratrāpi (cf. JŚS 5,12-13) tadā pañcakr̥tvo [']pi gānaṃ sampadyeta / tatra *trayo vā* (JŚS

5,8) iti vakṣyamāṇā trirgānasya stutir nopapadyeta / tasmād uttaragānadvayāpekṣayā *trir* ity ucyate /

evañ cet *trir* ity anarthakaṃ vacanam / nānarthakaṃ yadi kaiś cid adhvaryubhis triḥ pratiṣṭhāpan na hriyeta tatrādāv eva trir gātavyam ity etadarthatvāt /

atra hiṃkāratritvayor ubhayor api sāmaguṇayor mithassambandhābhāvāt sakṛd eva hiṃkartavyam //

JŚS 5,4.

padāya padāya stobham āha

[Bh 24,4-5] padā===māha // ṛcaḥ pāde padaśabdo [']tra vijñeyaḥ / yo [']tra sāmni stobhas tam pratipādam brūyāt / purastāc ca padānām brūyāt tathā prathame dṛṣṭatvāt / caturthī ceyan tādarthye stobhasya padaguṇatvajñāpanārthā //

JŚS 5,5.

sarve nidhanam upayanti sapatnīkāḥ

[Bh 24,6-12] sarve===nīkāḥ // sarva ṛtvigyajamānās saha patnyāsya sāmnas trir nidhanam upayanti /

asya nidhanopāyanasya pravargyodvāsanāṅgatvāt sarvādīnāñ ca śabdānām adhikṛtāpekṣatvād ye pravargyasambaddhās tair idan nidhanam upetavyan nānyair udgātrādibhir api / tathā ca tāṇḍinān nidhanopāyavidhau / *ye gharma upayuktā syur* (LŚS 1,6,3 = DŚS 2,2,4) iti / bahvṛcānāñ ca gharmasambandhād dhotur eva nidhanopāyanañ codyate na praśāstrādīnām / evaṃ hi kauṣītakinoktam / *tatra prastotā sāma gāyati / tatra hotur nidhanopāya* (ŚŚS 5,12,3-4) iti / tasmād brahmāgnīdhrāv adhvaryupratiprasthātārau hotā prastotā yajamānaś ca saha patnyā pravargyodvāsane nidhanam upeyuḥ / saptānān tv iyañ codanā na prastotus sāmagānacodanayaiva siddhatvāt //

JŚS 5,6.

devān vā etasmin kāle rakṣāṃsy anvasacanta
sa etad agnī rakṣohā sāmāpaśyat
tena rakṣāṃsy apāghnata
tad yat sarve nidhanam upayanti rakṣasām evāpahatyai

[Bh 24,13-16] devā===hatyai // ayaṃ vākyaśeṣo [']rthavādas sa ca sarveṣāṃ vihitasya nidhanopāyasya stutyarthaḥ / tasyaivam artho yojyaḥ / devān khalv etasmin pravargyodvāsanakāle rakṣāṃsy āśrayanti sma / sa deveṣv antarbhūto rakṣohā nāmāgnir etat sāmāpaśyat / tena sāmnā devā rakṣāṃsy apāghnata / tasmād yat sarve nidhanam upayanti rakṣasām evāpahananārthan tad bhavatīti //

JŚS 5,7.

triḥ pratiṣṭhāpaṃ haranti

[Bh 24,17] triḥpra===ranti // āhavanīyottaravedyor madhyatas triḥ pratiṣṭhāpam pravargyaṃ haranti //

JŚS 5,8.

pratiṣṭhite pratiṣṭhite gāyati
trayo vā ime lokāḥ
eṣāṃ lokānāṃ vidhṛtyai

[Bh 24,17-19] prati===dhṛtyai // pūrvoktaṃ sāma pratiṣṭhite pratiṣṭhite gāyati / evan trir gātavyam iti / trayo hīme lokāḥ / tasmād eṣāṃ lokānāṃ vidharaṇāya trir gāyati //

JŚS 5,9.

apareṇāsmiṃs tiṣṭhati

[Bh 24,19-20] apa===ṣṭhati // sāma gāyata[s] sthānam idaṃ vidhīyate / apareṇa pravargyam asminn udvāsanāṅgabhūte sāmagāne prastotā tiṣṭhati //

JŚS 5,10.

pravargyaṃ yuñjanti

[Bh 24,20-24] prava===ñjanti // pravargyam adhvaryavo yuñjanti / tathā te vadanti / prastotāpy uttaraṃ sampraiṣam ākāṅkṣamāṇas tatraiva tiṣṭhati /

ke cid etad vākyadvayam ekavākyatayā vyācakṣate / *tiṣṭhati-* iti śatus saptamī / apareṇa pravargyam asmin prastotari tiṣṭhati pravargyaṃ yuñjantīti / asmin vyākhyāne sāma gāyataḥ prastotu[s] sthānaviśeṣo na jñāyeta //

JŚS 5,11.

yadā dvitīyam āpaḥ pariṣiñcaty
athainam āha
prastotas sāma gāya- iti

[Bh 24,25 - 25,2] yadā===yeti // dvau pariṣekau tatra vidyete / yasmin kāle dvitīyam apaḥ pariṣiñcaty athainam evaṃ sampreṣyati /

yugapad eva ke cid sāmadvayāya sampreṣyanti / *prastotar vārṣāharaṃ sāma gāyeṣṭāhotrīyañ ca-* (BaudhŚS 9,16: 289,5-6) iti /

nanu pariṣiñcaty *āpa* ity na yujyate / satyam etat / ācāryaprāmāṇyāt tu lakṣaṇam atrānumātavyam /

ā apa iti vā vyākhyeyam / āṅ punaḥ kimarthaḥ / īṣadartho vākyālaṅkārārtho vā //

JŚS 5,12.

sa hiṃkṛtya

vārṣāharan (JGG 6,4,1 on JS 1,52,1) trir gāyati

[Bh 25,3] sahiṃ===yati //

JŚS 5,13.

atraiva tiṣṭhan hiṃkṛtya-
iṣṭāhotrīyan (JGG 2,4,12 on JS 1,16,7) trir gāyati

[Bh 25,3-5] atrai===yati // anyasya deśasyāvihitasyāprasaṅgād *atraiva tiṣṭhann* ity anarthakam / nānarthakam īṣad api vārṣāharasthānān na calitavyam ity etadarthatvāt / visṛjyāpi hi vārṣāharasthānan tad agreṇa jaghanena vā kiñ cid apasṛtya pravargyam apareṇaiva sthātuṃ śakyam / tad *atraiva tiṣṭhann* iti vacanān nivartate //

JŚS 5,14.

iṣṭāhotrīyasya nidhanam upayanti

[Bh 25,6-7] iṣṭā===yanti // iṣṭāhotrīyasya nidhanam pravargyasambaddhās sarve saha patnyopayanti /

nanu *tasya-* ity api vacane sannidher *iṣṭāhotrīyasya-* iti vijñātuṃ śakyam / satyam etat / tadādayas tu śabdāḥ kadā cid asannihitam api śabdato vadantīti jñāpanārtham iṣṭāhotrīyagrahaṇam / tena prayojanam *taṃ yadi brūyur viśvarūpā gāya-* (JŚS 8,6) ityādau sannihitasya subrahmaṇyāder agrahaṇam //

JŚS 5,15.

na vārṣāharasya

[Bh 25,7-21]
navā===rasya // yān prati pūrvayos sāmnor atra nidhanopāyaś coditas te vārṣāharasya nidhanan nopayanti / prastotur anya ity arthaḥ /

kutas teṣām atra prāptiḥ / na lakṣyate prāptiḥ / pratiṣedhakaraṇasāmarthyāt tu manyāmahe / vārṣāharasya nidhanopāyaḥ kasyāñ cic chrutau sarveṣāṃ vihita iti /

evañ ced ayam ācāryasya śrutiviruddhaḥ pratiṣedho doṣaḥ / pratiṣedhakam api vacanan dṛṣṭam ity adoṣaḥ /

vacanadvayam idam aśrutam akalpayitvā prastotur eva vārṣāharaṃ gāyato nidhanamātram pratiṣidhyata iti grahaṇe [']tyantaṃ ghaṭata iti / evaṃ hi gṛhyamāṇe vārṣāharasya nidhanamātran na brūyād iti śrutiparikalpanam asty eva / kin tu- *upayanti-* iti bahuvacanāntam anuvartamānaṃ vinā prastotur grahaṇenaikavacanāntatvena vipariṇamitum aśakyam bhavet / sāmnaś ca nidhanād ṛte gānaṃ kva cid apy adṛṣṭam parigṛhyeta / asmiṃś ca vākye sāmarthyāvagatasya prastotur anuvartayituṃ śakyatvād uttarasmin vākye prastotur grahaṇam ayuktaṃ syāt / uttaravākyārtham api prastotur grahaṇam abhaviṣyad yady atraivākariṣyata / na caivaṃ kṛtam / tasmād ayam pakṣo bahudoṣatvān nāśriyate /

kalpyavacanadvaye [']pi pūrva eva pakṣa[ś] śreyān / sarvatra kalpasūtrakārāṇāṃ vacanam asatyām pratyakṣaśrutau śrutivacanānumānenaiva prāmāṇyaṃ labhate / tasmāc chrutivacanaparikalpanam adoṣaḥ /

atha vāsya vārṣāharasya tulyasthānasyeṣṭāhotrīyeṇa sarvair upetavyanidhanenāprasaktanidhanopāyapratiṣedhād ayam artho jñāpyate / sthānasāmānyād anyadharmo [']pi kva cid grāhya iti /

kim etasya jñāpane prayojanam / santi pravargyaparigāṇāni teṣāñ ca brahmajajñānīyādibhis tulyasthānīyatāṃ vakṣyāmaḥ (Bh on JŚS 25,8) / atas tāny api sakṛd evodaṅmukhenaiva ca satā gātavyānīti /

atha vaikasampraiṣāṇān tulyadharmataiṣāñ jñāpyate / tenāpy ukto [']rthas sidhyati /

nanu brahmajajñānīyādyartha evāsau sampraiṣaḥ / kuta idaṃ labhyate / yadi pravargye parigāṇāni gīyeran tatra viśeṣāgrahaṇād (JŚS 25,2) ubhayārtha eva sampraiṣas sampadyate //

JŚS 5,16.

athaitat prastotā vāsa ādatte yena patny āvṛtā bhavati

[Bh 25,22-23] athai===vati // athāsmin karmaṇi samāpta etad vāsaḥ prastotādatte yena patnī cchāditā bhavati //

JŚS 5,17.

śyaitam (JGG 3,1,7 on JS 1,25,3) pratyāvrajan gāyet

[Bh 25,23] śyaitaṃ===gāyet // śālām pratyāvrajan śyaitaṃ gāyet / *trir* (JŚS 15,13) ity atra nānuvartate / atas sakṛd eva śyaitaṃ gāyet //

[Bh 25,24-25]
gharmo na some prathame śrotriyasya tu vā bhavet /
ukthye ca na syāt sarvasmin syād eva yadi viśvajit //

[Bh 25,26-27] iti jaiminīyasūtravṛttau pañcamaḥ khaṇḍaḥ //

JŚS 6. (audumbaryutthāpanam)

JŚS 6,1.

yadā dhiṣṇyān nivapanty
athājyasthālīṃ sasruvām ādāya-
uttareṇāgnīdhrañ ca sadaś ca parītya-
aparayā dvārā sadaḥ prapadya-
audumbarīm anvārabhata
āyoṣ ṭvā sadane sādayāmy
avataś chāyāyāṃ samudrasya hṛdaye /
namas samudrāya namas samudrasya cakṣase /

mā mā yonorvāṃ hāsīr iti

[Bh 26,12-15] yadā===iti // pravargyodvāsanād ūrdhvam agnim praṇīya sadohavirdhānavyāpāram pariniṣṭhāpya dhiṣṇyān nivapanti / tatra yadā dhiṣṇyān adhvaryavo nivapanti tadanantaram udgātāntareṇa cātvālotkarau prapadyājyasthālīṃ sasruvām ādāyāgnīdhrañ ca sadaś cottareṇa parivrajyāparayā dvārā sadaḥ prapadya sadasa[s] sthūṇām audumbarīm ārabhamāṇam adhvaryum anvārabhate [']nena mantreṇa //

JŚS 6,2.

athainām ucchrayaty
ud divaṃ stabhāna-
antarikṣam pr̥ṇa
pr̥thivīm upareṇa dr̥ṃha- iti

[Bh 26,16] athai===heti // athainām anena mantreṇocchrayaty utthāpayati //

JŚS 6,3.

athainām minoti
dyutānas tvā māruto minotu
mitrāvaruṇayor dhruveṇa dharmaṇā- iti

[Bh 26,16-18] athai===ṇeti // pūrvam evādhvaryusampreṣiteṇodgātraudumbaryavaṭaṃ khānitam bhavati / tasminn enām anena mantreṇa minoti / yathodañcaṃ vaṃśan dhārayet tathainām sampādayati //

JŚS 6,4.

athainām ājyenābhijuhoty
agrād upakramyā mūlāt santanvann iva
ghr̥tena dyāvāpr̥thivī āprīṇīthāṃ
supippalā oṣadhīx kr̥dhi svāhā- iti

[Bh 26,19-20] athai===heti // athainām ājyasthālyā sruvenopahatenājyenāgrād upakramyā mūlād avicchindann eva dhārām anena mantreṇābhijuhoti //

JŚS 6,5.

athainān triḥ prasalī purīṣeṇa paryūhati
brahmavanin tvā
kṣatravaniṃ
suprajāvaniṃ
rāyaspoṣavanim

paryūhāmi- iti

[Bh 26,20-22] athai===mīti // athainān triḥ pradakṣiṇam pāṃsunā paryūhaty anena mantreṇa / sakr̥d eva mantravacanam evaṃvidhāsu codanāsu / tatra nyāyam madhuprāśanādhikāra eva prasaṅgenāvādiṣma (Bh on JŚS 2,9) / samastam avaṭam pūrayati //

JŚS 6,6.

athainān dīkṣitadaṇḍena dr̥ṃhati
brahma dr̥ṃha
kṣatran dr̥ṃha
prajān dr̥ṃha
rayin dr̥ṃha
rāyasposan dr̥ṃha
sajātān yajamānāya dr̥ṃha- iti

[Bh 26,23 - 27,2] athai===heti // athainān dīkṣitasya daṇḍena ṣaḍbhir ebhir mantrair dr̥ṃhati / abhitaṣ ṣaṭ dr̥ṃhaty abhito [']vahanti / na caikamantratvam eṣām abhipretavyam anyo[']nyānākāṅkṣatvād ākhyātābhyāsāc ca / tasmāt pratimantram atra dr̥ṃhaṇam āvarteta / avadac ca kauṣītakiḥ *mantrapr̥thaktvāt karmapr̥thaktvam* (ŚŚS 1,2,24) iti //

JŚS 6,7.

athaināṃ ūrdhvāgrais tr̥ṇaiḥ pradakṣiṇam pariveṣṭayati

[Bh 27,2-3] athai===yati // athaināṃ ūrdhvāgrais tr̥ṇais sarvato veṣṭayati / yathā ca tāni nāpabhraṃśeran tathā rajjvā badhnāti //

JŚS 6,8.

athaināṃ vāsasā paridadhāty anagnatvāya

[Bh 27,3-4] athai===tvāya // athaināṃ uparidaśena vāsasā paridadhāti samastāṃ veṣṭayati / asyā anagnabhāvāya //

JŚS 6,9.

athaināṃ hastābhyām parigr̥hṇāti
mayy ūrjam annādyan dhehi- iti

[Bh 27,4-5] athai===hīti // athaināṃ hastābhyām anena mantreṇa paryārabhate //

JŚS 6,10.

evam eva stotre stotre parigr̥hṇāti

[Bh 27,5-12] eva===hṇāti // evam evānenaiva mantreṇa stotre stotra upakramyamāṇa audumbarīm parigṛhṇāti /

kim bahiṣpavamāne [']pi / neti brūmaḥ / na hi tasyaudumbaryā sambandhaḥ / ato [']syāṃ kṛtas saṃskāro bahiṣpavamānasya nopakaroti /

nanu vihitatvād audumbarīparigrahaḥ kriyamāṇo bahiṣpavamānasyāpy upakarotīti mantavyam / naivaṃ yuktam / ittham idam avagamyatām / ekacodanāprāpitam aṅgaṃ bahūnām apy upakurvad ekadhaivopakarotīti / ataś ca yeṣāṃ stotrāṇām aikarūpyeṇopakarotīty anena janayituṃ śakyan teṣām evaitad aṅgaṃ vidhīyata iti mantavyam / tasmān nāyaṃ vidhir bahiṣpavamānam upasarpati / yatra tu bahiṣpavamānaṃ sadasi gīyate [']hargaṇeṣu tatra sambandhād bahiṣpavamāne [']pi parigrāhyaivaudumbarī //

[Bh 27,13-14]
yadi karmedam adhvaryur anyadā kartum icchati /
tadaiva kuryād udgātā samastam idam añjasā //

[Bh 27,15-16] iti jaiminīyasūtravṛttāv audumbaryutthāpanavidhiṣ ṣaṣṭhaḥ khaṇḍaḥ //

JŚS 7. (pitāputrīyā subrahmaṇyā)

JŚS 7,1.

agnīṣomau praṇīya-
agnīṣomīyam ālabhante

[Bh 28,9-10] agnī===bhante // agniñ ca somañ ca praṇīyāgnīṣomadevatākam paśum ālabhante [']dhvaryavaḥ / vakṣyamāṇasya vidher viṣayapradarśanārtham idam uktam //

JŚS 7,2.

tasmin vapānta utkare tiṣṭhan
subrahmaṇyām āhvayati pitāputrīyām

[Bh 28,10-17] tasmi===trīyām // tasmin paśau vapāyā ante vapāhome kṛta utkare tiṣṭhan subrahmaṇyaḥ pitāputrīyākhyāṃ subrahmaṇyām āhvayati /

pitāputrīyām iti saṃjñākaraṇaṃ saṃvyavahārābhāvād anarthakam / nānarthakam uttaratra subrahmaṇyāgrahaṇe pitāputrīyāyās sampratyayārthatvāt / ayam abhiprāyaḥ / atra subrahmaṇyām pitāputrīyām iti sāmānādhikaraṇyoktes sārthavatvād yottaratra subrahmaṇyāgrahaṇe pitāputrīyā grāhyeti /

atha vā *pitāputrīyām* iti pṛthag evedam paribhāṣāvākyam / tatra pūrvasmād vākyāt *subrahmaṇyām āhvayati-* ity anuvartate / ayam arthaḥ / *subrahmaṇyām āhvayati-* ity ukte pitāputrīyāṃ vidyād iti / tata idaṃ sidhyati / dve apy uttare subrahmaṇye pitāputrīye iti / avadac ca baudhāyanaḥ pitāputrīyām adhikṛtya- *agnīṣomīyasya hutāyāṃ vapāyām / parihṛtāsu vasatīvarīṣu dvitīyā / prātaranuvāke tṛtīyā-* (BaudhŚS 25 [= Karmāntasūtra 2],13: III 242,8-10) iti //

JŚS 7,3.

kauśikabrāhmaṇa kauśikabruvāṇa- (JŚS 3,14) ity āta uktvā nāmāny āvapati

[Bh 28,18-24]
kauśi===pati // kā sā pitāputrīyā subrahmaṇyety ākāṅkṣāyām ayam asyām upadeśo lakṣaṇataḥ kriyate / *kauśikabrāhmaṇa kauśikabruvāṇa-* ity ā atas subrahmaṇyāvayavam uktvāsminn avasare vakṣyamāṇāni nāmāny āvapati /

āta ity anarthakam / nānarthakam *pitāputrīyā-* iti viśeṣanāmadheyadarśanād anyeyam ihāmnātamātraiva subrahmaṇyeti kṛtvā *kauśikabrāhmaṇa-* ity evāsyā upakramasya prasajato nivṛttyarthatvāt /

kauśikabruvāṇa- ity anenaivopalakṣaṇe sidhyaty ubhayasya vacanaṃ śrutyanukaraṇārtham / śrutāv api hi dvayor anayor uttarasyaiva satyāṃ vivakṣāyām pūrvam apy upādīyate / *atha ha vā eke kauśikabrāhmaṇa gautamabruvāṇety āhvayanti-* (JB 2,79: 191,12) iti *tasmāt kauśikabrāhmaṇa kauśikabruvāṇety evāhvayed* (JB 2,80: 191,14-15) iti ca //

JŚS 7,4.

asau yajate-
amuṣya putro yajate-
amuṣya pautro yajate-
amuṣya naptā yajata
iti catuṣpuruṣam

[Bh 28,25 - 29,7] asau===ruṣam // *asāv* ity asya sthāne yajamānasya nāma prathamayā nirdiśed *amuṣya-* iti ṣaṣṭhyā pitṛpitāmahaprapitāmahānām / evañ catuṣpuruṣañ caturaḥ puruṣān nāmnā nirdiśet / tac ca sukhāvagamāya kathyate / *devadatto yajate yajñadattasya putro yajate viṣṇumitrasya pautro yajate haradattasya naptā yajata* iti / yac ca nāma- *athāto nāmakarma-* (JGS 1,8,1 [= 1,9: 8,5 in Caland 1905]) ity adhikṛtya vihitan tad evātra nirdeṣṭavyam / tad eva hi vyavahārārtham /

pāṭhasiddheś *catuṣpuruṣam* ity anarthakam / nānarthakañ catuṣpuruṣam avaśyan nirdiśed ity evaṃ yojyamāne vakṣyamāṇānām putrādīnāṃ kva cid anirdeśajñāpanārthatvāt / tasmād evaṃ grāhyam / jīvatām evātra putrādīnān nirdeśaḥ / mṛtānām api tu pitrādīnām iti /

nanu yajamānasyāpi mṛtasya sattre nirdeśaḥ prasajati / na prasajati / na hi mṛto yajate / mṛtā api tu pitrādibhāvena nirdiśyanta eva /

nanu putrādibhir api mṛtair asty eva loke nirdeśaḥ / satyam etat / prasaktam eva lokato mṛtair api putrādibhir nirdeśam ayaṃ yatno nivartayati //

JŚS 7,5.

amuṣya pitā-

amuṣya pitā- iti
putrāṇāṃ yathājātam

[Bh 29,7-14] amu===jātam // *yajata* (JŚS 7,4) ity anuvartate / *agniśarmaṇaḥ pitā yajate nārāyaṇaśarmaṇaḥ pitā yajata* iti putrāṇāñ janmakrameṇa nāmāni gṛhṇāti /

amuṣya pitā- ity etāvataiva *putrāṇām* iti vijñātuṃ śakyatvāt tathā ca pūrvasmin vākye *yajata* (JŚS 7,4) ity evāvagatatvād *yajamānasya-* iti ca putrapautranaptṛgrahaṇe [']vagatatvāt *pituḥ pitāmahasya prapitāmahasya-* iti cāprayuktatvāt *putrāṇām* ity anarthakam / nānarthakam akṛtanāmakān api putrān nirdiśed iti jñāpanārthatvāt /

katham eṣān nirdeśaḥ / asti jātamātrasyaiva devakṛtan nāma yan nakṣatranāmeti kathyate (Bh on JGS 1,7,5) / tenātra nirdeśaś *śātabhiṣajasya proṣṭhapādasya-* iti /

pūrvavayasām pūrvagrahaṇasya lokata eva siddhatvād *yathājātam* ity anarthakam / nānarthakaṃ
vittam bandhur vayaḥ karma vidyā bhavati pañcamī /
etāni mānyasthānāni garīyo yad yad uttaram // (Manu 2,136)
iti smṛtivacanānurodhena vidyāvṛtādhikānām avaravayasām pūrvanirdeśasya prasajato nivṛttyarthatvāt //

JŚS 7,6.
strīṇām apy eke

[Bh 29,15-24] strīṇā===pyeke // strīṇām api nāmāny eke nirdiśanti / *eka* iti vacanaṃ vikalpārtham / ata strīṇān nāmāni gṛhṇīta vā na vā /

kim punar etad duhitṛviṣayam evāho svid anyaviṣayam api / anyaviṣayam apīti brūmaḥ / yadi hi duhitṛviṣayam evābhaviṣyad *duhitṝṇām* ity evāvakṣyata na *strīṇām* iti / tatraivaṃ yojyam / putraḥ pautro naptā pitety anukrānte viṣayacatuṣṭaye mātuḥ pitāmahyāḥ prapitāmahyā duhituś ca nāmāny *amuṣyā* iti nirdiśed iti /

nanu patnyā apy *asau yajata* (JŚS 7,4) iti nirdeśo yajamānavat prāpnoti / na prāpnoti / yajatiśabdaṃ hi patnīviṣayan na kva cid upalabhāmahe / *patnīyajamānāv* (ŚŚS 4,1,1) iti ca dṛśyate prayogo na *yajamānāv* iti / yady api *yajamānā-* (TB 3,5,13,3; HŚS 2,5,19; VaikhŚS 7,9) iti patnī kva cid upalakṣyate tathāpi nātra patnīnirdeśaḥ prāpnoti / evam adhvaryuṇā yajamāno [']vabodhyate / *nāma grāhan te pitṛbhiḥ pitāmahaiḥ prapitāmahaiḥ putraiḥ pautrais subrahmaṇyas subrahmaṇyām āhvayatv* (BaudhŚS 6,31: 197,2-3) iti / patnyā api cen nāmagrahaṇam abhipraiṣyata *nāma grāhaṃ yuvayor* ity avakṣyata / yatas tu *nāma grāhan ta* ity uktan tasmān na patnyā nirdeśaḥ /

atha vā strīṇām api nāmabhir eke yajamānaṃ viśeṣayantīti vyākhyeyam / tataś ca patnyām aprasaṅgaḥ //

JŚS 7,7.

janiṣyamāṇānām pitā pitāmahaf prapitāmaho yajata
ity uttamam āha

[Bh 29,25-32] jani===māha // *janiṣyamāṇānām* ity etad vākyaṃ sarvasmān nāmanirdeśād uttamam āha /

uttamagrahaṇam anarthakam / nānarthakam pautranaptṛnirdeśajñāpanārthatvāt /

kasmāt punaḥ pautranaptṛnirdeśa spaṣṭan nābhihitaḥ / niyogataḥ pautrotpatteḥ prāk somena yaṣṭavyam iti jñāpanārthatvāt / na ca purastāj jātaiḥ pautranaptṛbhir anupalakṣitasya paścāj janiṣyamāṇair yuktam upalakṣaṇam / tasmād *amuṣya pitāmaho yajate [']muṣya prapitāmaho yajata* iti pautranaptṝn nirdiśya paścāj *janiṣyamāṇānām* iti vākyam prakṣetavyam /

nanv ādyantapadānuṣaṅgeṇa vākyatrayam etat kalpayitavyam / naivam / ekavākyatayāpy abhipretārthāvagamāt / yady ayam ekavākyatayā naiṣiṣyata- *asau yajata* (JŚS 7,4) ityādivaj *janiṣyamāṇānām pitā yajata* ity evam bhedenaivāvakṣyata / yatas tv evan noktan tasmād yathāmnātam eva vaktavyam //

JŚS 7,8.
yathāmnātaṃ śeṣam

[Bh 30,1-12] yathā===śeṣam // śeṣam avaśiṣṭaṃ subrahmaṇyāvayavaṃ yathāmnātam āha /

kiṃ śvaśśabdasyāyam pratiṣedho *yathāmnātam* iti / naivaṃ *śvas sutyām ity upavasatha* (JŚS 3,19) iti vākyasyānarthakyaprasaṅgāt /

evañ ced *yathāmnātam* ity anarthakam / nānarthakam *asau yajata* (JŚS 7,4) ityāder janiṣyamāṇavākyāntasya yathāmnātavacananivāraṇārthatvāt / tasmād imāni vākyāny aikasvaryeṇāpy āmnātāni lākṣaṇikenaiva svareṇa vaktavyāni / svaralakṣaṇañ cātra vyākaraṇato (Pāṇini 1,2,37-38 & Kātyāyana) grāhyam /

nanv ayatnasiddham etat / lākṣaṇika[s] svaro grāhya iti / satyam etat / sarvasyā api subrahmaṇyāyā vyākaraṇata eva svaras sidhyati / evaṃ siddhe sati yat pūrvasyāṃ subrahmaṇyāyāṃ lākṣaṇikam eva svaram ācāryaḥ pāṭhena pradarśayati (JŚS 3,2*-3*) taj jñāpayati / aikasvaryapaṭhiteṣu lakṣaṇato na svaraḥ pravartata iti / tataś ca sarveṣv ṛgyajurnigadeṣu ya[s] svaro [']smākam āmnāye dṛśyate sa eva prayoge [']pi gṛhyate / tasmād eṣān nāmavākyānāṃ vyākaraṇoktam api svaram uktajñāpanānurodhārtham anupāditsitam ato yatnād upādadmahe /

atha vā pūrveṇa vidhānenāsya sambandhaḥ / *janiṣyamāṇānām* (JŚS 7,7) ity etan nigadaṃ yathāmnātam āheti / tataś ca vākyatrayan na kalpyam ity uktam bhavati / tataś ca *śeṣam* iti vākyam / śeṣam āheti //

JŚS 7,9.
atra ṛṣabhan dadāti subrahmaṇyāya

[Bh 29,13-16] atra===ṇyāya // asmin karmaṇi nimitta ṛṣabhaṃ yajamānas subrahmaṇyāya dadāti /

adhikārād evāsya vidheḥ pitāputrīyāsambandhasiddher *atra-* ity anarthakam / nānarthakam asyām eva pitāputrīyāyām ṛṣabhadānan nottarayor ity etadarthatvāt / uttare api hi pitāputrīye ity avādiṣma (Bh on JŚS 7,2) / tatra nāmadheyena dharmaprāptir iti prasaktam ṛṣabhadānam ato yatnān nivartate //

JŚS 7,10.

naitāṃ rātriṃ sadaḥ kaś cana prapadyeta /
ṛksāme atra mithunībhavata
iti brāhmaṇam

[The quoted passage cannot be found in the extant Brāhmaṇas in these very words. This may be a paraphrase of the JUB (as quoted by Bh) or a quote of its parallel from a lost Brāhmaṇa.]

[Bh 30,17-21] naitāṃ===hmaṇam // etām upavasathīyāṃ rātriṃ kaś cana puruṣas sado na prapadyeta na praviśet / ko hetur iti ced ṛksāme atra mithunībhavata ity asminn arthe brāhmaṇam asti / ṛksāme adhikṛtya śrūyate *tābhyāṃ sado mithunāya paryaśrayan / tasmād upavasathīyāṃ rātriṃ sadasi na śayīta / atra hy etāv ṛksāme upavasathīyāṃ rātriṃ sadasi sambhavata* (JUB 1,54,3) iti /

atha vā *naitāṃ rātrim* ityādi *mithunībhavata* ityantaṃ śākhāntarīyam idaṃ vākyaṃ *brāhmaṇam* iti pradarśyate //

JŚS 7,11.

parihṛtāsu vasatīvarīṣu
śvassutyāpravacanīṃ subrahmaṇyām āhūya-
āgnīdhre patnīśālāyām iti saṃviśanti

[Bh 30,22-26] pari===śanti // parihṛtāsu vasatīvarīṣv adhvaryusampreṣitas subrahmaṇyaś śvassutyāpravacanīn nāma subrahmaṇyām āhūya svayam udgātrādayaś cāgnīdhre patnīśālāyāñ ca saṃviśanti /

atra- *utkare tiṣṭhann* (JŚS 3,15) ity avacane [']pi sthānāntarasyāvijñānād *utkaram āsthāya subrahmaṇyām āhvayati-* (JB 2,78: 190,30) iti śrutivacanasya (ca) śākaṭīvarjasubrahmaṇyāviṣayatvād utkara eva tiṣṭhann āhvayati /

atrotkarasyācodanayā jñāpyate deśāvacane svajātīyadeśagrahaṇam iti / tena saṃsavaviśvarūpāṇām api (JŚS 8,7 and 20) paścād akṣam evopaviśya (JŚS 8,11-14) gānaṃ sidhyati //

JŚS 7,12.

śvaḥkarmaṇe [']napagā bhavanti

[Bh 30,27-30]
śvaḥka===vanti // śvaḥ kartavyaṃ karma śvaḥkarma / śvaḥkarmārtham anapagā bhavanti /

āgnīdhrapatnīśālāsaṃveśanavidhānād eva yajñadeśād ṛtvigyajamānānām anapagamanasya siddhatvād idaṃ vākyam anarthakam / nānarthakaṃ sarvapuruṣārthatvāt / tasmāt subrahmaṇyāhvānakāle ye yajñadeśāntarvartinaḥ puruṣās te śvaḥkarmaṇy aparisamāpte nāpagaccheyuḥ / yajñam evekṣamāṇā āsīran //

[Bh 30,31-32]
antyaṃ subantasyodāttan na māntasyāsya madhyame /
ādyaṃ yaje syataḥ pūrvaṃ ṣaṣṭhyāḥ pi praś ca hāntayoḥ //

[Bh 30,33-34] iti jaiminīyasūtravr̥ttau pitāputrīyāvidhis saptamaḥ khaṇḍaḥ //

JŚS 8. (viśvarūpāgānam)

JŚS 8,1.

kāla enam āmantrayante

[Bh 31,17-21] kāla===yante // *śvaḥkarmaṇa* (JŚS 7,12) iti pūrvam uktatvāt tasya karmaṇaḥ kāla āgata enam arthatas tasya karmaṇaḥ kartāram āmantrayante /

evañ cet kartr̥̄ṇām bahutvād *enān* iti vaktavyam / na vaktavyam ekavacanaprayoge [']py āmantryamāṇān puruṣān praty āmantraṇasya guṇabhūtatvāt / *pratipradhānaṃ guṇabheda* (cf. PMS 11,4,40) iti nyāyena sarveṣāñ cāmantraṇaṃ sidhyati / yadi caikasyaiva gr̥hyeta viśeṣo nāvagamyeta / na cātra samākhyayā śakyam udgātur evāmantraṇaṃ vaktum / kartr̥viṣayā hi samākhyā / āmantraṇañ ca prati karmabhūtāḥ puruṣāḥ / atas sarveṣām udgātrādīnāṃ karmakaraṇārtham idam āmantraṇañ codyate //

JŚS 8,2.

sa yajñopavītaṃ kr̥tvāpa ācamya-
antareṇa cātvālañ cotkarañ ca prapadyate
dhā asi sudhām me dhehy
āyuṣmantas tvad varcasvanta udgeṣma- iti

[Bh 31,22-24] saya===ṣmeti // sa āmantritaḥ kartā yajñopavīty ācamya cātvālañ cotkarañ cāntareṇānena yajuṣā mahāvedim prapadyate / yeṣām antarvedi prayojanan teṣām evaitad vidhānam / atas subrahmaṇyo bahirvedy evāsīta / *udgeṣma-* iti mantraliṅgasyānavakl̥ptiprasaṅgān nānena yajuṣā brahmayajamānau prapadyeyātām //

JŚS 8,3.

etad eva prapadanam

[Bh 31,24 - 32,2] eta===danam // prapadyante [']neneti prapadanam / yad antareṇa cātvālotkarāv uktaṃ vartma tad atidiśyate / etad eva sarvatra mahāvedyām prapadanam praveśanavartma bhavati //

JŚS 8,4.

etad udayanam

[Bh 32,2-4] eta===yanam // udyanty anenety udayanam / uktam eva vartma nirdiśyate / etad eva sarvatra mahāvedyā udayanan niṣkramaṇavartma bhavati /

dvayam idam paribhāṣāvākyam / ata snānabhojanādyartham api mahāveder niṣkrāmatām punaś ca tām prapadyamānānām idam eva vartma syāt //

JŚS 8,5.

ājyagrahān gṛhṇatsu-
utkare tiṣṭhan
subrahmaṇyām āhvayaty
adya sutyām iti

[Bh 32,5-6] ājya===iti // santy ājyagrahā nāma grahāḥ / tān adhvaryuṣu gṛhṇatsu subrahmaṇya utkare tiṣṭhann *adya sutyām* iti nirdiśan subrahmaṇyām āhvayati //

JŚS 8,6.

taṃ yadi brūyur
viśvarūpā gāya- iti
akarmaṇa etat trayodaśaṃ stotram iti brūyād
virājaṃ lobhayati- iti

[Bh 32,6-15]
taṃya===tīti // prakṛtasya subrahmaṇyasya gānānupapatter atrodgātā nirdiśyate / tam udgātāraṃ *viśvarūpā gāya-* iti yadi brūyur adhvaryava *akarmaṇa etat trayodaśaṃ stotraṃ virājaṃ lobhayati-* iti pratibrūyāt / prativacanasyāyam arthaḥ / akāryam etat trayodaśaṃ stotram / virājaṃ lobhayatīti vināśayatīti hetunā / viśvarūpāgāne virājo lobhanan doṣaḥ kīrtyate / agniṣṭomasya hi prākṛtasya navatiśataṃ stotriyās sampadyante / tā navadaśa virājo *daśākṣarā virāḍ* (JB 1,132:56,7; 1,165: 69,20; 1,340: 141,15; 2,170: 233,15; 3,242: 455,15; et alibi) iti darśanāt / asti ca vacanaṃ *virāṭsampadaiva yajñena yajeta-* (JB 1,233: 96,1) iti / yadi cāsmin kāle viśvarūpāgānaṃ kriyeta vasatīvarībhir graheṇa prātaranuvākena śastreṇa trayodaśam ivedaṃ stotram bhavet / uktaṃ hi baudhāyanena vāsatīvaraṃ graham adhikṛtya *viśvarūpā u hāsya stotrabhaktir bhavati prātaranuvāka u śastrabhaktir* (BaudhŚS 25,21: 252,13-14) iti / yad asmābhir asmin kāle viśvarūpāgānam akurvadbhi[s] stotrabhāvo [']sya parihriyate — vasatīvarīgrahaṇaprātaranuvākāntarvartitā hi viśvarūpāṇāṃ stotratve kāraṇam — tasmād ittham pratyākhyāya paścād eva viśvarūpāgānaṃ kariṣyate //

JŚS 8,7.

saṃsave tu kāryam

[Bh 32,16-20] saṃsa===kāryam // dvayor yajamānayor ekasminn ahani somābhiṣavas saṃsavaḥ / sa ca śatruviṣaya eva *nāvidviṣāṇayos saṃsavo vidyata* (BaudhŚS 23,5: 151,1-2) iti vacanāt / so [']yaṃ saṃsavo [']smākam api śrutau dṛśyate *yadi somau saṃsutau syātām* (JB 1,342: 142,1) iti / tatredam ucyate / saṃsave tu virājo lobhanam anapekṣyāsminn eva kāle viśvarūpāgānaṃ kāryam / saṃsave hi yasya soma stotrair adhikas sa yajamāno jayati / tasmād idan trayodaśam api stotraṃ guṇāyaiva tatra bhavati //

JŚS 8,8.

abhiṣavasya kāla āgacchati

[Bh 32,21-22] abhi===cchati // somābhiṣavasya kāla āgacchati / uttarasya vidheḥ kālāvagamārtham idam uktam //

JŚS 8,9.

sa pūrvayā dvārā havirdhānam prapadya
viṣṇof pr̥ṣṭham asi- iti
dakṣiṇaṃ havirdhānam abhimr̥śati

[Bh 32,22-23] sapū===śati // sa udgātābhiṣavakāle pūrvayā dvārā havirdhānagr̥ham prapadya dakṣiṇaṃ havirdhānam anena mantreṇābhimr̥śati //

JŚS 8,10.

viṣṇo rarāṭam asi- ity uttaram

[Bh 32,23-24] viṣṇo===ttaram // anena mantreṇottaraṃ havirdhānam abhimr̥śati / uttarasmin vākye *so [']ntareṇa havirdhāne gatvā-* (JŚS 8,11) iti vidhānāt purastād eva tiṣṭhan havirdhāne abhimr̥śet //

JŚS 8,11.

so [']ntareṇa havirdhāne gatvā
dakṣiṇasya havirdhānasya paścād akṣam upaviśati

[Bh 32,24-26] sonta===śati // so [']ntareṇa havirdhāne pratyaṅmukho gatvā dakṣiṇasya havirdhānasya paścād akṣaṃ vakṣyamāṇena (JŚS 8,12-13) krameṇopaviśati //

JŚS 8,12.

ahe daidhiṣavyod atas tiṣṭha-
anyasya sadane sīda
yo [']smat pākataras tasya sadane sīda
nirastaf parāvasur iti
tr̥ṇan nirasyati yat pratiśuṣkāgram bhavati
yad vā praticchinnāgram

[Bh 32,26] ahe===nnāgram //

JŚS 8,13.

apa upaspr̥śya-

ā vasos sadane sīdāmi- iti sīdati

[Bh 32,26] apa===dati //

JŚS 8,14.

etenaivopaviśati yatra yatra kariṣyan bhavati

[Bh 32,26 - 33,11] ete===vati // yatra yatra deśa āsīnaḥ karma kariṣyan bhavati tatra tatropaviśann etenaiva krameṇopaviśati /

nanv ayam upaveśanakramo madhuprāśane [']pi vyadhīyata (JŚS 2,3-4) / tatraiveyam paribhāṣā kasmān na kriyeta / tatra ca kṛtāyām atropaveśanakramasyāvacane granthalāghavam bhavatīti / atra brūmaḥ / yady eṣā paribhāṣā madhuprāśanādhikāre [']kariṣyatodgātur evāyam upaveśanakramo [']bhaviṣyat / sa eva hi tatra prakṛtaḥ / atrāpi sa eveti cen na *kāla enam* (JŚS 8,1) ity atroktena nyāyena sarveṣām prakṛtatvāt / tasmāt prastotrādīnām api karmārtham upaviśatām asya kramasya prāpaṇārtham atreyam paribhāṣā kriyate /

evañ ced anenaiva paribhāṣāvākyena sarvatra siddhatvān madhuprāśane vacanam anarthakam / nānarthakam asyāḥ paribhāṣāyās sāmagānārthopaveśanaviṣayatvajñāpanārthatvāt / tataś ca bhakṣācamanahomādyarthaṃ yad upaveśanan tatra tūṣṇīm eva kartavyam /

asmin viṣaye *paścāt prāñca upasīdanti-* (JB 1,77: 34,15) iti śrutau bahuvacanadarśanāt prastotṛpratihartror apy upaveśanaṃ ke cid icchanti / tat tv anyāyyam udgātur evātra karmadarśanāt / bahuvacanadarśanañ caivam parihāryam / asti droṇakalaśaprohaṇe [']pi śrutau bahuvacanam / *yad adho [']dho [']kṣan droṇakalaśam prohanti-* (JB 1,77: 34,17f.) iti / tasmin pakṣe sarveṣām upaveśanārtham bahuvacanam / *paścāt prāñca upasīdanti-* (JB 1,77: 34,15) iti / ācāryeṇa tv *adho [']dho [']kṣan droṇakalaśam prohati-* (JB 1,77: 34,18-19) iti yad ekavacanayuktam prohaṇan tad āśrīyate / tathā hi vakṣyati *tam prohati-* (JŚS 9,1) iti / tasmād asya prohaṇasya kartodgātaivopaviśet //

JŚS 8,15.

athāha
namaf pitṛbhyaf pūrvasadbhyo
namas sākannisadbhyaḥ /
yuñje vācaṃ śatapadīṃ
gāye sahasravartanim /
gāyatran traiṣṭubhañ jagad
viśvā rūpāṇi sambhṛtan
devā okāṃsi cakrira (JS 3,1,1-2) iti

[Bh 33,12-18] athā===iti // atha *namaf pitṛbhya* ity etān sapta pādān udgātāha / *viśvarūpā* (JŚS 8,6.20) iti bahuvacanenāsām anyatra grahaṇāt sāmni caivan darśanāt tisra etā ṛcaḥ / tāsām prathamā gāyatry uttare dvipade / pādadvayābhyāsena sāmni sarvā gāyatryaḥ / tatra dvābhyām pādābhyām ekena dvābhyān dvābhyām ity avasyet / evam etā ardharcaśa uktā bhavanti /

pratīkagrahaṇenāpi sidhyati liṅgapradarśanārtham āsām atra pāṭhaḥ kriyate / tataś ca *gāyatran traiṣṭubhañ jagad* iti liṅgānurodhena savanatrayārtho [']yam prayogo grāhya iti jñāpitam bhavati / tenottarasmin savana āsām aprayogas sidhyati /

atha vā yatraitāḥ paṭhyante tatraivāsām prayogo grāhya iti vijñāpitam bhavatīty ayam arthaḥ pāṭhena jñāpyate / evam apy ukto [']rthas sidhyati / idamādijapakarmakaraṇavarjaṃ savanasvarair eva prayogaḥ //

JŚS 8,16.

athāsmā adho [']dho [']kṣan droṇakalaśam prayacchati

[Bh 33,19-20] athā===cchati //athāsmā udgātre [']dho [']dho [']kṣam akṣasya samīpata evādhastād droṇakalaśam adhvaryur anyo vā prayacchati //

JŚS 8,17.

tam pratigṛhṇāti
devasya tvā savituf prasave
[']śvinor bāhubhyām
pūṣṇo hastābhyām
pratigṛhṇāmi- iti

[Bh 33,20] tampra===mīti //

JŚS 8,18.

tam pratigṛhya
dakṣiṇa ūrau nidhāya-
upary upary akṣam pavitram apahṛtya
pavayati
vasavas tvā punantu gāyatreṇa cchandasā
suprajāvaniṃ rāyaspoṣavaniṃ
rudrās tvā punantu traiṣṭubhena cchandasā
suprajāvaniṃ rāyaspoṣavanim
ādityās tvā punantu jāgatena cchandasā
suprajāvaniṃ rāyaspoṣavanim iti

[Bh 33,20-21] tampra===miti // tam pratigṛhya dakṣiṇa ūrau nidhāyākṣam upary upary akṣasya samīpata evopari pavitram apahṛtya tena pavitreṇa tribhir ebhir mantrais triḥ pavayati //

JŚS 8,19.

tam pavayitvā
paścād akṣaṃ sādayati
bārhaspatyam asi vānaspatyam
prajāpater mūrdhātyāyupātram iti

[Bh 33,22] tampa===miti // tam pavayitvā paścād akṣam akṣasya paścād anena mantreṇa sādayati //

JŚS 8,20.

tam paścād akṣaṃ sādayitvā
gāyatraṃ viśvarūpāsu (JŪhya 1,1,1-3 on JS 3,1,1-2) gāyati

[Bh 33,22-24] tampa===yati // tan droṇakalaśam akṣasya paścāt sādayitvā viśvarūpāsv ṛkṣu gāyatraṃ gāyati / *namaf pitṛbhya* (JS 3,1,1-2; JŚS 8,15) ity etā viśvarūpāḥ / vidyate hy āsu *viśvā rūpāṇi sambhṛtam* iti //

JŚS 8,21.
iti brāhmaṇam (JB 1,73)

[Bh 33,24 - 34,2] iti===hmaṇam // itiśabdaḥ pūrvavidhim parāmṛśati / ittham brāhmaṇam api vidyate / *tam paścād akṣaṃ sādayitvā gāyatraṃ viśvarūpāsu gāyati-* (JB 1,73: 33,13-14) iti /

kimartham idam ucyate / asya viśvarūpāgānasya droṇakalaśavyāpāramadhyavartinas tadaṅgatvāśaṅkānivṛttyartham / ayam abhiprāyaḥ / kasya cit karmaṇo madhye tadasambaddhasya karmaṇo [']nyāyyā kriyā / tathāpy atra viśvarūpā gīyante yata idam brāhmaṇam / na hi vacanavihitam anyāyyan nāmeti /

atha vā yāni prātassavanāṅgāni śrutāv eva vidhīyante na tv ācāryeṇātra kīrtyante tair asya sādharmyam anena vākyena pratipādyata *iti brāhmaṇam* [iti] / na vidadhāti brāhmaṇata evedam āgatam iti mantavyan devasomabhakṣaṇādivad ity arthaḥ /

kim ataḥ phalam / uttarasavanādau vakṣyāmaḥ (Bh on JŚS 11,3 and 17,1) //

[Bh 34,3-4]

dvau kālau viśvarūpāṇāṃ gāne śrutyā vikalpitau (JB 1,73.75-76) /
tayor uttaram ācāryas saṃsavārtham amanyata //

[Bh 34,5-6] iti jaiminīyasūtravṛttau viśvarūpāgānakālavidhir aṣṭamaḥ khaṇḍaḥ //

JŚS 9. (droṇakalaśaḥ)

JŚS 9,1.

tam prohati
vasavas tvā prohantu gāyatreṇa cchandasā
rudrās tvā prohantu traiṣṭubhena cchandasā
ādityās tvā prohantu jāgatena cchandasā- iti

[Bh 35,1] tampro===seti // tan droṇakalaśan tribhir ebhir mantrair akṣam adho [']dhas triḥ prohati //

JŚS 9,2.

upary upary akṣam pavitram atyasyati

[Bh 35,1-9] upa===syati // akṣam upary upari pavitran droṇakalaśe [']tyasyati /

tam antarīṣāt pavitram avahṛtya- (JŚS 9,8) ity uttaratra darśanād *dhavirdhāna* ity adhyāhartuṃ yuktan na *droṇakalaśa* iti / satyam / evam evābhaviṣyad yad asyaiva pavitrasya tad api darśanam abhaviṣyat / anyat tu tat pavitraṃ yena droṇakalaśasammārgas somapavanañ ca kriyate / śrutau hi *svarbhānur vā āsura ādityan tamasāvidhyad* (JB 1,80: 35,27) ity adhikṛtya *phālgunam asya pavitraṃ kuryād* (JB 1,81: 36,4-5) iti phālgunasya pavitrasya vidhir droṇakalaśadṛṃhaṇavidhyanantaraṃ (cf. JB 1,80: 35,22-26) kriyate / tadanantarañ ca śrūyate *tad antarīṣe avahṛtya sammārṣṭi-* (JB 1,81: 36,6) iti *tad udīcīnadaśam pavitravatyā vitanoti-* (JB 1,81: 36,9) iti ca / yadi caikenaiva pavitreṇa sarvo [']yam udgātṛvyāpāra syād droṇakalaśapavanādhikāra eva prāthamyāt pavitrotpattiḥ kathyeta / tasmād droṇakalaśa evedam pavitram atyasyet / tad adhvaryugrahasammārgārtham ādadīta //

JŚS 9,3.

nākṣam upaspṛśet

[Bh 35,10-11] nākṣa===spṛśet // akṣan nopaspṛśet / akṣasya samīpe vyāpriyamāṇaḥ pramādenākṣam upaspṛśed apīti kṛtvā tatpratiṣedhaḥ kriyate //

JŚS 9,4.

yathetam paretya-
apareṇoparavān prāṅmukha upaviśya
droṇakalaśam abhimṛśati
tanūpā asi tanvam me pāhi
varcodhā asi varco me dhehi
āyurdhā asy āyur me dhehi
vayodhā asi vayo me dhehi- iti

[Bh 35,11-12] yathe===hīti // yathetam antareṇaiva havirdhāne paretyoparavān apareṇa prāṅmukha upaviśyānena yajuṣā droṇakalaśam abhimr̥śati / asminn upaveśane sāma geyaṃ vakṣyate (JŚS 9,16) / tasmād atrāvr̥taivopaviśet (cf. Bh on JŚS 8,14) //

JŚS 9,5.

sammukhān grāvṇaḥ kr̥tvābhimr̥śati
śyenā ajirā r̥tasya garbhāf prayuto napātaf
parvatānāṃ kakubha ā nas taṃ vīraṃ vahata
yam bahava upajīvāmo [']bhiśastikr̥tam
anabhiśastyanyam anyasyābhiśastyāx kartāram iti

[Bh 35,12-13] sammu===miti // saṅgatamukhān grāvṇaḥ kr̥tvānena mantreṇābhimr̥śati //

JŚS 9,6.

teṣu droṇakalaśam adhyūhati-
idam aham mām brahmavarcase [']dhyūhāmi
yajamānaṃ svarge loka iti

[Bh 35,13-14] teṣu===iti // teṣu saṃmukheṣu grāvasv anena mantreṇa droṇakalaśam adhyūhaty adhiśrayati //

JŚS 9,7.

tan dr̥ṃhati
devī tvā dhiṣaṇe nipātān
dhruve sadasi sīda-
iṣa ūrje sīda- iti

[Bh 35,14-15] tandr̥ṃ===deti // tam anena yajuṣā dr̥ṃhati dr̥ḍhīkaroti / yathā na kampate tathā karoti //

JŚS 9,8.

tam antarīṣāt pavitram avahr̥tya sammārṣṭi
vasavas tvā sammr̥jantu gāyatreṇa cchandasā
rudrās tvā sammr̥jantu traiṣṭubhena cchandasā
ādityās tvā sammr̥jantu jāgatena cchandasā- iti

[Bh 35,15-16] tama===seti // dvitīyam pavitram antarīṣād avahr̥tya tena droṇakalaśan tribhir ebhir mantrais tris sammārṣṭi //

JŚS 9,9.

tad udīcīnadaśam pavitraṃ vitanoti
pavitran te vitatam brahmaṇas pata (JS 3,20,9-11) ity etena tṛcena

[Bh 35,16-23] tadu===cena // tat pavitram udīcīnadaśam *pavitran ta* (JS 3,20,9-11) ity etenaiva tṛcena vitanoti droṇakalaśasyopari / tatra hi somaḥ pavayiṣyate /

atha vā tacchabdo [']yan na pavitraviśeṣanārthaḥ / nipāto [']yaṃ saptamyarthaḥ / tasmāt tad iti tatra droṇakalaśa iti vyākhyeyam /

mantrāṇām pṛthaktvāt trir vitanoti /

nanu *tisṛbhir* ity anuktatvāt *tṛcena-* ity uktatvāt tṛcasyānte sakṛd eva vitanitavyam / yadi ca trir vitanyeta pūrvaṃ vitānadvayaṃ vyartham bhavet / atra brūmaḥ / *tisṛbhir ṛgbhir* iti padadvayena yo [']rtho vācyas sa evocyate *tṛcena-* iti / yadi cātra bhedo na gṛhyeta *puruṣasūktena juhuyād* (JGS 1,5,4) ity atra sūktānte sakṛd eva hūyeta na ca tatraivaṃ kriyate / tasmād atrāpi trir eva vitanitavyam / vitānadvayavaiyarthyañ caivam parihriyate / prathamayā pavitrasyaiko bhāgo vitanitavyo dvitīyayāpy ekas tṛtīyayāpy eka iti //

JŚS 9,10.

rājānam ānayati

[Bh 35,24] rājā===yati // somam unnetā pavitra ānayati //

JŚS 9,11.

tam abhimantrayate
sa pavasva sudhāmā devānām abhi priyāṇi dhāmā
trir devebhyo [']pavathās
trir ādityebhyas trir aṅgirobhyo
yena turyeṇa brahmaṇā bṛhaspataye [']pavathās
tena mahyam pavasva // (JB 1,81)
sa naf pavasva śaṃ gave śañ janāya śam arvate /
śaṃ rājann oṣadhībhya (JS 3,1,5; JB 1,81) iti

[Bh 35,24-25] tama===iti // tam ānīyamānam udgātābhyām ṛgyajuṣābhyām abhimantrayate / *mahyam pavasva-* ityantaṃ yajuḥ / ṛg uttarā //

JŚS 9,12.

santataṃ śukram pavayanti

[Bh 35,25-30] santa===yanti // śukras somaḥ / taṃ santatam avicchinnadhāram udgātāraḥ pavayanti /

katham pavayanti / pavitram parigṛhṇanti /

nanu secane mukhyaḥ pavanaśabdaḥ / neti brūmaḥ / ubhayasminn asmin kriyamāṇe rasarjīṣayor viveko bhavati somānayane pavitraparigrahe ca / tatra somānayanam unnetuś coditam / ataḥ pavitram evodgātāraḥ parigṛhṇantas somam pavayanti /

asmin pavitraparigrahaṇakāle prastotṛpratihartārau prapadyeyātām / sāmagānābhāvāc ca tūṣṇīm evopaviśetām / āvṛtaiva tu prastotā parigāṇagrahaṇa upaviśet //

JŚS 9,13.
grahān gṛhṇanti

[Bh 35,30] grahā===hṇanti // somagrahān adhvaryavo gṛhṇanti //

JŚS 9,14.
adhvaryur āgrayaṇaṃ grahaṃ gṛhṇan hiṃkaroti

[Bh 35,30 - 36,1] adhva===roti // āgrayaṇan nāma grahaṃ gṛhṇann adhvaryur hiṃkaroti / vakṣyamāṇasya vidheḥ kālajñāpanārtham idam uktam //

JŚS 9,15.
tad eva hiṃkṛtam bhavati

[Bh 36,1-8] tade===vati // tad eva hiṃkṛtaṃ hiṃkāro bhavati / yad uttarasmin vākya udgātrā geyaṃ sāma vidhāsyate tasyādhvaryukṛto hiṃkāro [']ṅgam bhavatīty arthaḥ / na caitad ayuktam ity āśaṅkyaṃ yad āgrayaṇāṅgatvenādhvaryuṇā kriyamāṇo [']yaṃ hiṃkāra udgātrā gīyamānasya sāmno [']py aṅgatvenopakaroti / śrutyā hy ayam artho vihitaḥ / *adhvaryur āgrayaṇaṃ grahaṃ gṛhṇan hiṃkaroti / tad eva hiṃkṛtam bhavati / athodgātaikarce gāyatraṃ gāyaty uccā te jātam andhaseti* (JB 1,81: 36,17-18) / na cāsti śrutivihitam ayuktan nāma /

atha vā na vidhir arthavādo [']yan *tad eva hiṃkṛtam bhavati-* iti / arthavādeṣu ca sato [']sato vārthasya stutyartham upādānam adoṣaḥ /

kim punar arthavādena sūtre prayojanam / nāsti prayojanam / śīlam etad ācāryasya yat kva cic chrautam arthaṃ śrutivākyenaiva vadatīti / śrutyanāpattaye ca granthagauravam apariharann arthavādam api noddharati //

JŚS 9,16.
athodgātaikarce gāyatraṃ gāyaty *uccā te jātam andhasā-* (JĀrG 25,19 on JS 1,49,1) iti

[Bh 36,9-16] atho===seti // adhvaryuhiṃkārānantaram udgātā- *uccā te jātam andhasā-* ity asminn ekarce (JS 1,49,1) gāyatraṃ gāyati / śrutivākyatvād (JB 1,81: 36,17-18) udgātṛgrahaṇam aparihāryam /

atha vāsaty asminn udgātṛgrahaṇa ānantaryād aṅgabhūtahiṃkārakartṛtvāc cādhvaryuṇedaṃ sāma geyam āśaṅkyeta / yady apy āśaṅkyeta- *athodgātaikarce gāyatraṃ gāyati-* (JB 1,81: 36,17-18) iti śrutir eveyam āśaṅkān nivartayati /

evañ ced idam udgātṛgrahaṇaṃ kurvann ācāryo jñāpayaty anādiṣṭakartṛkaṃ gānam anudgātāpi kva cid ānantaryāt kuryād iti / kim prayojanam / santi parigāṇāni *dīkṣaṇīyāyān tārkṣyasāmanī gāyed* (JŚS 25,5) ity ārabhya vihitāni / tāni kartranādeśād udgātuḥ prasaktāni jñāpakād asmāt prastotur gātavyāni / asti hi tasyānantaryaṃ yato [']yam anantaravihitāni pravargyasāmāni gāyati / uktañ ca tāṇḍināṃ sūtre *sarvatrānādeśe parigāṇāni* [*sic* for *parisāmāni* in LŚS and DŚS] *prastotā gāyed* iti (LŚS 1,5,1; DŚS 2,1,1) / asmākam apy anyārthan darśanam evam evopapadyate / *yad udgātā prathamena karmaṇaudumbarīm anvārabhata* (JB 1,70: 31,27-28) iti //

JŚS 9,17.

gṛhīteṣu graheṣv apa upaspṛśya
pṛthivīm abhimṛśati
drapsaś caskanda pṛthivīm anu dyām
imañ ca yonim anu yaś ca pūrvaḥ /
tṛtīyaṃ yonim anu sañcarantan
drapsañ juhomy anu sapta hotrā (TS 3,1,8,3) iti

[Bh 36,17-18] gṛhī===iti // sarveṣu graheṣu gṛhīteṣv apa upaspṛśyādbhir hastau prakṣālya pṛthivīm anaya rcābhimṛśati //

JŚS 9,18.

ā māskān saha prajayā saha rāyaspoṣeṇa-
indriyam me vīryam mā nirvadhīr (TS 3,1,8,3) ity
ātmānam pratyabhimṛśati

[Bh 36,18-24]
āmā===śati // anena yajuṣātmānam pratyabhimṛśati / *uraḥ praty ātmānam pratyabhimṛśati-* (BaudhŚS 3,21: 93,12-13) iti paravacanadarśanād uro [']bhimraṣṭavyam /

atha vā pratiśabdo [']yan nopasargaḥ / karmapravacanīyo [']yaṃ lakṣaṇe [']tra pravartate / tasmād evaṃ yojyam / ātmābhimarśanam praty ātmābhilakṣitan deśam abhimṛśatīti / ataś cātmana[s] sthānaṃ hṛdayam abhinimraṣṭavyam /

kutaḥ punas sarvagatasyātmano hṛdayam eva viśeṣeṇa sthānam / kathyate / śrutāv eva darśanāt / *tasyai haitasyai devatāyai yathā mṛtpiṇḍa iṣīke adhihate syātām evam eva hṛdaye pādāv adhihatāv* (JB 3,351: 497,34-35) iti / bhagavadgītāsu ca dṛśyate
īśvaras sarvabhūtānāṃ hṛddeśe [']rjuna tiṣṭhati /
bhrāmayan sarvabhūtāni yantrārūḍhāni māyayā- // (BhG 18,61) iti //

[Bh 36,25-26]
upaspṛśed apo nityam ātmanas tv abhimarśane /
hiṃsāsurapitṛsthāṇurakṣoyuktāsu gīrṣv api //

[Bh 36,27-28] iti jaiminīyasūtravṛttau navamaḥ khaṇḍaḥ //

JŚS 10. (sarpaṇam upaveśanaṃ ca)

JŚS 10,1.
apa upaspr̥śya santatās sarpanti

[Bh 37,7-8] apa===rpanti // apa upaspr̥śya santatā anyo[']nyasmād avicchinnā vakṣyamāṇāḥ puruṣā havirdhānāt sarpanti / idam apām upasparśanaṃ sahavidhānāt sarpaṇāṅgam //

JŚS 10,2.
adhvaryuḥ prathamas sarpati

[Bh 37,8] adhva===rpati // prathamo bhūtvādhvaryus sarpati //

JŚS 10,3.
atha prastotā

[Bh 37,8-9] atha===stotā // anantaram adhvaryos tam anvārabhya prastotā sarpati //

JŚS 10,4.
athodgātā

[Bh 37,9] athodgātā //

JŚS 10,5.
atha pratihartā

[Bh 37,9] atha===hartā //

JŚS 10,6.
atha yajamānaḥ

[Bh 37,9] atha===mānaḥ //

JŚS 10,7.
brahmā ṣaṣthas sarpati

[Bh 37,9-10] brahmā===pati // pūrvavad *atha brahmā-* iti vaktavye *ṣaṣṭhas sarpati-* iti vacanaṃ śrutyanukaraṇārtham /

atha vā pratiprasthātus sarpaṇapakṣe *yad brahmā paścād bhavati-* (JB 1,86: 38,6) iti vacanāt saptamatvam brahmaṇaḥ prāptam / *brahmā ṣaṣṭhas sarpati-*(JB 1,86: 38,5) iti vacanād eva ṣaṣṭhatvam / tatrācāryeṇa ṣaṣṭhatvam evedan niyamyate //

JŚS 10,8.*

pravr̥tahomāñ juhvati

[Bh 37,11-13] pravr̥===hvati // pravr̥tahomā nāma homāḥ / tān adhvaryvādayo [']smin kāle juhvati /

nanūpariṣṭāt pravarasya pravr̥tahomā hūyamānā dr̥śyante (cf. BaudhŚS 7,9: 214,18ff.) samākhyāpi caiṣām evam eva yujyate / satyam etat / atra tv eṣāñ coditatvād evam eva mantavyam / prakaraṇataḥ paśukarma somābhiṣavāt prāg eva ke cid icchanti //

JŚS 10,9.*

juṣṭo vāco bhūyāsañ juṣṭo vācaspatyur
devi vāg yat te vāco madhumattamam asmin mā dhāḥ //
svāhā sarasvatyā iti (JB 1,82)

[Bh 37,14-18] juṣṭo===iti // anaya rcaitām āhutim udgātāro juhvati /

kva juhvati / sannidhānād āhavanīye /

kena dravyeṇa / anyasyāvacanāt sarvārthasyājyasyādhvaryubhis saṃskr̥tasya vidyamānatvāj *juhotīty ukte sarpiḥ pratīyeta-* (ŚŚS 1,2, 21) iti ca paraiḥ paribhāṣitatvād ājyena /

yady api ca- *anādiṣṭe srucaiva hotavyam* (BaudhŚS 24,8: 192,5) iti paribhāṣā pareṣām asti tathāpy asmābhi[s] sruveṇaiva hotavyam iti / ayaṃ hy ācārya auṣadham api sruveṇaiva hotavyaṃ vadati / *sruve sakr̥d ājyam upastr̥ṇāti dvir haviṣo [']vadyati-* (JGS 1,3,30-31) iti /

atha vaikam evedaṃ vākyam //

JŚS 10,8-9*.*

pravr̥tahomāñ juhvati
juṣṭo vāco bhūyāsañ juṣṭo vācaspatyur
devi vāg yat te vāco madhumattamam asmin mā dhāḥ //
svāhā sarasvatyā iti (JB 1,82)

[Bh 37,18-20] pravr̥==iti // pravr̥tahomām r̥cam āhutiṃ vodgātāro juhvati *juṣṭo vāca* iti / yasmād anaya rcā pravr̥tā r̥tvijo juhvati tasmād iyam pravr̥tahomā / vyadhikaraṇo [']yam bahuvrīhiḥ / kathaṃ vigrahaḥ / pravr̥tair homo [']syā iti //

JŚS 10,10.

dvitīyāñ juhoti
sūryo mā devo divyebhyo rakṣobhyaf pātu
vāta āntarikṣebhyo
[']gnif pārthivebhya[s] svāhā- iti

[Bh 37,21 - 38,5] dvitī===heti // anena yajuṣā dvitīyām āhutiñ juhoti /

kim udgātaiva juhoti / naivam / yady apy ekavacanād udgātur eva prāpnoti tathāpi sarveṣām atra prakṛtatvād brāhmaṇe ca- *araṇyam iva vā ete yanti-* (JB 1,83: 36,36) iti sarvān evādhikṛtya vihitatvāt sarve juhvati /

nanu tatrāpy ekavacanam eva gṛhyate- *atha dvitīyāñ juhoti-* (JB 1,83: 36,37) iti / ko nety āha / prakaraṇād dhi sarve *juhvati-* ity uktam /

nanv ekavacanaśruter ekasya prāpnoti prakaraṇāt sarveṣāṃ śrutiś ca prakaraṇād balīyasī (cf. PMS 3,3,14) / atra brūmaḥ / evaṃ vākyārthavido vyavasyanty *upakramavaśena samāptir grāhyā-* iti / asya ca vākyasyopakramo bahvāśrayaḥ- *araṇyam iva vā ete yanti-* (JB 1,83: 36,36) iti / tatropakramavaśenārthe gṛhyamāṇe- *atha dvitīyāñ juhoti-* (JB 1,83: 36,37) ity ekavacanam ekatvavivakṣayā na śrūyate / vidhyartham evedam iti manyāmahe /

kiñ ca mantraliṅgenārthavādena ceyam āhutiḥ puruṣasaṃskārārthā / tasyāḥ puruṣabhede yuktaivāvṛttiḥ / pratipradhānaṃ hi guṇo bhidyate (cf. PMS 11,4,40) / tasmāt sarvatrāpi puruṣārthāni karmāṇy ekavacanavihitāny api kartranādeśe sarvair adhikṛtaiḥ kartavyāni //

JŚS 10,11.

ta udañco bahiṣpavamānāya sarpanti

[Bh 38,6-8] ta u===rpanti // te [']dhvaryuprabhṛtayo bahiṣpavamānārtham udañcas sarpanti /

ānantaryavidhānād dṛṣṭopakārakatvāc ca sarpaṇasya bahiṣpavamānāṅgatvāvagamād *bahiṣpavamānāya-* ity anarthakam / nānarthakaṃ *prahvārā iva prakupitā iva sarpanti-* (JB 1,278: 116,9) iti vidhidvayasya parigrahārthatvāt //

JŚS 10,12.

sarpatsv adhvaryum anumantrayata *etad ahan daivyaṃ vājinaṃ sammārjmi-* iti

[Bh 38,9-11] sarpa===rjmīti // sarpatsu sarpaṇakāle [']nena yajuṣādhvaryum anumantrayate /

sarpatsv ity anarthakam / nānarthakaṃ vidhikrameṇa sarpaṇasamāptāv asya vidheḥ prasaktasya sarpaṇamadhye kriyārthatvāt /

nirdhāraṇe veyaṃ saptamī *sarpatsv* iti / tathāpi vartamānakālopadeśādiṣṭaṃ sidhyati //

JŚS 10,13.

dakṣiṇena cātvālan tṛṇāni saṃstṛṇāty udapātreṇa saha

[Bh 38,11-15] dakṣi===saha // asmin kāle kaś cit karmakaraś cātvālan dakṣiṇena tṛṇāny udapātreṇa saha saṃstṛṇāti / vikaraṇavyatyayo [']yañ chāndasaḥ / stṛṇotīti hi prāpnoti / tṛṇāni saṃstīrya teṣūdapātran nidadhātīty arthaḥ/

nanv *anādiṣṭakartr̥kaṃ karmodgātrā kartavyam* (cf. DŚS 1,1,4 and Bh on JŚS 1,3: 3,12-13) iti / satyam etat / udgātrā tu sarpaṇāvicchedenāsya (cf. JŚS 10,1) vidher asau na kuryāt / karmakara eva karoti //

JŚS 10,14.
teṣūpaveśanasyāvr̥topaviśanti

[Bh 38,15-21] teṣū===śanti // teṣu tr̥ṇeṣūpaveśanasyāvr̥tā krameṇa- *ahe daidhiṣavya-* ityādinopaviśanti (cf. JŚS 8,12-14) / viśeṣaś ca vakṣyata *udagāvr̥tta udgātā-* (JŚS 11,1) iti /

etenaivopaviśati- (JŚS 8,14) iti paribhāṣayaiva siddhatvād *upaveśanasyāvr̥tā-* ity anarthakam / nānarthakam idam ekam upaveśanam uttarayoḥ pavamānayor anāvr̥taiva kartavyam ity etadarthatvāt /

nanu tatra savanādāv upaveśanam āvr̥taiva kartavyaṃ vakṣyate (JŚS 13,27; 19,4) / kim ataḥ / idam ato bhavati / pavamānakāle yad upaveśanan tad asaty apy asmin yatne [']nāvr̥taiva tatra siddham iti / naivaṃ yujyate / ubhayathāpy upaveśanam āvr̥taiva tatra prasaktaṃ savanādau vacanena pavamānakāle paribhāṣayā / tatrāyam uktārthasiddhyarthaṃ yatnaḥ kriyate /

ke cid anyathā vyācakṣate / yāsau paribhāṣā- *etenaivopaviśati-* (JŚS 8,14) iti sodgātr̥viṣayaiva / yāni tv imāni vacanāny *upaveśanasyāvr̥topaviśanti-* (JŚS 1,13,27) iti tāni prastotr̥pratihartror api tatropaveśanāvr̥tam prāpakāṇīti //

[Bh 38,22-23]

yasmād asmākam āśritya vidhānam upagīyate /
tasmād asmākam āsīrann āsanasyāvr̥topagāḥ //

[Bh 38,24-25] iti jaiminīyasūtravr̥ttāv upaveśanavidhir daśamaḥ khaṇḍaḥ //

JŚS 11. (bahiṣpavamānam)

JŚS 11,1.
udagāvr̥tta udgātā

[Bh 39,19] uda===dgātā // udaṅmukha udgātopaviśati //

JŚS 11,2.
purastāt prastotā pratyaṅmukhaḥ

[Bh 39,19-20] pura===ṅmukhaḥ // āstāvasya purastāt pūrvārdhe pratyaṅmukhaḥ prastotopaviśati //

JŚS 11,3.
paścāt pratihartā dakṣiṇāmukhaḥ

[Bh 39,20 -40,3] paścā===mukhaḥ // āstāvasya paścād aparārdhe dakṣiṇāmukhaḥ pratihartopaviśati /

nanu prathame vākya udgātṛśabdo vidhīyate / tasmād udgātuḥ purastād udgātuḥ paścād iti vyākhyātuṃ yuktam / atra brūmaḥ / yady evaṃ vyākhyāyetānyo[']nyaprātimukhyam udgātṝṇāṃ kiñ cid api na syāt / dṛśyante ca loke prātimukhyenaivānyo[']nyasya saha gāyanto vadantaś ca / upakāraś ca kaś cit prātimukhye vidyata eva / tasmād *āstāvasya*-ity eva vākyadvaye [']dhyāhriyate na- *udgātur* iti /

asti śrutivihitan (JB 1,89: 39,16-21) devasomabhakṣaṇan nāma / tasyāyaṃ kālaḥ / idañ cāsya rūpam / samīpa āsīnānām ṛtvijām anyeṣāṃ vā brāhmaṇānāṃ yaṃ viśeṣeṇa śucim manyeta tam brūyād *āhara hastam* iti (JB 1,89: 39,18) / tatas tasya dakṣiṇaṃ hastam ālabhya- *asāv upahvayasva*- ity uktvā labdhopahavas tasmād idaṃ yajur japed *yo devānām iha somapītho [']smin yajñe barhiṣi vedyān tasyedam bhakṣayāmasi*- (JB 1,89: 39,19-20) iti / asmin kṛte stotram adhvaryuḥ prayacchati //

JŚS 11,4.

stotram pratigṛhya
pavamānajapañ japati
bhūr bhuva[s] svar
madhu kariṣyāmi madhu janayiṣyāmi madhu bhaviṣyati
bhadram bhadram iṣam ūrjam /
somodgāyodgāya soma //
mahyan tejase mahyam brahmavarcasāya
mahyam annādyāya mahyam bhūmne
mahyam puṣṭyai mahyam prajananāya
prajānām bhūmne prajānām puṣṭyai prajānām prajananāya
somasya rājño rājyāya mama grāmaṇeyāya //
diśaf pradiśa ādiśo vidiśa uddiśo diśa iti

[Bh 40,4-9] stotraṃ===iti // stotram ity adhvaryuṇā dīyamānasya barhirdvayasya saṃjñā / pavamāneṣu tu prastaram barhirdvayañ ca kāsu cid vikṛtiṣv anyad anyad api dravyaṃ stotratvena vakṣyate (cf. JPA 46-47) / stavanasya ca karaṇam ivedam upacaryate / stuvanti teneti hi stotram bhavati / stotram adhvaryuhastataḥ pratigṛhyemam pavamānajapañ japati /

pavamānajapam ity anarthakam / nānarthakam atra vidhīyamānānān dharmāṇāṃ sarvastotreṣu prāpaṇārthatvāt / stotrapratigrahaṇādīnāṃ hi bahiṣpavamānāṅgataiva prakaraṇāt prāptā / tatrāsyaiva japasya pavamānena viśeṣaṇād anyeṣāṃ sarvastotrāṅgatā grahītuṃ śakyā //

JŚS 11,5.

pratyeti vāg bhūr bhuva[s] svar om ity āvartiṣu

[Bh 40,10-18] pratye===rtiṣu // āvartiṣu stotram pratigṛhyedaṃ yajur japati /

kāni punar āvartīni / yāni pavamānebhyo [']nyāni stotrāṇi tāny āvartīni / āvṛttyā hi rksāmayos tāni niṣṭhīyante /

evañ cet sandhimānasīnayor ayañ japo na prāpnoti / na hi tayor ṛksāmāvṛttiḥ / atra brūmaḥ / naivam asmābhiḥ pratijñātam yeṣv ṛksāmāvṛttis tāny evāvartīnīti / yeṣv āvartiśabdo dṛśyate tāny āvartīni / sa ca śabdo yājñikair apavamāneṣu sarvastotreṣu prayujyamāno dṛśyate / kevalan tu śabdapravṛttyavalambanam āvṛttiḥ kathitā / na ca tāvatā yeṣu nāvṛttis tāny anāvartīnīti bhavanti / yathā *gamanād gaur* iti (cf. Nir 2,5, etc, Bh on JŚS 1,6: 7,16) niścīyate nisargapaṅgvām api gavi gośabdo mukhya evābhyupagamyate / tasmāt sandhimānasīnayor apy āvartitvād ayañ japaḥ prāpnoty eva / yadi ca sandher anāvartitvam *uttamām āvartiṣu hotra* (JŚS 11,18) ity ayaṃ vidhis sandhau na syāt / tatrāpi tu baudhāyanenānūdito [']yaṃ vidhiḥ / *hotra eṣottameti prāhur* (BaudhŚS 8,15: 255,11) iti / tena jñāpyate sandhir āvartīti /

audumbarīparigraho yatrāsti (cf. Bh on JŚS 6,10) tatra so [']sminn avasare kartavyaḥ //

JŚS 11,6.

diśa[s] stha śrotram me mā hiṃsiṣṭa- ity upagātṝn pratyabhimṛśati

[Bh 40,19-26] diśa===śati // anena mantreṇopagātṝn pratyabhimṛśati / bahuvacanaprayogān mantreṇa sakṛd evoktena sarve [']bhinimraṣṭavyāḥ /

ke punar upagātāro bhavanti / idam brūmaḥ / yeṣām ṛtvijām udgātṛbhyo [']nyeṣāṃ stotrasambandhaḥ kaś cid vidyate teṣv eva trayo yajamānacaturthā upagāyanti / stutānuśaṃsanāc chastriṇāṃ stotropākaraṇāder adhvaryo[s] stotraprasavād brahmaṇaś cāsti sambandha[s] stotreṇa / tatra svaśākhāyām evādhvaryor upagānam pratiṣidhyate (TS 6,3,1,5; cf. also Śabara on PMS 3,7,30) hotuś ca (cf. KB 12,6,8-10) / tatrāpi *catura evopagātṝn kurvīta-* (JUB 1,22,6) iti brāhmaṇād brāhmaṇācchaṃsyacchāvākayor eko na gṛhyate / anyais tribhir upagātavyam yajamānena ca / tasya hi *kāmaṃ ha tu yajamāna upagāyet / yajamānasya hi tad bhavati-* (JUB 1, 22,3) ity asmacchrutāv *atha yad yajamāna stotram upagāyati* [*sic* for *upagāti*] *prāṇā vā udgātāraf prāṇān eva tad ātman dhatta iti-* ityādeś (KB 17,6,15-17; cf. also 12,6,11-13) ca paraśrutau vidher darśanād upagātavyam //

JŚS 11,7.

atha sampreṣyati

[Bh 40,27 - 41,7] atha===ṣyati // athādhvaryus sampreṣyati /

katham adhvaryuḥ / udgātaiva sampreṣyati / na śakyam udgātrā sampreṣitum / na hy atra kathyata itthaṃ sampreṣyatīti / yadi ca vyākhyāyeta *brahman stoṣyāmaḥ praśāstar iti sampreṣyati-* iti (cf. JŚS 11,8) tad apy ayuktam / sampraiṣo nāma kiñ cit karmoddiśya parasya śāsanam na caivaṃvidhaṃ *brahman stoṣyāmaf praśāstar* ity atra dṛśyate / *āha-* (JŚS 11,8) iti cākhyātenāsya sambandho vakṣyate / anyathā hi kim *āha-* (JŚS 11,8) ity ākāṅkṣayaivāvatiṣṭheta / tasmād adhvaryur evātra sampreṣyati / tasya ca sampraiṣeṣu prasiddhe na kṛtam adhvaryugrahaṇam /

nanv ittham ity avacane [']dhvaryuṇāpy aśakyam eva sampreṣitum / satyam etat / svaśākhāyām eva tu tasyāyaṃ sampraiṣo vihita *oṃ studhvam* (BaudhŚS 7,8: 213,4) iti /

evam apy ādhvaryavasya vidher atra vacanam anarthakam / nānarthakaṃ *studhvam* (BaudhŚS 7,8: 213,4) ity adhvaryuṇā sampreṣite *brahman stoṣyāma* ityādir (JŚS 11,8) uttaro vidhir ity etadarthatvāt //

JŚS 11,8.

brahman stoṣyāmaf praśāstar iti prastotā brahmāṇam āha

[Bh 41,8-12] brahman=== māha // prastotā brahmāṇam maitrāvaruṇañ ca *brahman stoṣyāmaf praśāstar* ity āha /

kuta āgato maitrāvaruṇaḥ / *praśāstar* iti liṅgāt /

evañ ced *brahmann* iti liṅgād eva brahmaṇo [']pīti siddher *brahmāṇam* ity anarthakam / nānarthakam *praśāstar* ity asyānityatvajñāpanārthatvāt / evaṃ hi bahvṛcabrāhmaṇe śrūyate / *atha yat prastotā brahmāṇam āmantrayate brahman stoṣyāma iti mano vā agraṇīr bhavaty eṣām prāṇānām manasaiva prasūtā[s] stomena stuyāmeti / atho apānam eva tan manasā santanoti-* (KB 17,5,19-22) iti //

JŚS 11,9.

prasava ukta upadadhati

[Bh 41,12-28] prasa===dhati // prasave brahmapraśāstṛbhyām ukta upadadhaty udgātāraḥ / upagāyantīty arthaḥ /

nanu dadhātir gānan nābhidadhāti / satyam etat / atropadhātavyadravyāśrute stavanaprasavānantaryavidhānāc ca gānārtho dadhātiḥ kalpyeta /

kasmāt punar *upagāyanti-* ity evānuktam / udgātṛkarmakatvārtham / upagānaṃ hi samākhyayopagātṛbhiḥ kartavyam / tad atra paraśabdena cocyamānaṃ sat samākhyāprāpyaṃ kartāram alabhamānam udgātāra eva kurvantīti yuktaṃ vaktum /

kim punar idam upagānan nāma / idam ucyate / pūrvasyā gāyatropaniṣadaṣ ṣaṣṭhasaptamayor anuvākayos (JUB 1,6-7 = 1,20-24) sadharmakam upagānan nirūpitam / tatra saptame *tad dhaitad eka om ity gāyanti-* (JUB 1,7,2,3 = 1,24,3) ity uktvā *tat tathā na gāyed* (JUB 1,7,2,3 = 1,24,3) iti tat pratiṣidhya *o ity u haike gāyanti-* (JUB 1,7,2,3 = 1,24,3) iti punar uktvā tad api *no eva tathā gāyed* (JUB 1,7,2,3 = 1,24,3) iti pratiṣidhya punar apy *o* [*sic*] *ity eva gāyed* (JUB 1,7,2,3 = 1,24,3) ity upagānasya rūpan nirūpitam / tatra madhyamasya pakṣasya nigītatayā doṣeṇa pratiṣedhāt tasmād aviśeṣe cottamasya pakṣasya vyarthatvaprasaṅgāt kena cid uditena gītiviśeṣeṇa saṃyuktasyāsya okārasya *si yau ho hum mā* (JŪha 1,1,13) *tāyā hum mā-* itivad *iha vu vā vu vo vā sākho hā* itivac caikasvaryeṇedaṃ grahaṇam iti mantavyam / sa ca gītiviśeṣo gāyatrasya prakṛtatvād tadudgīthasya yo [']vayavo viśeṣeṇoditas tatsadṛśo mantavyaḥ / tasmād ayam okāraḥ kruṣṭādisvaracatuṣṭayaṃ krameṇa prāpya punaḥ prathamam ārūḍhaś caturdaśamātra upagānasaṃjño niścīyate /

tad idam upagānam *upadadhati-* iti vihitam ihopagātāraḥ kuryuḥ / kr̥te kr̥te prastāve kuryuḥ / evaṃ hi śrūyate / *etad dha vai sāmno [']ntararaṇyaṃ yat prastutam anabhisvaritam ādīyate / svareṇa sampādyodgāyed* (JB 1,112: 48,28-30) iti / svara iti copagānasyākhyā *tebhya[s] svaram prāyacchad* (JUB 1,21,9) ityādau granthe samupalakṣyate / tasmāt *svareṇa sampādyodgāyed* (JB 1,112: 48,30) ity upagānena sampādyodgāyed ity uktam bhavati / vakṣyati ca paryadhyāye / *atha khalu prastutaṃ sāma na puropagebhya ādadīta / sahaivopagair ādadīta-* (JPA 7,20: 215,25-26) iti /

sāmamadhye ye prastāvās teṣu katham / teṣv avikr̥teṣv antararaṇyasyānapāyārthaṃ sahaivopagātr̥bhir ādadīta //

JŚS 11,10.
te sakr̥ddhiṃkr̥tena parācā bahiṣpavamānena stuvate

[Bh 41,28 - 42,7] tesa===vate // yo [']yaṃ sāmasu bahuśo dr̥śyate hūm iti śabdas sa hiṃkāraḥ / sakr̥t kr̥to hiṃkāro yasya tat sakr̥ddhiṃkr̥tam /

evañ cet *sakr̥tkr̥tahiṃkāram* iti prāpnoti / satyam etat / prāmāṇyād ācāryasyāhitāgnyādiṣu (cf. Pāṇini 2,2,37) paṭhitaṃ hiṃkr̥taśabdam manyāmahe / tasmād adoṣaḥ / ta udgātāras sakr̥ddhiṃkr̥tena parācānāvr̥ttastotriyeṇa bahiṣpavamānena bahiṣpavamānastotreṇa stuvate /

kim punar asya rūpam / atra brūmaḥ / r̥ksāmakl̥ptiḥ prākr̥tatantrato brāhmaṇataś cāvagantuṃ śakyā / tato [']yam ācāryo bahiṣpavamānādīni stotrāṇi nātra kalpayati siddhavan nāmnaiva nirdiśati / asmābhis tu prakr̥tibhedāḥ pañcaviṃśatiḥ pr̥thag eva saptamādhyāyaparisamāptau kalpayiṣyante (Bh 141-145) /

āvr̥ttyavacanād eva parāktvasiddheḥ *parācā-* ity anarthakam / nānarthakam parāktvaṃ sakr̥ddhiṃkaraṇe hetur iti jñāpanārthatvāt / tataś ca sandhiśiromānasīneṣu nisargaparākṣu pratitr̥cam pratyr̥caṃ hiṃkāraṃ vidhāya (JPA 86,21-23: 340,15-16) punar yaḥ pakṣo bhāllabiparigr̥hīto vakṣyata *apy u haibhis sakr̥ddhiṃkr̥tair eva bhāllabina stuvata* (JPA 86,24: 340,16) iti / tasyāsmābhir api vikalpena parigrahas sidhyati //

JŚS 11,11.
ahiṃkr̥tā retasyā

[Bh 42,7-8] ahiṃ===tasyā // bahiṣpavamānasya prathamā stotriyā retasyā / sāhiṃkr̥tā bhavati / yo gāyatre hiṃkāro *hūm bhā* ity evaṃrūpas tasyāyam pratiṣedhaḥ //

JŚS 11,12.
hiṃkr̥tānītarāṇi gāyatrāṇi

[Bh 42,8-12] hiṃkr̥===trāṇi // retasyāyā itarāṇi gāyatrāṇi hiṃkr̥tāni bhavanti /

kim ayan dvitīyo hiṃkāraś codyate / neti brūmaḥ / ya evāsti hiṃkāras tasyedaṃ vacanam /

tat kimartham / hiṃkr̥tatvam eva retasyayā atulyatvam itareṣāṃ gāyatrāṇām iti jñāpanārtham / tena dhurām agānam uktam bhavati /

prastūyamāne gāyatre manasā hiṃkr̥tyāpānya *vāg* iti brūyāt (cf. JB 1,115: 49,28-29) / eṣa gāyatrasya pratihāra[ś] śrutivihita ācāryeṇāpi *stuvata* (JŚS 11,10) iti bahuvacanacodanayā jñāpita eva //

JŚS 11,13.

stute yajamānaṃ vācayati
śyeno 'si gāyatracchandā anu tvārabhe
svasti mā sampārayā mā stutasya stutaṃ gamyād
indravanto vanāmahe dhukṣīmahi prajām
iṣam āpaṃ samāpaṃ sāmnā samāpam iti

[Bh 42,12-13] stute===iti // stute bahiṣpavamāna idaṃ yajur udgātā yajamānaṃ vācayati //

JŚS 11,14.

vr̥ṣako [']si triṣṭupchandā iti
mādhyandine pavamāne

[Bh 42,13] vr̥ṣa===māne // mādhyandine pavamāne stuta idaṃ yajur vācayati //

JŚS 11,15.

svaro [']si gayo [']si jagatīcchandā ity
ārbhave

[Bh 42,13-14] svaro===bhave //

JŚS 11,16.

stutasya stutam asy ūrjasvat payasvad ity
āvartiṣu

[Bh 42,14-19] stuta===rtiṣu // āvartiṣu stuteṣv idaṃ yajur vācayati /

eteṣu triṣu vidhāneṣv *anu tvārabha* (JŚS 11,13) ityādir mantrāvayavo [']rthasampattyartham anuṣajyeta /

ke cid uttame vidhāna *ā mā stutasya-* (JŚS 11,13) ityādim evānuṣaṅgaṃ tāṇḍibhis tathā pratipannatvād (cf. PB 1,6,3; LŚS 2,6,12; DŚS 5,2,19) icchanti / vayan tu niścinumahe / *anu tvārabha* ityādir evāvartiyajuṣo [']py anuṣaṅgo bhavitum utsahate saṅgatārthatvāt / tasmāt sarvatrāpi sa evānuṣaṅga iti / mantraikadeśaparityāge hi nātra pramāṇam upalabhāmahe / yas tu tāṇḍinām pāṭhas sa tair evāśrayitavyaḥ / na hi sarūpā eva mantrās sarveṣām bhavanti /

yajamānavācanānantaraṃ stotrabhūtayor barhiṣor ekam antarvedy upāsyet / atyasyed aparam bahirvedi //

JŚS 11,17.
adha[s]stuvānaḥ pavamāneṣu madhyamām adhvaryave prāha

[Bh 42,19 - 43,7] adha===prāha // adha[s] stuta ity adha[s]stuvānaḥ prastotā bhavati / sa pavamāneṣu madhyamāṃ stotriyām *eṣā madhyamā-* ity adhvaryave prāha /

nanu prastotr̥grahaṇam eva kartavyam / kim aprasiddhenādha[s]stuvānaśabdena / atra brūmaḥ / nāyam adha[s]stuvānaśabdo nirdeśārtha eva kevalam prastotuḥ / prastāvānantaraṃ *prāha-* ity etadartho [']pi / ko [']bhiprāyaḥ / vartamānasāmīpye (cf. Pāṇini 3,3,131) stuvānaśabdo grāhyaḥ / adhaśśabdena ca prastāvo lakṣyate / tatrāyam artho labhyate / prastutya kiñ cid apy avilambya prāheti / yady ayaṃ stuvānaśabdo [']sya vidheḥ prastāvānantaryāvagamārtho nedānīm prastotā nirdiśyate / arthata eva prastotety avagamyate / uktaṃ hy adhaśśabdena prastāvo lakṣyata iti / tatra prastāvaṃ kurvan *prāha-* ity asminn arthe labdhe prastotā prāheti na durlabham / prastotraiva hi prastāvaḥ kriyate /

nanu prastāvāt pūrvam apy asyām procyamānāyāṃ vartamānasāmīpyan na vihanyate / tasmāt prastāvaṃ kr̥tvā kariṣyatā vaiṣā procyā / satyam etat / ubhayathāpi vartamānasāmīpyam anuruddham bhavati / yadi tu pūrvam prastāvād eṣā procyetottarayos savanayor nidhanaprastāvasandhānāsambhavāt stotravicchedaḥ prasajyeta / tasmāt samyag evāvādiṣma prastutya brūyād iti /

yugmastomeṣu pavamāneṣu dve stotriye madhyame / kā tatra procyā / uttareti brūmaḥ /

nanu pūrvāpi madhyamaiva / tasyā asati kāraṇe [']tikramaṇam anyāyyam / atra brūmaḥ / madhye bhavā madhyamā / iha caitayo[s] stotriyayor antarālam madhyam / tatra pūrvasyā aparārdho madhyasannikr̥ṣṭaḥ / uttarasyāḥ pūrvārdhaḥ / pūrvārdhaś cāparārdhāt pradhānam / udgīthaś ca sāmni pradhānaṃ sa ca pūrvasyāḥ pratihāropadravanidhanavyavetatvād viprakr̥ṣṭo madhyamasya prastāvenaiva tu vyavāyād uttarasyās sannikr̥ṣṭaḥ / sarvasannikarṣāsambhave ca pradhānasannikarṣo grāhyaḥ / tasmāt pavamānottarabhāgasya yā prathamā saiva yugmastomeṣu procyā //

JŚS 11,18.
uttamām āvartiṣu hotre

[Bh 43,7-13] utta===hotre // āvartiṣu yottamā stotriyā tām *eṣottamā-* iti hotre prāha /

atra hotr̥śabdo hotr̥maitrāvaruṇabrāhmaṇācchaṃsyacchāvākopalakṣaṇārtho grāhyaḥ /

tat kimartham / asya vidhes sārthakatvārtham / maitrāvaruṇādīnāṃ hi stotreṣu kim uttamā jānatā hotrā kriyate / āvartiṣu hi stotraśastrayor upasantānam bāhvr̥cye vihitam (cf. KB 17,5,8; 17,6,10) / tat tu śastrī stotrāntam ajānan na śaknuyāt kartum / tatra yaś śastrī hotrādiṣu tasminn *eṣottamā-* iti jñāpyamāne [']rthavad idaṃ vidhānam bhavati / tasmāt sādhv evoktaṃ hotr̥śabdo [']tra hotrādyupalakṣaṇārtha iti / dr̥śyate ca maitrāvaruṇādiṣv api hotr̥śabdaḥ / yathā *sapta hotāra r̥tuśo yajanti-* (VS 23,58d) iti / evañ ca *maitrāvaruṇāyaiṣottameti prāhur* (BaudhŚS 7,18: 230,19-20) ity evamādi baudhāyanavacanam upapadyate //

JŚS 11,19.

athaitad udapātrañ cātvāle [']vanayati
samudraṃ vaf prahiṇomy
akṣitā[s] svāṃ yonim apigacchata /
ariṣṭā asmākaṃ vīrās santu
mā parāseci na[s] svam iti

[Bh 43,14-16] athai===iti // athaitat sannihitam udapātram anena yajuṣodgātā cātvāle [']vanayati /

nanu prastotā prakṛtaḥ / satyam etat / athaśabdas tv ayam prakṛtād anyam udgātāram adhikaroti /

etad ity anarthakam / nānarthakam uttarapavamānāṅgabhūtasyodapātrasyāvanayana-nivṛttyarthatvāt //

JŚS 11,20.

sa yad evānya uttiṣṭhet
tam uttiṣṭhantam ārabhyānūttiṣṭhet

[Bh 43,16-29] saya===ttiṣṭhet // yad uttiṣṭhed anyaḥ puruṣa ṛtvig anyo vā tam uttiṣṭhan-tam ārabhyāvalambya pāṇinā so [']nūttiṣṭhet /

sa iti ko [']tra nirdiśyate / anādeśād udgāteti prāptam / sarve tu puruṣasaṃskārarūpatvāt (cf. Bh on JŚS 10,10; 1,20,10) / śrutau *te vai tad anṛtaṃ kurvanti ye martyaṃ santam amṛtatvaṃ gamayanti te rūpeṇa varcasā vyṛdhyanta* (JB 1,89: 39,28-29) iti bahuvacanopakramāntatvāt sarvair udgātṛbhiḥ kartavyam imaṃ vidhin niścinumaḥ (cf. Bh on JŚS 10,10) / tasmāt *sa* iti śabdaḥ prastotrādibhiḥ pratyekaṃ sambadhyate /

śrutivākyasyaivāsya prakṣepād akṣaragauravam aparihāryam / *stutvoddravanti* (JB 1,89: 39,27) ... *bāhūn udgṛhṇanti-* (JB 1,89: 39,27) iti / anayor vidhyor ayam avasaraḥ / tasmād utthāyodaṅmukhāḥ kiñ cid uddrutya bāhūn udgṛhṇīyuḥ / *bāhūn* ity aviśeṣavihitatvād *yajamānam eva tat svarge loke samādadhati-* (JB 1,89: 39,28) ity asyāś ca stuter evam evopapannataratvāt sarvān bāhūn udgṛhṇīyuḥ /

nanv imau vidhī utthānāt pūrvam eva śrutau vihitau / tasmāt pūrvam eva kartavyau / atra brūmaḥ / nānutthitair uddravaṇaṃ śakyaṃ kartum / taduttarakālañ ca bāhūdgrahaṇam / ato [']rthakrameṇa balavatā pāṭhakramam ullaṅghya parastād evotthānād imau vidhī kartavyau /

evam apy utthānānantaryam anayor vidhyor na sambhavati yato yajamānavikramaṇam utthānānuvādena vidhāsyate / *utthāyottaravedyante yajamānaṃ vikramayati-* (JŚS 11,21) iti / naiṣa doṣaḥ / imau vidhī kṛtvāpi vikramaṇe kriyamāṇe notthānānuvādo na ghaṭate / na hi tasyānantaryāt prayojanam / kin tarhi / tatraiva vakṣyāmaḥ (Bh on JŚS 11,21) / tasmād utthānoddravaṇabāhūdgrahaṇayajamānavikramaṇāni krameṇa kartavyāni //

JŚS 11,21.

utthāyottaravedyante yajamānaṃ vikramayati

[Bh 44,1-4] utthā===yati // utthāyottarasmin vedyante yajamānaṃ vikramayati /

utthāya- ity anarthakam / nānarthakaṃ yatrotthānan tatraiva vikramaṇam ity etadarthatvāt / tasmād uttarasmin savane na vikramaṇam pravarteta / tatra hy uparitanasyāpi karmaṇas sadasy evāsīnaiḥ kartavyatvād utthānasyābhāvaḥ /

katham punar vikramayati / vakṣyate //

JŚS 11,22.

mā svargāl lokād avācchaitsīr iti
dakṣiṇam pādam antarvedi

[Bh 44,4] māsva===vedi // yajamānasya dakṣiṇam pādam anena mantreṇāntarvedi vikramayati //

JŚS 11,23.

māsmād iti
savyam bahirvedi

[Bh 44,5-6] māsmā===vedi // *māsmāl lokād avācchaitsīr* iti savyam pādam bahirvedi vikramayati / liṅgād yajamānena vikramaṇayajuṣī vaktavye / asmin kāle kartavyasyābhāvād yathāprapannan niṣkramyāsīran //

[Bh 44,7-8]
catuś ceṣṭaikaceṣṭā vā yoktā yuktir iti śrutau /
pavamāne [']tra tāṃ kuryād udgātā prasavopari //

[Bh 44,9-10] iti jaiminīyasūtravr̥ttau bahiṣpavamānavidhir ekādaśaḥ khaṇḍaḥ //

JŚS 12. (udgātr̥mārjanaṃ sattreṣu)

JŚS 12,1.

yadā savanīyasya vapayā caritam bhavaty
athodgātāraś cātvāle mārjayanta
āpo hi ṣṭhā mayobhuvas tā na ūrje dadhātana /
mahe raṇāya cakṣase //
yo vaś śivatamo rasas tasya bhājayateha naḥ /
uśatīr iva mātaraḥ //
tasmā araṃ gamāma vo yasya kṣayāya jinvatha /

āpo janayathā ca naḥ //
(R̥V 10,9,1-3; TS 4,1,5,1b-d)
idam āpaf pravahatāvadyañ ca malañ ca yat /
yad vābhi dudrohānr̥taṃ yad vā śepe abhīruṇam /
āpo mā tasmād enaso viśvān muñcantv aṃhasa
(= ĀpŚS 7,21,6; ab = AV 7,89,3ab; VS 6,17ab) iti

[Bh 45,6-18] yadā===iti // savanīyasya paśor vapayā yadā caritaṃ vyāpr̥taṃ hutam bhavati tadanantaram udgātāra ābhiḥ pañcabhir r̥gbhiś cātvāle mārjayante / ādyās tisro gāyatryaś caturthy anuṣṭup pañcamī pratiṣṭhā dvipadā / ittham etāḥ pañca bhavanti /

kim punar iha granthagauravaṃ kriyate *caritam bhavati-* iti / *caranti-* ity eva vaktavyam / tāvatāpy ayam arthas sidhyati / tathā cānyatra vadati / *yadā dvitīyam āpaḥ pariṣiñcati* (JŚS 5,11) *yadā dhiṣṇyān nivapanti-* (JŚS 6,1) iti / satyam etat / vacanavairūpyeṇa tv anenāsya vidher viśiṣṭaviṣayatā jñāpyate / tasmāt sattreṣv evaitan mārjanam / uktaṃ hi tāṇḍisūtre *cātvāle tu mārjanam pūrvaṃ sattreṣv* (LŚS 2,2,11; DŚS 4,2,2) iti / upapattiñ cātra brūmaḥ /

paśvaṅgam etan mārjanam / paratantre hi paśusambandhānām eva r̥tvijāṃ brahmāgnīd-adhvaryupratiprasthātr̥hotr̥praśāstr̥̄ṇām patnīyajamānayoś ca vihitam (cf. BaudhŚS 7,9: 215,5; 4,7: 120,13ff.) / tasmād udgātr̥̄ṇāṃ yatra paśusambandhas tatraiva kartavyam manyāmahe / sattre ca teṣāṃ yajamānatvād asti paśusambandho nānyatra / tasmāt sādhūktaṃ sattra evedam mārjanam iti /

evañ ced yajamānasyaiva mārjanam vidhātavyam / yajamānatvād evodgātr̥̄ṇāṃ sattre sidhyati / yady evaṃ vidhīyeta kiyad yajamānakarmodgātr̥bhis sattre kāryaṃ kiyan neti na jñāyeta / iha punaḥ puruṣārthasyāsya yājamānasyodgātr̥̄n prati sattre vidhīyamānatvāt puruṣārthāny udgātāro [']pi kuryuḥ kratvarthāni gr̥hapatir evety ayam artho labhyate / tasmād acodyam etat /

prakr̥tatvād udgātr̥̄ṇām udgātr̥grahaṇam anarthakam / nānarthakaṃ sarvodgātr̥parigra-hārthatvāt / tataś ca subrahmaṇyasyāpi sidhyati //

[Bh 45,19-20]
sattre karma r̥tvijāṃ kāryaṃ yajamānair iti śrutiḥ /
ata[ś] śrutyavirodhena yājamānaṃ yad iṣyate //

[Bh 45,21-22] iti jaiminīyasūtravr̥ttau sattrodgātr̥mārjanavidhir dvādaśaḥ khandaḥ //

JŚS 13. (dhiṣṇyopasthānam)

JŚS 13,1.

prapadanasyāvr̥tā prapadya
vedyākramaṇena vedim ākrāmati
mr̥dā śithirā devānāṃ vedir asi

namas te astu mā mā hiṃsīr iti

[Bh 46,21-25] prapa===iti // prapadanasya prapatter āvr̥tā krameṇa yajñopavītācamana-prapadanamantrātmakena cātvālotkarāv antareṇa prapadya vedyākramaṇenānena mantreṇa vedim ākrāmaty adhitiṣṭhati / ekavacanaprayuktam apy etad vedyākramaṇādy ā samīkṣaṇād dvāror yad asti vidhijātaṃ (JŚS 13,1-26) tat puruṣasaṃskārarūpatvāt sarvaiḥ kartavyaṃ yeṣām antarvedi karmāsti / vedyākramaṇasaṃjñayā tr̥tīyasavane saṃvyavahāraḥ kariṣyate (cf. JŚS 19,2) / atra pūrvam prastotā gacchati tata udgātā tataḥ pratihartā / eṣa hi sāmagāne kramaḥ //

JŚS 13,2.

ādityam upatiṣṭhate-
adhvanām adhvapate
svasti me [']smin devayāne pathi kr̥ṇu
raudreṇānīkena svasty agne paridehi- iti

[Bh 47,1] ādi===hīti // antarvedi tiṣṭhann anena yajuṣādityam upatiṣṭhate //

JŚS 13,3.
dhiṣṇyān upatiṣṭhate

[Bh 47,1-3] dhiṣṇyā===ṣṭhate // vakṣyamāṇān dhiṣṇyān upatiṣṭhate /

idaṃ vākyam anarthakam / nānarthakaṃ vakṣyamāṇānām āhavanīyādīnān dakṣiṇavedy-antaparyantānān dhiṣṇyatvajñāpanārthatvāt / prayojanaṃ samastadhiṣṇyopasthāna (JŚS 13,25; 19,3) eṣām abhisandhānam //

JŚS 13,4.

samrāḍ asi kr̥śānū
raudreṇānīkena pāhi māgne pipr̥hi mā
namas te astu mā mā hiṃsīr ity
āhavanīyam

[Bh 47,4] samrā===nīyam // anena yajuṣāhavanīyan tatsamīpe prāṅmukhas tiṣṭhann upatiṣṭhate //

JŚS 13,5.

stuto [']si janadhā iti
bāhiṣpavamānīkam āstāvam

[Bh 47,4-9] stuto===stāvam // bahiṣpavamānasyāstāvaṃ stavanadeśam anena yajuṣopa-tiṣṭhate / idamādiṣu *kavyo [']si-* ityanteṣu mantreṣu (JŚS 13,5-24) *raudreṇa-* ityādiḥ pūrva-mantrāvayavo (JŚS 13,4) [']nuṣajyeta (cf. Bh on JGS 23,4) /

nanv *agna* iti (JŚS 13,4) padam anagniṣv āstāvādiṣu virudhyeta / atra brūmaḥ / uktam asmābhis sarveṣām eṣān dhiṣṇyatvam (Bh on JŚS 13,3) / yasmāc ca samastadhiṣṇyopasthānamantra āgneya eva vidhāsyata *agnayas sagarā* (JŚS 13,25; 19,3) iti tasmād evaṃ grāhyam / upapanna evānagniṣv apy agniśabdo dhiṣṇyeṣv iti / tasmād ayam anuṣaṅgas sarvān api dhiṣṇyān anūpasarpati //

JŚS 13,6.

nabho [']si pratakvā iti
cātvālam

[Bh 47,9-10] nabho===tvālam //

JŚS 13,7.

asammṛṣṭo [']si havyasūdana iti
śāmitram

[Bh 47,10-11] asaṃ===mitram // yasminn agnau paśu[ś] śrapyate sa śāmitraḥ / sa bahirvedi tiṣṭhati / tam antarvedy eva tiṣṭhanta upatiṣṭheran //

JŚS 13,8.

kṛṣṇo [']sy ākhareṣṭha ity
utkaram

[Bh 47,10] kṛṣṇo===tkaram //

JŚS 13,9.

aindrīm āvṛtam anvāvarta iti
dakṣiṇam bāhum anu paryāvṛtya-
uttareṇāgnīdhram parītya
paścāt prāgāvṛttas tiṣṭhan
vibhūr asi pravāhaṇa ity
āgnīdhram upatiṣṭhate

[Bh 47,10-17] aindrī===ṣṭhate // aindrīm ity anena yajuṣā dakṣiṇam bāhum anu pradakṣiṇam paryāvṛtyāgnīdhram uttareṇa parītya tasya paścāt prāṅmukhas tiṣṭhann anena yajuṣāgnīdhram upatiṣṭhate /

prāṅmukhatvasya smṛtisadācārasiddhes subrahmaṇyādiṣu ca tadavidhānasyaivam evopapadyamānatvāt *prāgāvṛtta* ity anarthakam / nānarthakam udaṅmukhatvasyāpi smṛtisadācāraprāpitasyaiva nivṛttyarthatvāt /

evañ ced udaṅmukhatvaṃ subrahmaṇyādiṣv api vikalpena prāpnoti / satyam etat / vitānaparāṅmukhatvādinā tu doṣeṇa tatra nivāryate / yatra tu doṣo nāsti tatra vikalpena bhavaty eva / parair apy uktan devakarmāṇy adhikṛtya *prāṅyāyāny udaṅyāyāni vā-* (BhārŚS 1,1,12; HirŚS 1,1: 49,19) iti / tasmāt sarvatrāpi prāṅmukhagrahaṇan niyamārtham eva //

JŚS 13,10.

purastāt sadasaḥ pratyagāvṛttas tiṣṭhan
vahnir asi havyavāhana iti hotur dhiṣṇyam

[Bh 47,17-18] pura===dhiṣṇyam // sadasaḥ purastāt pratyaṅmukhas tiṣṭhann anena yajuṣā hotur dhiṣṇyam upatiṣṭhate //

JŚS 13,11.

śvātro [']si pracetā iti maitrāvaruṇasya

[Bh 47,18-19] śvātro===ṇasya // maitrāvaruṇasya dhiṣṇyo hotur dhiṣṇyād dakṣiṇataḥ / vakṣyamāṇāś catvāra uttare //

JŚS 13,12.

tutho [']si viśvavedā iti brāhmaṇācchaṃsinaḥ

[Bh 47,19] tutho===sinaḥ //

JŚS 13,13.

uśig asi kavir iti potuḥ

[Bh 47,19] uśi===potuḥ //

JŚS 13,14.

aṃhārir asi bambhārir iṭi neṣṭuḥ

[Bh 47,19] aṃhā===neṣṭuḥ //

JŚS 13,15.

avasyur asi duvasvān ity acchāvākasya

[Bh 47,20] ava===kasya //

JŚS 13,16.

śundhyūr asi mārjālīya iti mārjālīyam

[Bh 47,20] śundhyū===līyam // mārjālīyo dakṣiṇasmin vedyante tiṣṭhati //

JŚS 13,17.
ṛtadhāmāsi svarjyotir ity audumbarīm

[Bh 47,20-21] ṛta===barīm //

JŚS 13,18.
pariṣadyo [']sy āstāva ity āstāvam

[Bh 47,21] pari===stāvam //

JŚS 13,19.
samudro [']sy uruvyacā iti brahmasadanam

[Bh 47,21] samu===danam // sadasi yatra brahmāste tad brahmasadanam //

JŚS 13,20.
samudro [']si viśvavyacā iti hotṛṣadanam

[Bh 47,21-23] samu===danam // yatra hotāste tad dhotṛṣadanam /

yatra sthitair upasthito hotṛdhiṣṇyas tatraiva sthitās sarvān etān maitrāvaruṇadhiṣṇyādīn hotṛṣadanāntān avalokayanta upatiṣṭheran //

JŚS 13,21.

uttareṇa sadaḥ parītya
paścāt pratyagāvṛttas tiṣṭhann
ajo [']sy ekapād iti gārhapatyam upatiṣṭhate

[Bh 47,23-24] utta===ṣṭhate // sadasa uttareṇa parītya sadasaḥ paścāt pratyaṅmukhas tiṣṭhann anena yajuṣā gārhapatyam upatiṣṭhate / yaḥ pūrvam āhavanīyas so [']gnipraṇayanād ūrdhvaṃ gārhapatyo bhavati //

JŚS 13,22.
ahir asi budhnya iti prājahitam

[Bh 47,24-25] ahi===hitam // purāṇagārhapatyānvāhāryapacanayoḥ prājahitasaṃjñā yājñikeṣu prasiddhā //

JŚS 13,23.
sagaro [']si budhnya itītaram prājahitam

[Bh 47,25 - 48,1] saga===hitam // itaraḥ prājahito [']nvāhāryapacanaḥ //

JŚS 13,24.

kavyo [']si kavyavāhana iti dakṣiṇaṃ vedyantam

[Bh 48,1-3] kavyo===dyantam // anena yajuṣā dakṣiṇam mahāvedyantam upatiṣṭhante / śālāyāṃ hi yā vedis sedānīm apavr̥ttaprayojanatvād avediḥ / yatra sthitair upasthito gārhapatyas tatraiva sthitāḥ prājahitavedyantān avalokayanta upatiṣṭheran //

JŚS 13,25.

savyam aṃsam anu paryāvr̥tya
samastān dhiṣṇyān upatiṣṭhate
agnayas sagarās
sagarair nāmabhī raudrair anīkaif
pāta māgnayaf pipr̥ta mā
namo vo astu mā mā hiṃsiṣṭa- iti

[Bh 48,3-4] savya===ṣṭeti // savyam aṃsam anv apasavyam paryāvr̥tya tatraiva tiṣṭhan sarvān dhiṣṇyān abhisandhāya ye draṣṭuṃ śakyās tān avekṣyānena yajuṣopatiṣṭhate //

JŚS 13,26.

sadaso dvārau samīkṣata
r̥tasya dvārau vijihāthām
mā mā santāptaṃ
lokam me lokakr̥tau kr̥ṇutam iti

[Bh 48,5-11] sada===miti // sadaso dvārau dvāram abhita[s] sthūṇe anena yajuṣā samīkṣate /

kim idam ucyate *sthūṇe* iti / dvārāv eva sadasaḥ pūrvāpare samīkṣitavye / satyam / evam eva prāptam / mantras tv ayam pūrvān dvāram anaṅgabhūtāṃ sadasaḥ prapadanasyāṅgabhūtāñ cāparāṃ sahābhidadhad arthasampadan na labheta / asmin pakṣe tu yayā dvārā sadaḥprapadanan tām abhito ye sthūṇe tayor mantreṇābhidhānam / tatrārthasampad ucyate / dvāśśabda evātra kevalaṃ lakṣaṇayā sthūṇayor gr̥hyeta / dr̥śyate ca lokavedayor arthavirodhe lakṣaṇā / yathā- *agnau tiṣṭhati-* (cf. JB 2,274: 278,2 *agniṣṭhaḥ*) iti śrutvāgnisamīpa iti gr̥hṇanti / *mārjālīye stuvīrann* (JB 1,345: 143,13) iti ca mārjālīyasamīpa iti / tasmād atra sthūṇayor eva samīkṣaṇam / asminn eva ca viṣaye baudhāyanasya vacanam evam evopapadyate *apare dvārau sadasaḥ* (BaudhŚS 7,11: 217,2) *pūrve dvārau sadasa* (BaudhŚS 7,11: 216,7.13) iti //

JŚS 13,27.

sadasas patim adbhutam
priyam indrasya kāmyam /

sanim medhām ayāsiṣam ity (JS 1,18,7)
etaya rcā sadaḥ prapadya
dakṣiṇenaudumbarīm parītya-
uttarata upaveśanasyāvr̥topaviśanti

[Bh 48,11-18] sada===śanti // *sadasas patim* ity etaya rcā sadaḥ prapadyaudumbarīn dakṣiṇena parītya tasyā uttarata upaveśanasya krameṇa nirasanādinopaviśanti /

dvividham r̥kpāṭhasya prayojanam /*mayi varca* (JS 2,1,4; JŚS 2,6; JGS 1,18,69) ity atraiva pratyapādi (cf. Bh on JŚS 2,6) /

paribhāṣayaiva (JŚS 8,14) siddhatvād *upaveśanasyāvr̥tā-* ity anarthakam / nānarthakaṃ mādhyandine [']pi savane sadaḥprapadanānantaram upaveśanāvr̥taivopaviśeyur ity etad-arthatvāt / vakṣyate hi tatra vedyākramaṇādi sadaḥprapadanāntaṃ savanādāv eva kar-tavyam iti (Bh on JŚS 17,1: 62,24) / upaveśanatadāvr̥tau tu tasmin kāla upaviṣṭaiḥ kartavyasyābhāvān na prāpnutaḥ / atas tu vacanād upaveśanāvr̥t prāpnoti / tatprāptāv upaveśanam apy arthasiddham /

atha vā yad bahiṣpavamāna atra ca- *upaveśanasyāvr̥tā-* (JŚS 10,14; 13,27) iti vacanam tad evaṃ vyākhyeyam / upaveśanasyāvr̥tā *udagāvr̥tta udgātā-* ty (JŚS 11,1; 14,1) ity anantaraṃ vakṣyamāṇayeti / tatra pūrvaṃ vacanaṃ sarvastotreṣūdagāvr̥ttatvādim prāpa-yati idañ ca sarvasomabhakṣeṣu //

[Bh 48,19-20]

madhyesavanam iccheyur nirgamaṃ sadaso yadi /
sa dvārā pūrvayaiva syāt parokter darśanāc ca naḥ //

[Bh 48,21-22] iti jaiminīyasūtravr̥ttau dhiṣṇyopasthānavidhis trayodaśaḥ khaṇḍaḥ //

JŚS 14. (somabhakṣaṇam)

JŚS 14,1.
udagāvr̥tta udgātā

[Bh 49,8]

JŚS 14,2.
purastāt prastotā pratyaṅmukhaḥ

[Bh 49,8]

JŚS 14,3.
paścāt pratihartā dakṣiṇāmukhaḥ

[Bh 49,8]

JŚS 14,4.
camasān āharanti

[Bh 49,8] cama===ranti // somacamasāṃś camasādhvaryavas sadasy āharanti //

JŚS 14,5.
iḻāyām upahūyamānāyāñ camasān udgr̥hṇanti

[Bh 49,8-11] iḻā===hṇanti // abhakṣayitvaiva camasān iḻām upahvayate / tasyām upahūyamānāyāñ camasān udgr̥hṇanty uccair dhārayanti / iḻāpātrasamīpa eva camasodgrahaṇaṃ kartavyam / iḻopahvāne hi camasānāṃ kañ cit saṃskārañ janayitum udyamanaṃ kriyata iti mantavyam / sati ca sāmīpye saṃskāro yujyate nāsati / tathā ca paratantre vacanam *upodyacchanti camasān* (ŚŚS 7,5,8) iti //

JŚS 14,6 (1).
hutasya bhakṣayanti

[Bh 49,11-18] huta===yanti // hutasya somasyāvayavam bhakṣayanti /

na vā *somasya-* ity adhyāhāryam / camasagrahaṇam evānuvartayitavyam / tad arthataṣ ṣaṣṭhyantam bhavati / śakyate ca lakṣaṇayā camasaśabdena camasagatas somo nirdeṣṭum /

hutānām eva camasānām atrāhriyamāṇatvād uttaratra ca tadbhakṣaṇasya vidhāsyamānatvād (JŚS 14,8) idaṃ vākyam anarthakam / nānarthakaṃ bhakṣaṇasya pratipattikarmatvāvagamanārthatvāt / dravyasya hi kva cid upayogāt kr̥tārthasya sato yad anyad ucyate karma tasya pratipattitvan nyāyyam / tad ācāryeṇa vivriyate / hutasya homenaiva kr̥taprayojanasya somasya śeṣaṃ bhakṣayantīti / tatrāyam artho labhyate / hutaśeṣasya bhakṣyamāṇatvāt pratipattir bhakṣaṇam iti /

kim punar asya pratipattitvajñāpane prayojanam / idam ācāryeṇaivocyate //

JŚS 14,7 (1).
nāhutasya

[Bh 49,18-25] nāhutasya // ahutasya somasyāvayavan na bhakṣayanti / yasmāt pratipattikarma bhakṣaṇan tasmād idam uktam / yadi hi bhakṣaṇam arthakarma syāc camasagate some pramādāt sarvasmin huta ekenaiva vā bhakṣite sati śeṣasyābhāve *śrutasyābhāve pratinidhir* (cf. PMS 6,3,31) iti nyāyena vrīhyabhāve nīvārair iva yāgasya (cf. PMS 6,3,11-12 and Śabara) bhakṣaṇasyāpy anyena somena nivr̥ttiḥ prāpnoti / tad anena vākyena nivāryate /

kim atra bhakṣaṇaṃ lupyate / kas sandehaḥ / asaty etasmin ye dravyārthās saṃskārās te dravyābhāve lupyanta iti / asti [ca] pareṣāṃ vacanaṃ hutaśeṣābhāvam adhikr̥tya *lupyate sviṣṭakr̥d iḻābhakṣaś ca-* [*sic* for *ilam bhakṣāś ca* in ŚŚS ed.] (ŚŚS 3,20,13) iti /

pūrveṇa tāvad vākyena pratipattikarmatvam bhakṣaṇasya jñāpitam / anena tatphalam abhihitam / tayor ayam arthas samāsena / yasmād dhutaśeṣasya bhakṣaṇam pratipattis tasmād asati hutaśeṣe lupyata eva bhakṣaṇam / nānyas somo bhakṣayitavya iti /

anyathāpi vākyadvayaṃ vyākhyāyate //

JŚS 14,6 (2).
hutasya bhakṣayanti

[Bh 49,25 - 50,1] hutasyabhakṣayanti // yeṣāṃ vaṣaṭkāre somo hūyate tān hotrādīn praty ayam bhakṣaṇavidhiḥ / tatrāyam arthaḥ / svasmin vaṣaṭkāre hutasya camasasya hotrādayo bhakṣayantīti / tad uktam mīmāṃsāyām *vaṣaṭkārāc ca bhakṣayed* (PMS 3,5,31) iti / paṭhanti ca bahvr̥cāḥ *vaṣaṭkartā prathamo bhakṣayati-* (ŚŚS 7,4,14)iti /

bahvr̥capadārthasyātra vidhir anarthakaḥ / nānarthako vakṣyamāṇasya *hotur bhakṣam anu bhakṣayanti-* (JŚS 14,8) ity asya hetubhāvārthatvāt / tatraiva tad yojayiṣyāmaḥ //

JŚS 14,7 (2).
nāhutasya

[Bh 50,1-3] nāhutasya // idam udgātr̥̄n sarvān bhakṣayitr̥̄n praty ucyate / svasyāpi camasasyāhutasya na bhakṣayanti / hotrādīnāṃ vaṣaṭkāre hutasyaiva bhakṣayantīty arthaḥ /

atrāprasaṅgād ahutabhakṣaṇasya pratiṣedho [']narthakaḥ / nānarthaka uttarasyaiva vidher hetubhāvārthatvāt / tad api tatraiva yojayiṣyāmaḥ //

JŚS 14,8.
hotur bhakṣam anu bhakṣayanti

[Bh 50,3-11] hotu===yanti // hotur bhakṣam anu hotari bhakṣitavaty udgātāras sarve bhakṣayanti / svaṃ svañ camasaṃ hotrā bhakṣitam bhakṣayantīty arthaḥ / yad uktam adhastanavidhidvayasya vidhim etam prati hetutvan tad idaṃ vivriyate / yasmād dhutasya camasasya hotrādayo [']vaśyam bhakṣayanty ahutasya codgātrādayo na bhakṣayanti tasmād dhotur udgātrādīnāñ caikasmiṃś camase bhakṣaṇam prāpnoti / tatra kaḥ pūrvam bhakṣayatīti tatkramākāṅkṣāyām idam ucyate *hotur bhakṣam anu bhakṣayanti-* iti /

nanv anenaiva vidhināsyārthasya siddhatvād dhetudvayam anarthakam / nānarthakaṃ praśāstrādibhir vaṣaṭkr̥tāṃś camasāṃs teṣām eva bhakṣaṇam anu bhakṣayantīti nārāśaṃsāṃś cānākāṅkṣyaiva hotr̥bhakṣaṃ bhakṣayantīty etadarthatvāt / yasya vā vaṣaṭkāre hūyante camasās so [']tra hotr̥śabdebna nirdiśyate havanasya kartā hoteti / tasmād uttaram eva hetudvayasya prayojanam //

JŚS 14,9.
puroḍāśān bhakṣayanti

[Bh 50,12] puro===yanti //hutāvaśiṣṭān puroḍāśān iḻopahvānānantaram adhvaryvādayo bhakṣayanti //

JŚS 14,10.

purodāśān bhakṣayitvā rājānam bhakṣayanti

[Bh 50,12-14] puro===yanti // purodāśān bhakṣayitvā tadanantaraṃ somaṃ vakṣyamāṇena camasāvekṣaṇādinā prakrameṇa sarve bhakṣayanti //

JŚS 14,11.

rājānaṃ vā bhakṣayitvā purodāśān

[Bh 50,14-23] rājā===ḍāśān // rājānam bhakṣayitvā vā puroḍāśān bhakṣayanti / ayam apy ekaḥ pakṣaḥ /

nanu puroḍāśāḥ pūrvam eva somād ijyante tasmāt pūrvam eva somād bhakṣayitavyāḥ / ato [']yam pakṣo na yujyate / yujyata evāyam pakṣaḥ / na hy ayuktam ācāryo vadati / na caitad ekāntena dṛśyate yāgakrameṇaiva bhakṣaṇam iti / parastād dhi puroḍāśebhyas trayo grahā dvidevatyā ijyante pūrvan tu bhakṣyante / athaitan mataṃ *dvidevatyān bhakṣayitveḷām upahvayata* (AB 2,30) iti vacanadarśanād atikramya yāgakramam pūrvam eva puroḍāśebhyo dvidevatyā bhakṣyante / atra tu vacanan na dṛśyata iti / atrāpi śrutivacanam ācāryaprāmāṇyād anumātavyam /

atha vā sattraviṣayam evaitad vākyaṃ na bhakṣaṇakramasya vikalpakaṃ *rājānaṃ vā bhakṣayitvā puroḍāśān* iti / tatrāyaṃ vāśabdas samuccaye rājānam bhakṣayitvā ca sattre puroḍāśān bhakṣayantīti / prasthitabhakṣottarakālaṃ hi sarvayajamānānāṃ sattre puroḍāśabhakṣaḥ / paratantre hi codyate (cf. LŚS 2,2,8-9 = DŚS 4,1,21-23) / so [']yam asmākam apy ucyate / tasmād udgātāro [']pi sattre savanamukhīyān bhakṣayitvā puroḍāśān bhakṣayeyuḥ //

JŚS 14,12.

atrāsmai svaryam āharanti

[Bh 50,24-27] atrā===ranti // atrāsmin pradeśe somabhakṣād ūrdhvam asmā udgātre svaryaṃ svarāya hitaṃ yajamānapuruṣā āharanti /

vidhānakrameṇaiva somabhakṣoparitanatvam asya vidhes sidhyati / tasmāt sattraviṣayatānivṛttyartham asya vidher *atra-* iti prākṛta evaikāho nirdiśyate / pūrvasya hi vākyasya sattraviṣayatvam uktam / tad asyāpi sannidher āśaṅkya tan nivartyate /

atha vā pūrvo vidhis sattraviṣaya iti jñāpanārtham idam *atra-* iti vacanam //

JŚS 14,13.

yad u cānyad bhakṣayiṣyan bhavati

[Bh 50,27-29] yadu===vati // u iti nipāto vākyālaṃkārārthaḥ / yady anyad bhakṣayiṣyan bhavati kṣunnivṛttyartham odanādi tac cāsminn eva kāle [']smā āharanti /

vikalpe vāyam uśabdaḥ / tasmād ayaṃ vidhir anityaḥ //

JŚS 14,14.

atha camasam avekṣata udgātā
śyeno nṛcakṣā asy
agnes tvā cakṣuṣāvapaśyāmi- iti

[Bh 50,29 - 51,2] atha===mīti // yat pūrvaṃ vihitaṃ *rājānam bhakṣayanti-* (JŚS 14,10) iti tasyeyam itikartavyatā kathyate / athodgātā svañ camasaṃ hotrā bhakṣitam ādāyānena yajuṣāvekṣate /

udgātṛgrahaṇam anarthakam / nānarthakaṃ gānakramaprāpitasya prastotṛpūrvatvasya nivṛttyarthatvāt //

JŚS 14,15.

evam evetare yathāpūrvam

[Bh 51,2-9] eva===pūrvam // evam evetare prastotṛpratihartārau subrahmaṇyaś ca yathāpūrvañ camasam avekṣante / prastotā pūrvam avekṣate tataḥ pratihartā tatas subrahmaṇyaḥ / idam eṣām ānupūrvyaṃ varaṇatatpratimantraṇayor dṛṣṭam (cf. JŚS 2,13-14) / tad *yathāpūrvam* iti vacanād gṛhyate /

avekṣaṇopahvānayo *rājānam bhakṣayanti-* (JŚS 14,10) iti bhakṣaṇaṃ vidhāya vihitatvād bhakṣaṇāṅgatve ca parikalpya prayojanavatvād bhakṣaṇaṃ prati copakartuṃ samarthatvād bhakṣaṇāṅgatā niścīyate / aṅgapradhānayoś caikakālatā naiyāyikair iṣyate (cf. PMS 11,3,1) / tasmād atra vidhir avekṣaṇasya svarūpaparijñānārtha eva na kālārthaḥ prastotrādīnām / udgātāram prati vihitam avekṣaṇam prasaṅgena teṣām api vidhīyate / evam upahave [']pi draṣṭavyam / tasmāt prastotrādayo [']pi yadā camasaṃ bhakṣaṇārtham ādadīran tadaivāvekṣyopahavam iccheyuḥ //

JŚS 14,16.

athopahavam icchate
hotar upahvayasva
prastotar upahvayasva
pratihartar upahvayasva
subrahmaṇyopahvayasva- iti

[Bh 51,10-14] atho===sveti // athopahavam anujñānam bhakṣaṇam prati hotar upahvayasvetyādibhir vākyair udgātecchate hotuḥ prastotuḥ pratihartus subrahmaṇyāc ca / evaṃ hi *hotar* ityādi padacatuṣṭayam upapadyate nānyathā / na hi *hotar upahvayasva-* ity upahavākāṅkṣaṇam adhvaryutaś śakyaṃ kartum /

evam asmai bhakṣaṇam praty anujñām ākāṅkṣamāṇāyāvaśyam anujñā kartavyā / na cātroktam evam anujānīyād iti / tatra laghutvāt samarthatvāt parair api parigṛhītatvād (cf. LŚS 1,3,13 = DŚS 1,3,14) *upahūta* ity anujānīyuḥ //

JŚS 14,17.

udgātaiva hotary upahavam icchate

[Bh 51,14-23] udgā===cchate // udgātaiva hotary upahavam icchate na prastotr̥pratihartārau subrahmaṇyaś ca /

nanūdgātur hotur upahavākāṅkṣaṇasya pūrvavākyasiddhasyāvidheyatvāt prastotrādīnāñ cāvihitasyānivartyatvād idaṃ vākyam anarthakam / nānarthakam ekasmiṃś camase yāvatām bhakṣas samavaiti te sarve [']nyo[']nyasmād upahavam iccheyur iti jñāpanārthatvāt / idaṃ hi vākyaṃ prastotrādīnāṃ hotur upahavecchānivr̥ttyartham / nivr̥ttiś ca satyām eva prāptau yuktā / tasmād eṣāṃ hotāram praty upahavecchaikapātratvāt prāpnotīti mantavyam / uktañ ca mīmāṃsāyāṃ *vacanād anujñātabhakṣaṇam* (PMS 3,5,40) ity adhikr̥tya *tad ekapātrāṇāṃ samavāyād* (PMS 3,5,43) iti /

evañ ced anenaiva mārgeṇodgātur api hotrādibhyaḥ prāptatvād upahavecchāyāḥ pūrvaṃ vākyam anarthakam / nānarthakaṃ *hotar upahvayasva-* (JŚS 14,16) ityādīnām upahavākāṅkṣaṇanigadānāṃ vidhānārthatvāt / *upahavam icchata* iti prāptam evānūdyate tatra guṇavidhānārtham //

JŚS 14,18.

udgātari prastotr̥pratihartārau subrahmaṇyaś ca

[Bh 51,23 - 52,24] udgā===ṇyaś ca // prastotr̥pratihartārau subrahmaṇyaś codgātary upahavam iccheyur *udgātar upahvayasva-* iti /

nanu pūrvavākyoditenaiva mārgeṇāsyārthasya siddhatvād idaṃ vākyam anarthakam / nānarthakam *udgātar upahvayasva-* ity asya nigadasyotpādanārthatvāt / siddhasya hi punarvacanaṃ viśeṣavidhitsayā kriyate / sarvañ cedaṃ siddham eva- *udgātari prastotr̥pratihartārau subrahmaṇyaś ca-* iti / atas sarvo [']yam anuvāda eva / vidhyavayavas tv asya vākyasyārthād adhyāhriyata *udgātar upahavyasva-* iti / evaṃ hi śrutasadr̥śam (cf. ṢB 2,5,5) evādhyāhr̥tam bhavati /

subrahmaṇyagrahaṇaṃ sattrārtham / nātra bhakṣas subrahmaṇyasya / evaṃ hi baudhāyanenoktaṃ *ke nu* [*sic* for *ka u* in BaudhŚS ed.] *khalv r̥tvijām ekāhe soman na bhakṣayantīti / unnetā grāvastut subrahmaṇya ity eva brūyād* (BaudhŚS 25,19: 250,11-12) iti / punaś coktaṃ *katham* [*sic* for *kva* in BaudhŚS ed.] *u khalu sattre dīkṣitā bhakṣayeyur iti / neṣṭuś camasa unnetā bhakṣayed acchāvākacamase grāvastud udgātr̥camase subrahmaṇya* (BaudhŚS 25,19: 250,12-14) iti /

atha vā bhakṣayaty evātra subrahmaṇyaḥ / na hi dr̥śyate pramāṇaṃ sattrārthatve subrahmaṇyagra /

nanūktam baudhāyanavacanam / na baudhāyanavacanāśrayeṇaivāsya sattrārthatā niścetuṃ śakyā / asti hi matibhedo [']py ācāryāṇān naikamatyam eva sarvatra / tasmād evaṃ gr̥hyatām / bhakṣaṇam eva subrahmaṇyasyāsmadācāryeṇābhipreyate baudhāyanena tv abhakṣaṇam iti / yathānyatrāpy *athodgātā [vā] prastotā vā dakṣiṇasya havirdhānasya paścād akṣam upasr̥pya prāñcaṃ grāvasu droṇakalaśam adhyūhati-* (BaudhŚS 7,6: 208,13-15) iti baudhāyanenoktan na vayam anuvartāmahe / udgātraiva droṇakalaśakarma kartavyan niścinumahe (cf. JB 1,79: 35,8ff.; JŚS 9,6) / tadvad atrāpi draṣṭavyam /

kāmam baudhāyanavacanam abhakṣaṇakāraṇam mā bhūt / asmākam eva ca śrutau *subrahmaṇyo bahirvedi karoti-* (JB 2,78: 190,28-29) iti darśanam abhakṣaṇakāraṇam bhavati / idaṃ hi darśanam antarvedi subrahmaṇyasya na kiñ cit karmety avagamayati / bhakṣaṇañ ca *sadasi bhakṣayanti-* (TS 6,2,11,4) iti vacanam atikramya na bahirvedi kartuṃ yuktam / tasmād asyārthaluptam bhakṣaṇam / nedan darśanam asyābhakṣaṇe kāraṇam / idaṃ hi subrahmaṇyāprakaraṇe dṛśyate / ato bahirvedikāritvan tasyām evāvatiṣṭhate / nāsya sadasi bhakṣaṇan nivārayati / tasmāt sadasy evāsīnas subrahmaṇyo bhakṣayet /

atha vā sadasi subrahmaṇyadeśasyāvidhānāt *sadasi bhakṣayanti-* (TS 6,2,11,4) iti vacanasya prāyikatvād yathāgnīdhra[s] svaśālāyām evāsīno bhakṣayati tadvat subrahmaṇyo [']pi svasmin deśa utkara evāsīno bhakṣayet / evaṃ hi bahirvedikāritvasya sarvaviṣayatve [']pi na doṣaḥ /

mīmāṃsāyāñ ca subrahmaṇyasya bhakṣo [']sti vā na veti vicāro vidyate / tatra śabarasvāminā tāvad bhakṣaṇapakṣa eva siddhāntatvena niścitaḥ / bhavadāsenāpy evam eva niścitya punar vyākhyānāntareṇābhakṣaṇapakṣas sādhitaḥ / punar api saṃśayitam / etāni ca tatra sūtrāṇi / *udgātṛcamasam eka[ś] śrutisaṃyogāt / sarve vā sarvasaṃyogāt / stotrakāriṇo* [*sic* with the vḷ. in the B.I. ed. for *stotrakāriṇāṃ* in the PMS eds.] *vā tatsaṃyogād bahuśruteḥ / sarve tu vedasaṃyogāt kāraṇād ekadeśe syād* (PMS 3,5,23-26) iti / avaśyañ caivam avagantavyam / eka eva pakṣas siddhāntatayā sūtreṣu nyasta iti / tan tu pakṣam anavadhārayanto vṛttikārā vipratipadyante /

alam atiprasaṅgena / ko [']nayoḥ pakṣayor asmābhir āśrayaṇīyaḥ / na vayam anujānīmaḥ / saṃśaya evātra śreyān naikapakṣāśrayaṇam / *saṃśaye cālopo* [*sic* for *athāpi saṃśaye 'lopo* in NidS and Upagr.] *lopān nyāyya* [*sic* for *nyāyatara iti* NidS, *nyāyataro bhavatīti* Upagr.] (NidS 2,9: 35,8; Upagr. 3,5) iti kaiś cid uktatvād bhakṣaṇam eva kartuṃ yuktam / tāṇḍinas tv abhakṣaṇam āśrayante (cf. LŚS 2,5,7-8; DŚS 5,1,9; Dhanvin on DŚS 5,1,22) / asmābhir api bhagavato baudhāyanasya vacanakriyāyān nāśivam iti bhakṣaṇan nācaryate / na tu sandehas tyajyate / yadi tu bhakṣayed vedyākramaṇādi sarvaṃ kṛtvā sadasy eva yathāvakāśam upaviśya bhakṣayet //

subrahmaṇyasya cāsmābhis somabhakṣaṇam iṣyate /
laṅghituñ ca samarthā smo na baudhāyanaśāsanam //

[Bh 52,25-26] iti jaiminīyasūtravṛttau bhakṣaṇāṅgavidhiś caturdaśaḥ khaṇḍaḥ //

JŚS 15. (bhakṣaṇāpyāyanam)

JŚS 15,1.*
upahavam iṣṭvā bhakṣayanti

[Bh 53,12-14] upa===yanti // iyam paribhāṣā sarvasomabhakṣaviṣayā / *upahavam iṣṭvā bhakṣayanti-* iti nāniṣṭvā / camasagate sarvasminn *athopahavam icchata* (JŚS 14,16) ity anenaiva siddhatvāt ṣoḍaśigrahādāv asyopayogaḥ /

kasmāt punas tatropahavecchā / yeṣān tatra bhakṣas tebhyo [']dhvaryvādibhyaḥ //

JŚS 15,2.*

indav indrapītasya ta indrīyavato
gāyatracchandasaf prātassavanasya
madhumato vicakṣaṇasya
sarvagaṇasya sarvagaṇa
upahūtasyopahūto bhakṣayāmi
vāg juṣāṇā somasya tr̥pyatv iti

[Bh 53,14-16] inda===viti // atra *bhakṣayanti-* (JŚS 15,1) ity anuvartate / anena mantreṇa somam bhakṣayanti /

atha vā ṣoḍaśigrahādāv apy *udgātaiva hotari-* (JŚS 14,17) ity atroktenaiva mārgeṇaikapātre [']ny[o'ny]asmād upahavecchāyās siddhatvād ekam evedaṃ vākyam //

JŚS 15,1-2*.*

upahavam iṣṭvā bhakṣayanti
indav indrapītasya ta indriyāvato
gāyatracchandasaf prātassavanasya
madhumato vicakṣaṇasya
sarvagaṇasya sarvagaṇa
upahūtasyopahūto bhakṣayāmi
vāg juṣāṇā somasya tr̥pyatv iti

[Bh 53,16-18] upa===viti // upahavam iṣṭvā tasmād anantaram anena mantreṇa bhakṣayanti / svabhāva evāyam ācāryasya pāṭhakramasiddham eva kriyāṇām ānupūrvyam pūrvakriyāyāḥ punarvacanena kva cid dr̥ḍhīkaroti / prayojanam apy asya pūrvam evāvādiṣma (Bh on JŚS 3,14) //

JŚS 15,3-5*.*

evam evottarayos savanayoś
chandassavanopadeśaṃ gaṇavat savanamukhīyeṣu

[Bh 53,19 - 54,9] eva===yeṣu // evam evottarayor api savanayos savanamukhīyeṣu savanamukhavartiṣu camaseṣu chandassavane upadiśya gaṇavad bhakṣayanti /

gāyatracchandasaḥ prātassavanasya- (JŚS 15,2*) iti mantra eva chandassavanayor upadiṣṭatvāc *chandassavanopadeśam* ity anarthakam / nānarthakaṃ viśiṣṭayoś chandassavanayor grahaṇārthatvāt / tasmād uttarayos savanayor ye nāmanī ye ca cchandasī teṣām ayam upadeśaś codyate / tataś caitat siddham / *triṣṭupchandaso mādhyandinasya savanasya jagatīcchandasas tr̥tīyasavanasya-* iti /

kasmāt punar etayor ekasyāsamāsenaikasya samāsenābhidhānaṃ kriyate / ācāryeṇaivam eva mādhyandine savane *mādhyandinaṃ savanam* (JŚS 17,1; 18,28; cf. 15,12; 16,4) iti tr̥tīyasavane *tr̥tīyasavanam* (cf. JŚS 15, 13; 16,6; 16,16; 19,1) iti ca tatra tatraikasyāsamāsenaikasya samāsenābhidhīyamānatvāc chrutau ca sarvatraivam eva dr̥śyamānatvāt (cf. JB 1,66: 30,3-4, etc.) /

gaṇavad iti kim ucyate / idaṃ vadāmaḥ / yāv amū *sarvagaṇasya sarvagaṇa* (JŚS 15,2*) iti padaviśeṣau tau gaṇaśabdavatvāt gaṇaśabdenābhidhātuṃ śakyau / tatrāyam matuppratyayas tatpadadvayābhidhāyakād gaṇaśabdād utpannas tadvattām mantrasyābhidadhāti /

atha vā gaṇavad vasvādidevatāgaṇavad ity arthaḥ / ime hi pade *sarvagaṇasya sarvagaṇa* (JŚS 15,2*) iti vasvādidevatāgaṇaparigrāhiṇī / tato [']py atra labhyate *sarvagaṇasya sarvagaṇa* (JŚS 15,2*) ity etatpadadvayavatteti /

evañ ced gaṇavattāyāḥ pāṭhasiddhatvād gaṇavadgrahaṇam anarthakam / nānarthakaṃ gaṇavattvasya savanamukhīyebhyo [']nyatra nivāraṇārthatvāt / kva nivāryate / ṣoḍaśyādau / tatrāpi hy ayam eva mantraḥ- *anuṣṭupchandasa* ityādivikāram āpādya vidhāsyate (cf. JŚS 16,6) /

nanv *anārāśaṃseṣu ca gaṇān* (JŚS 15,7) iti kariṣyamāṇenaiva yatnena ṣoḍaśyāder gaṇavattā nivartiṣyate / atrānabhividhāya pr̥thag abhihitatvād *anuṣṭupchandasa* (JŚS 16,6) ity etāvān eva tatra mantravikāra syāt / atas tu yatnād gaṇavattvan nivartate /

atha vā vākyatrayam etat / tat katham bhavati / idam ucyate //

JŚS 15,3.*
evam evottarayos savanayoḥ

[Bh 54,9-10] eva===nayoḥ // evam evānenaiva mārgeṇa *camasān āharanti-* (JŚS 14,4) ity ārabhya vihitenottarayos savanayor bhakṣayanti / somabhakṣādhikārāt svaryabhojanayor (JŚS 14,12-13) anatideśaḥ //

JŚS 15,4.*
cchandassavanopadeśam

[Bh 54,10-13] cchanda===deśam // yathārtham bhakṣamantre cchandassavane upadiśyottarayos savanayor bhakṣayanti /

bhakṣamantre cchandassavanopadeśaṃ kurvantīti vā vyākhyeyam / evam idan triṣv api savaneṣu savanamukhīyānām eva sāṅgam bhakṣaṇaṃ vihitam anyeṣām api vidhāsyate //

JŚS 1,15,5.*
gaṇavat savanamukhīyeṣu

[Bh 54,13] gaṇa===yeṣu // asya prayojanam pūrvam evoktam (Bh on JŚS 15,3*-5*) //

JŚS 15,6.
gaṇān parihāpya vicakṣaṇañ ca nārāśaṃseṣu

[Bh 54,13-20] gaṇā===seṣu // vakṣyante nārāśaṃsās *sīdanti nārāśaṃsā* (JŚS 16,1*-2*) iti / teṣu nārāśaṃseṣu gaṇān vicakṣaṇañ ca parihāpya varjayitvā bhakṣayanti /

nanu trayāṇām api savanānān nārāśaṃsamantrā āmnāsyante (JŚS 16,3-5) / satyam etat / na tu tatra pra..uganiṣkevalyānuvartiṣu nārāśaṃseṣu mantravidhiḥ kariṣyate / tadartham yatnaḥ kriyate /

kim punas teṣām *indav indrapītasya-* (JŚS 15,2*) ity anenaivoktamātravikāreṇa bhakṣaṇam / ka evam āha / nāto vākyād ayam artho niṣpannaḥ / kas tarhi vākyārthaḥ / gaṇān vicakṣaṇañ ca parihāpya ye mantrā āmnāsyante tair eva sarvanārāśaṃseṣu bhakṣaṇam iti / tasmād *avamair* (JŚS 16,3) *ūrvair* (JŚS 16,4) ity ābhyām eva pra..uganiṣkevalyānuvartino [']pi nārāśaṃsān bhakṣayet /

evam apy asyārthasya nārāśaṃsādhikāra eva vaktavyasyātra vacanam anarthakam / nānarthakam avekṣaṇāder bhakṣadharmasya cchandassavanopadeśasya ca nārāśaṃseṣu prāpaṇārthatvāt / prāpiteṣu bhakṣadharmeṣu hotur upahavecchā nivartate / na hi tatra hotur bhakṣaṇam //

JŚS 15,7.

anārāśaṃseṣu ca gaṇān

[Bh 54,20-26] anā===gaṇān // na nārāśaṃsā anārāśaṃsāḥ / anārāśaṃseṣu camaseṣv evam eva bhakṣayanti bhakṣamantre tu gaṇān parihāpya /

nanu *gaṇavat savanamukhīyeṣv* (JŚS 15,5*) iti vākyena savanamukhīyeṣv eva gaṇavyavasthāpanād *gaṇān* ity anarthakam / nānarthakaṃ gaṇebhyo [']nyasya savanamukhīyoktasya sarvasya vidher grahaṇārthatvāt / ato [']trāpi cchandassavanopadeśaḥ prāpito bhavati /

atha vottarasmin savanadvaye savanamukhīyānām anārāśaṃseṣu ca *gaṇān* ity asmād vidher gaṇaparihāpaṇam prasaktaṃ *gaṇavat savanamukhīyeṣv* (JŚS 15,5*) iti vidhinā nivartyate /

atha vā- *anārāśaṃseṣu ca gaṇān* ity anena prākr̥teṣu stotreṣu gaṇā nivartyante / vaikr̥teṣu tu vājapeyasāmādiṣu gaṇavān evāyam mantraḥ prasajati / tannivāraṇārthaṃ *gaṇavat savanamukhīyeṣv* (JŚS 15,5*) iti gaṇaniyamaḥ kr̥taḥ / na hy ekaṃ vidhānam prakr̥tivikr̥tī samenānusarpati //

JŚS 15,8.

bhakṣayitvā-
indriyāṇi sammr̥śate
nr̥maṇasi tvā dadhāmi
pinva me gātrā harivo
gaṇān me mā vi tītr̥ṣa iti

[Bh 54,26-31] bhakṣa===iti // somam bhakṣayitvendriyāṇi cakṣurghrāṇakarṇāsyāny anena mantreṇa saṃmr̥śate / atra saṃmarśanasyendriyāṇi prati guṇabhūtatvāt pratīndriyam āvartamānasya saha mantreṇāvr̥ttiḥ prāpnoti / tannivr̥ttaye samaḥ prayogaḥ / saṃmr̥śate saha mr̥śatīty arthaḥ / evañ ca saṃmarśanam indriyāṇāṃ sahakr̥tam bhavati yat sakr̥duktenaiva mantreṇa sarvāṇy ekavan mr̥śyeran / tasmāt sakr̥d eva mantram uktvā tadante cakṣurādīni krameṇa saṃmraṣṭavyāni / evañ ca kriyamāṇe *gātrā gaṇān* iti bahuvacanāntayor mantrapadayor arthasampad bhavati //

JŚS 15,9.

ātmānam pratyabhimr̥śaty
ūrdhvas sapta r̥ṣīn upa tiṣṭhasva
indrapīto vācaspate sapta r̥tvijo [']bhyucchrayasva
juṣasva lokam
mā māvagās
soma rārandhi no hr̥di
pitā no [']si bhagavo
namas te astu mā mā hiṃsīr iti

[Bh 54,31]
ātmā===riti // anena yajuṣātmānam pratyabhimr̥śati //

JŚS 15,10.

prastotā dakṣiṇa ūrau nidhāya camasam āpyāyayaty
ā pyāyasva sam etu te viśvatas soma vr̥ṣṇyam /
bhavā vājasya saṃgatha (R̥V 1,91,16; 9,31,4) ity
etayā gāyatryā prātassavane

[Bh 55,114]
prasto===vane // sarvair bhakṣitañ camasam ādāya prastotātmano dakṣiṇasminn ūrau nidhāya tam etayā gāyatryāpyāyayati / *āpyāyayati-* iti pramattapaṭhitaś chāndaso vā / camasam mantreṇābhimr̥śati / tad āpyāyanam bhavati /

etayā- ity anarthakam / nānarthakam *ā pyāyasva-* ity asyā r̥ktvapratipādanārthatvāt /

kim atas sidhyati / avasānam ardharce /

idam ittham bhavatu / *gāyatryā-* ity ekāntenānarthakam / nānarthakam asyāḥ prātassavanāpyāyanamantratve gāyatrītvasya hetutvapratipādanārthatvāt / yathā *devadattena vākyārthas samyaṅ nirūpito medhāvinā-* iti śrūyamāṇe samyaṅnirūpaṇasya medhāvitvaṃ hetur ukto [']vagamyate / evam atrāpi draṣṭavyam / iyañ cātra yuktiḥ /gāyatre prātassavane gāyatryāpyāyanam upapannam iti /

kim punar asya prayojanam / traiṣṭubhajāgatayoḥ prātassavanayos triṣṭubjagatyor āpyāyanamantratvena parigrahaḥ / vyūḍhacchandasi hi dvādaśāhe caturthādiṣu ṣaṭsv ahassu savanānāñ chandāṃsi vyatiyanti / tatra jāgatāni ca traiṣṭubhāni ca prātassavanāni (cf. JB 3,7; 3,59; 3,175; BaudhŚS 16,10: 257,6ff.) /

ke punas triṣṭubjagatyau yābhyān tatrāpyāyanam / ye uttarayor vakṣyete (JŚS 15,12-13) / na hy etayor agrahaṇe [']nyayoś cānveṣaṇe kāraṇam / tasmād yayā tṛtīyasavane tayā jāgateṣu prātassavaneṣv āpyāyanam bhavati yayā mādhyandine savane tayā traiṣṭubheṣu /

adhikāreṇaivārthasiddheḥ *prātassavana* ity anarthakam / nānarthakam adhastanasya vākyadvayasya (JŚS 15,8-9) savanatrayaviṣayatājñāpanārthatvāt /

atha vā *bhakṣayitvendriyāṇi-* (JŚS 15,8) iti bhakṣaṇānuvādād evāsyārthasya siddhatvād uttaravākyasya (JŚS 15,11) savanatrayaviṣayatāsmin vidhau prātassavanagrahaṇena jñāpyate //

JŚS 15,11.
tad asarvabhakṣeṣu

[Bh 14-18] tada===ṣeṣu // tad āpyāyanam asarvabhakṣeṣu sarvabhakṣebhyo [']nyeṣu camaseṣu kartavyam / uktam etat savanatrayārthaiṣā paribhāṣeti (Bh on JŚS 15,10) āpyāyanañ ca prāpitam prātassavane (cf. JŚS 15,10) / uttarayoś ca prāpayiṣyate (JŚS 15,12-13) / tat sarvacamaseṣu prasaktam anayā paribhāṣayā sarvabhakṣebhyo nivartyate / te ca sarvabhakṣā ye nārāśaṃsatvāya na pariśeṣyante / tasmāt savanamukhīyānām ājyamarutvatīyānuvartināñ camasānām āpyāyanam / teṣāṃ hi nārāśaṃsatvena sādanam uttaratra vakṣyate (JŚS 16,3-4) //

JŚS 15,12.
san te payāṃsi sam u yantu vājā (JS 2,1,2 = ṚV 1,91,18) ity etayā triṣṭubhā mādhyandine savane

[Bh 55,18-20] sante===vane // etayā triṣṭubhā mādhyandine savane camasam āpyāyayati / pūrveṇa gāyatrīgrahaṇena samaparihāran triṣṭubgrahaṇam / tasmād gāyatrajāgateṣu mādhyandinasavaneṣu prātassavanatṛtīyasavanābhyām āpyāyanamantrāv ādeyau //

JŚS 15,13.
ā pyāyasva sam etu ta (ṚV 1,91,16; 9,31,4; cf. JŚS 15,10) ity etayaiva dviruktayā tṛtīyasavane

[Bh 55,20-21] āpyā===vane // etayaiva dviruktayā tṛtīyasavana āpyāyayati //

JŚS 15,14.
sā jagatī sampadyate

[Bh 55,21-23] sāja===dyate // sā dviruktā jagatī sampadyate / jagatyāpyāyitam bhavatīty abhiprāyaḥ / idaṃ vākyaṃ gāyatrīgrahaṇenaiva samaparihāram / tasmād asya savanasya gāyatratāyān traiṣṭubhatāyāñ ca pūrvasmāt savanadvayād āpyāyanamantrāv ādeyau //

[Bh 55,24-25]

ucchiṣṭatvasya vacanāt (JŚS 14,6-7) somapānam akāraṇam /
āśaucasyeva yajamānartvijām mr̥tijanmanī //

[Bh 55,26-27] iti jaiminīyasūtravr̥ttau bhakṣaṇāpyāyanavidhiḥ pañcadaśaḥ khaṇḍaḥ //

JŚS 16. (prātaḥsavanam)

JŚS 16,1-2*.*
sīdanti nārāśaṃsāḥ

[Bh 56,16-17] sīda===śaṃsāḥ // āpyāyitāś camasās sīdanti nārāśaṃsāḥ nārāśaṃsanāmāno bhūtvā / camasānāṃ sādanan nārāśaṃsasaṃjñā cobhayam apy anena vākyena kriyate /

atha vā dve evaite vākye //

JŚS 16,1.*
sīdanti

[Bh 56,17-18] /it sīdanti- iti vākyam / tasyāyam arthaḥ / ya āpyāyitāś camasās sīdanti te //

JŚS 16,2.*
nārāśaṃsāḥ

[Bh 56,18-20] *nārāśaṃsā* iti / asya cāyam arthaḥ / te nārāśaṃsā bhavantīti //

atha vā nātra nārāśaṃsasaṃjñā kriyate / yājñikaprasiddhaivaiṣā bhakṣitāpyāyiteṣu camaseṣu / tayā camasān anūdya sādanam atra vidhīyate / ekam evedaṃ vākyam (JŚS 16,1*-2*) / tasyāyam arthaḥ / ye nārāśaṃsās ta iha sīdantīti //

JŚS 16,3.
r̥tuyājaiś caranti

[Bh 56,20-21] r̥tu===ranti // r̥tuyājā nāma ke cit somayāgāḥ / tair adhvaryavo vyāpriyante //

JŚS 16,4.

śasta ājye nārāśaṃsān bhakṣayanty
avamais te pitr̥bhir bhakṣitasya
gāyatracchandasaf prātassavanasya
madhumato nārāśaṃsasya-
upahūtasyopahūto bhakṣayāmi

vāg juṣāṇā somasya tṛpyatv iti

[Bh 56,21-22] śasta===tviti // asti śastram ājyan nāma / tasmiṃ śaste nārāśaṃsān āgatān anena mantreṇa bhakṣayanti //

JŚS 16,5.

ūrvair iti mādhyandine savane

[Bh 56,22-23] ūrvai===vane // *ūrvais te pitṛbhir* ity anena mādhyandine savane nārāśaṃsān bhakṣayanti / atrānukto [']pi cchandassavananirdeśaḥ kartavyaḥ / tasya kāraṇam pūrvoktam (Bh on JŚS 15,6) //

JŚS 16,6.

kāvyair iti tṛtīyasavane

[Bh 56,23 - 57,1] kāvyai===vane //

JŚS 16,7.

anuṣṭupchandasa iti ṣoḍaśini rātreś ca

[Bh 57,1-4] anu===treśca // ṣoḍaśini stotre yo grahaś camaso vā yaś ca rātres somaḥ paryāyeṣu tam *anuṣṭupchandasa* ity etatpadavikṛtena mantreṇa bhakṣayanti / sannihitasyāpi nārāśaṃsamantrasya liṅgavirodhād yo [']sāv *indav indrapītasya-* (cf. JŚS 15,2) iti tārtīyasavaniko mantras sa evāyañ chando vikṛtya vidhīyate / liṅgaṃ hi kramād balavat (cf. PMS 3,3,14) / evam bhakṣamantropadeśārthaṃ kṛtaprasaṅgasya ṣoḍaśino [']nyad apy aṅgajātam asthāne [']pi granthalāghavārthaṃ vidhāsyate (JŚS 16,8-11) //

JŚS 16,8.

hiraṇyaṃ sampradāya
ṣoḍaśinā stuvanti

[Bh 57,5-7] hira===vanti // suvarṇam anyo[']nyasmai sampradāya sampradāya ṣoḍaśinā stuvanti / hiraṇyena ṣoḍaśinam adhvaryur upākaroti / tad yo yadā gāyati sa tadā dhārayet nodgātaiva sarvadety evamartham idam ucyate / nidhane tu prādhānyād udgātaiva dhārayet //

JŚS 16,9.

aśva upatiṣṭhate sāmyekṣyāya

[Bh 57,7-12] aśva===kṣyāya // ṣoḍaśini gīyamāne [']śva upatiṣṭhate samīpe tiṣṭhati / *sāmyekṣyāya-* ity arthavādaḥ / śrutivākyam eva hīdam (cf. JB 1,205: 84,22) /

kaḥ punar arthavādārthaḥ / ime brūmahe / sāmyenekṣāsya na vaiṣamyeneti vā sāmye [']kṣāṇīndriyāṇy asya tiṣṭhantīti vālukkalpanayā sāmyekṣas sākṣī bhavati / tasya bhāvas sāmyekṣyam / tasya sāmyekṣyāya sākṣitvāyety arthaḥ /

atha vā pūrveṇa nirvacanena prajāpatis sāmyekṣaḥ / tasya hi sāmyenaiva sarvabhūteṣv īkṣā buddhir vartate na pakṣapātena / tasmād aśva upatiṣṭhate prajāpatibhāvāyeti kalpyam / dṛśyate cārthavādeṣu *prajāpatir aśva* (JB 1,197: 81,36) iti //

JŚS 16,10.

yasmāj jāto na paro 'nyo asti
ya ā babhūva bhuvanāni viśvā /
prajāpatif prajayā saṃrarāṇas
trīṇi jyotīṃṣi sacate sa ṣoḍaśī- iti
ṣoḍaśigraham avekṣate

[Bh 57,13-15] yasmā===kṣate // bhakṣārtham āhṛtaṃ ṣoḍaśigraham anaya rcāvekṣate / idam avekṣaṇam bhakṣaṇāṅgam bhakṣaṇañ ca sarveṣām uttarasmin vākye vakṣyāmaḥ (Bh on JŚS 16,11) / tasmād idam ekavacanānvitam apy avekṣaṇaṃ sarva eva kuryuḥ / bhakṣaṇāṅgatvād eva ca yadā bhakṣaṇārtham ādadīraṃs tadaivāvekṣeran //

JŚS 16,11.

atha yadi harivatīṣu (JS 3,6,9-11) ṣoḍaśī syād (cf. JB 1,192.200)
indraś ca samrāḍ varuṇaś ca rājā
tau te bhakṣañ cakratur agra etam /
tayor aham bhakṣam anu bhakṣayāmi
vāg juṣāṇā somasya tṛpyatv (JB 1,205: 84,26-28) iti

[Bh 57,15-28] atha===tviti // nārāśaṃsavākyād anuvartamānaṃ *bhakṣayanti-* (JŚS 1,16,4) iti vidhānaṃ hiraṇyasampradānādividhitrayavicchinnaṃ (cf. JŚS 16,8-10) punar evāthaśabdenādhikriyate / harivatīṣv ṛkṣv *indra juṣasva pra vaha-* (JS 3,6,9-11) ity etāsu ṣoḍaśī yadi syāt tatrānaya rcā ṣoḍaśigraham bhakṣayanti /

nanv avekṣaṇa ekavacanadarśanād (JŚS 16,10) *bhakṣayati-* ity adhyāhartavyam / naitad yuktam / prakṛtānuvartanena sidhyati / nādhyāhārakāraṇam / aṅgenaiva ca pradhānasyānuvṛttir yuktā na pradhānenāṅgasya / tasmād atra *bhakṣayanti-* ity evānuvartayitavyam / avadac ca śaunakaṣ ṣoḍaśibhakṣiṇo gaṇayan *trayaś chandogā* (ĀśvŚS 6,3,21) iti /

nanu homābhiṣavavaṣaṭkārasamākhyānām bhakṣakāraṇānām atrābhāvāt sattrārtham idam udgātṝṇāṃ ṣoḍaśibhakṣaṇañ codyata iti vaktuṃ ghaṭate / naivaṃ ghaṭate / yady apy uktāni bhakṣakāraṇāni na santi śrutir evātra kāraṇam bhavati / asti hi ṣoḍaśibrāhmaṇe *yasmāj jāta* (JB 1,205: 84,23ff.) ityādi / tasmāt prakṛtyartham evedañ codyate na sattrārtham /

tiṣṭhatu tāvad bhakṣaṇam / avekṣaṇasyaiva harivatīnimitto [']yaṃ mantrāntaravidhir iti kuto na gṛhyate / asya mantrasyārthavipattir mā bhūd iti / na hy avekṣaṇāṅgaṃ śaknoti bhakṣitum / asati ca bhakṣaṇavidhāv avekṣaṇam anarthakam bhavet / tasmād *bhakṣayanti-* (JŚS 16,4) ity evānuvartate na- *avekṣata* (JŚS 16,10) iti /

kva punaṣ ṣoḍaśī harivatīr vyabhicarati / *śakvarīṣu ṣoḍaśisāma kurvīta-* (JB 1,204: 84,7) ityādiṣu kāmyavidhāneṣu prakṛtau vikṛtau ca datvatrirātrādau (JB 2,276-278) / kena mantreṇa tatra grahabhakṣaḥ / uktaṃ etad *anuṣṭupchandasa iti ṣoḍaśini-* (JŚS 16,7) iti / avekṣaṇamantras tu *yasmāj jāta* (JŚS 16,10) ity ayam eva //

JŚS 16,12.

bṛhatīcchandasa iti sandher *iṣṭayajuṣas ta* (PB 1,6,4) iti vā

[Bh 57,28 - 58,8] bṛha===tivā // yas somo rāthantarasya sandhes taṃ *bṛhatīcchandasa* iti vikṛtacchandaḥpadena tārtīyasavanikena vā mantreṇa- *iṣṭayajuṣas ta* ity anena vā bhakṣayanti / na cāyam iyān eva mantra *iṣṭayajuṣas ta* iti / paraśākhāgatasya (PB 1,6,4) mahato mantrasya pratīkam etad gṛhyate /

ittham punar grahaṇe ko doṣa uktamātra evāyam mantra iti / eṣa khalu doṣaḥ / aparipūrṇārtham idam mantravākyam bhavet / na hi kaś cid artha *iṣṭayajuṣas ta* ity etāvatā samāpyate / tatra sākāṅkṣam evedam padadvayam avatiṣṭheta / tasmāt paraśākhāgatasyaivedam ādigrahaṇaṃ kriyate /

kutaḥ punaḥ kāraṇāt paraśākhāgatān *mahan me [']voca* (PB 1,1,1) ityādīn mahāmantrān paṭhann (JŚS 1,1) imam evācāryo na paṭhati / santi vidhiviśeṣāḥ parato [']py asmābhir grāhyā iti jñāpanārtham / tataś ca *prajāpatim manasā dhyāyāt tūṣṇīṃhomeṣu sarvatra-* (ĀśvŚS 2,3,20) ity evamādīnāṃ grahaṇaṃ (cf. Bh on JŚS 18,3) sidhyati //

JŚS 16,13.

kas tvā kam bhakṣayāmi- iti mānasasya manasā *kasmai tvā kam bhakṣayāmi-* iti vā

[Bh 58,9-11] kastvā===tivā // mānasasya stotrasya yas somas tam anayor ekena mantreṇa manasā bhakṣayanti / manasā mantrañ japtvā manasaiva bhakṣayanti / *bhakṣyate [']smābhis soma* iti smaranti / na tatra hi soma eva paramārthena vidyate kva bhakṣaṇam //

JŚS 16,14.

aticchandasa iti vājapeyasāmny atiriktoktheṣu ca

[Bh 58,11-12] ati===ṣuca // vājapeyasāmny atiriktoktheṣu ca yas somas tam *aticchandasa* ity ūhyacchandasā tṛtīyasavanamantreṇa bhakṣayanti //

JŚS 16,15.

dviḥ pūrvayos savanayor nārāśaṃsās sīdanti

[Bh 58,12 - 59,7] dviḥpū===danti // pūrvayor dvayos savanayor dvir nārāśaṃsās sīdanti /

katham idam abhipreyate / kim ekasmin savane sakṛd anyasminn api sakṛd ity eva dvis sīdanty utāho dvir ekaikasmin / kutas saṃśayaḥ / ubhayathā loke dṛśyamānatvāt / yathā *dviś śivadāso bhuṅkte devarātakṛṣṇarātagṛhayor* ity ukte sakṛt sakṛd ekaikasmin bhujyate / *dvis sumanaso vāsyantām prāvārakambalayor* ity ukte dvir dvir vāsyante / atra brūmaḥ / kāmam ubhayathāpi loke bhavatu / atra tv evam eva gṛhṇīmaḥ / dvir ekasmin dvir evānyasmin sīdanti / yadi sakṛd ekaikasminn iti gṛhyeta dvirgrahaṇam anarthakaṃ syāt /

atha vā *sīdanti nārāśaṃsā* (JŚS 16,1*-2*) ity ato vākyāt prātassavane tadāvṛdatideśāc (JŚS 17,1) ca mādhyandine sakṛtsakṛtsādanasya siddhatvāt sarvam evedaṃ vākyam anarthakaṃ syāt / dviḥ punar ekaikasminn iti gṛhyamāṇe nātra kiñ cid apy anarthakam /

nanv asminn api pakṣe savanamukhīyaśeṣāṇāṃ savanadvaye [']pi pūrvoktenaiva prakāreṇa siddhatvāt sādanasyājyamarutvatīyānuvartinām eva vidheyatvād dvirgrahaṇam anarthakam / nānarthakam pūrvayos savanayor nārāśaṃsās *sīdanti-* ity ukte savanayor anayor ye bhakṣaśeṣās teṣāṃ sarveṣāṃ sādanasya prasajato nivṛttyarthatvāt / tasmāt sādhūktan dvir dvir ekaikasminn iti /

nanu punar bahukṛtvas somo bhakṣyate / katithānām bhakṣaśeṣāṇāṃ sādanam etac codyate / prathamadvitīyānām iti brūmaḥ / na hy asati kāraṇe prathamātikramaṇaṃ yujyate /

evañ ced anenaiva gatārthatvāt *sīdanti nārāśaṃsā* iti (JŚS 16,1*-2*) pūrvaṃ vākyam anarthakam / nānarthakam ṛtuyājebhyaḥ pūrvan nārāśaṃsās sīdantīti kriyākramavidhānārthatvāt /

atha vā prathamanārāśaṃsasādanavidhānārtham evedaṃ vākyam bhavatu *sīdanti nārāśaṃsā* (JŚS 16,1*-2*) iti / yac cedaṃ vākyaṃ *dviḥ pūrvayor* iti tad apy asati dviśśabde keṣāñ cin nārāśaṃsānāṃ sādanamātraṃ vidadhyāt / tatra naivedam avagamyetaitāvatithānām iti / tadavagamanārthan dviśśabdaḥ prayujyate /

ko [']bhiprāyaḥ / ayam ucyate / ya ete śabdā dvis trir ityādayas teṣām ayaṃ svabhāvo yad ekasminn eva dravye kriyāyā āvṛttim avagamayati / tatrāyan dviśśabdaḥ prayujyamānaḥ pūrvan nārāśaṃsībhūya sannānām eva somānān dvitīyaṃ sādanam avagamayatītyartho bhavati / yathā loke prātar eva devadattasya bhojanam ājñāpya bhuktavati tasmin punar gṛhapatir vadati *dvir devadatto bhojayitavya* iti / na caivaṃ śrutvā punar eva dvir bhojayanti / dvitīyabhojanaparam eva vacanam manyamānās sāyamāśam asmai dadati / evam anenāpi vākyena dvitīyam eva nārāśaṃsānāṃ sādanaṃ vidhīyate nāpūrvaṃ sādanadvayam / tasmāt sādhūktaṃ prathamadvitīyānāṃ sādanam iti //

JŚS 16,16.
sakṛt tṛtīyasavane

[Bh 59,7-8] sakṛ===vane // tṛtīyasavane sakṛn nārāśaṃsās sīdanti / prathamata eva //

JŚS 16,17.
athāha *vaiṣṭutaṃ vāsa āharata-* iti

[Bh 59,8-20] athā===teti // atha nārāśaṃsasādanānantaram imaṃ sampraiṣaṃ karmakarān uddiśya prastotāha /

katham prastotā / kim idam idānīm asad anādiṣṭakartṛkam udgāteti (cf. Bh on JŚS 1,4) / atra brūmaḥ / prastotṛkartṛkastotrāvayavasaṃkhyānakaraṇabhūtaudumbarakhaṇḍopadhānārthavastralābhopāyatvād ayaṃ sampraiṣaḥ prastotraiva vaktavyaḥ / yo hi pradhānasya kartā tasyaivāṅgānām apy anādeśe kartṛtvaṃ yuktam /

nanv avayavasaṃkhyānam api stotrāṅgam / tataś coktenaiva krameṇa sampraiṣo [']py eṣa stotrāṅgam bhavati / tatrāṅgapradhānayor ekakartṛtvāśraye sarvai[s] stotrakāribhir asya sampraiṣasya vacanam prapnoti / *āha-* iti tv ekavacanaśruter aniyamena trayāṇām ekena niyamahetor vāsamākhyānād udgātraiva / satyam / evam prāpnoti yady eṣa sampraiṣa stotrāṅgam bhavet / na caiṣa stotrāvayavasaṃkhyānasyaiva prathamato [']ṅgabhāvād upalabdhaprayojana[s] stotrāṅgatām ākāṅkṣate /

kasmāt punaḥ prastotaiva stotriyāḥ parisañcaṣṭe / yasmād ayam madhyamām adhvaryave hotrādibhyaś cottamām prāha (JŚS 11,17-18) tasmād etaj jñāyate prastotaivāṣām parisaṃkhyāteti / ya eva hi yāni kāni cit saṃkhyātavān sa evaivaṃ vadituṃ śaknoty etāvantīmāny etāvatitham eṣv etad iti / tasmād etan niścetavyam / prastotaiva stotriyāḥ parisañcaṣṭe / sa evātra sampreṣyatīti /

evaṃ sampreṣitāḥ parikarmiṇo vāsa āharanti / tad āstāvamadhye vistṛṇāti yathā vakṣyamāṇā (JŚS 16,19) viṣṭutayas tasminn upadhīyeran / evaṃ hi vaiṣṭutam iti vāsaso [']bhidhānaṃ sampraiṣadṛṣṭam upapannam bhavati / viṣṭutīnām idaṃ vaiṣṭutam iti //

JŚS 16,18.

śrīr vā eṣā sāmnāṃ yad viṣṭāvā[ś]
śrīr vāsa[ś]
śriyam evāsmiṃs tad dadhati

[Bh 59,21-26] śrīrvā===dhati // ayam arthavādo vāsasa stutyarthaḥ / tasyāyam arthaḥ kathyate / vistīrṇam punaḥ puna[s] stomapūraṇārtham abhyasyamānaṃ stavanaṃ viṣṭāvaḥ / stotrāṇām mahattvajanananimittatvāt sāmna[ś] śrīr bhavati / vāsaś ca śrīr eva bhavati śobhākāritvāt / tatraivam arthayojanā / yata[ś] śrīr evaiṣā sāmnāṃ yad viṣṭāvaḥ vāsaś ca śrīr eva tasmād viṣṭāvārthaṃ vāso ya āharanti te śriyam eva bhūyasīm asmin sāmni dadhatīti / ayam abhiprāyaḥ / pṛthag api saṃmatayoḥ parasparasaṃgamo mahīyasīṃ saṃmatiṃ vidadhāti maṇikanakayor iva ca jñānakarmaṇor iva ceti //

JŚS 16,19.

audumbarāḥ prādeśamātrā viṣṭutayo bhavanti
ūrg vā annam udumbara
ūrja evānnādyasyāvaruddhyai

[Bh 59,26 - 60,5] audu===ruddhyai // audumbaraviṭapāḥ prādeśapramāṇasaṃmitā viṣṭutayo bhavanti / karaṇasādhanaś cātra viṣṭutiśabdaḥ / viṣṭūyata ābhir iti /

nanu sāmabhir viṣṭūyate / satyam etat / yady api tu paramārthato nāsāṃ viṣṭāvakaraṇatvam asti viṣṭāvasaṃkhyābhiḥ paricchidyata ity aupacārikam asty eva / tad atrāśrīyate /

nanu viṣṭutiśabdasya strīliṅgatvād *audumbaryaḥ prādeśamātrya* iti prāpnoti / na prāpnoti / udumbarakhaṇḍānāṃ hi prādeśamātrāṇāṃ satāṃ viṣṭutibhāvo [']tra vidhīyate / tasmād ittham eva sādhu /

arthavādo vākyaśeṣaḥ / tasyāyam arthaḥ / *ūrg* ity ayaṃ śabdo rasavacanaḥ / atra lakṣaṇayā rasavad vacanaṃ kalpyate / *vai* iti nipāto hetau / tatraivaṃ yojanā / yato rasavad annam udumbaras tasmād udumbarāvayavā viṣṭutitvenopādīyante / tasya rasavata evānnādyasyāvarodhāyeti //

JŚS 16,20.

stotram āharati dakṣiṇena hotur dhiṣṇyan dviḥ

[Bh 60,6-10] stotra===ṣṇyandviḥ // sarvastotreṣu tṛṇadvayam anyad vā stotram adhvaryur āharati / tat tasya svasminn eva tantre vihitam (cf. BaudhŚS 7,8: 212,19f.) / ācāryeṇa ca *stotram pratigṛhya ... japati-* (JŚS 11,4) iti vidadhatā sarveṣv āvartipavamāneṣu stotram astīty avagamitam / tasyaivaṃ siddhasyāstāvam praty āhriyamāṇasya stotrasya prapadanamārgo [']yaṃ vidhīyate / stotrāharaṇan tv anūdyate / stotram adhvaryur dakṣiṇena hotur dhiṣṇyan dvir āharati /

idānīm eva vakṣyati catvāri stotrāṇi (JŚS 16,22-23) / teṣu dvayor ayaṃ stotrāharaṇamārgaḥ kathitaḥ / dvayos tu vakṣyate (JŚS 16,21) //

JŚS 16,21.

uttareṇa dviḥ

[Bh 60,11-20] utta===ṇadviḥ // uttareṇa hotur dhiṣṇyan dvi[s] stotram āharati pratiprasthātā / sa hi tatrādhvaryur iṣyate /

ājyeṣv ayam mārgo bhavatu pṛṣṭheṣu ca / katham anyeṣu stotreṣu / idaṃ vadāmaḥ / dvāv etau sañcārau sadasaḥ / dakṣiṇena hotur dhiṣṇyam eka uttareṇaikaḥ / ekeṣāṃ hi vacanam *antareṇa hotur maitrāvaruṇasya ca dhiṣṇyāv adhiṣṇyānāṃ visaṃsthitasañcāra* [*sic*] (ŚŚS 6,13,7) iti / anyeṣām punar *athaiṣāṃ* [*sic*] *visaṃsthitasañcāro* [*sic*]*[']ntareṇa hotuś ca dhiṣṇyaṃ* [*sic*] *brāhmaṇācchaṃsinaś ca ye dhiṣṇyā* [*sic*] (BaudhŚS 7,11: 217,6-7) iti / tatrāsmākam avacane [']pi dvayor ekas sañcāraḥ pratistotram aniyamena prasajati / tatra pūrvayor ājyayor adhvaryukartṛkatvāt stotrāharaṇasya dvāraś ca dakṣiṇabhāgenādhvaryoḥ prapannatvād dakṣiṇam eva sañcāram ṛjutvāt pūrvaṃ vākyan (JŚS 16,20) niyacchati / uttarayoś ca pratiprasthātṛkartṛkatvād uttarabhāgena ca tasya prapannatvād uttaram api vākyam ṛjutvād evottaraṃ sañcāran niyacchati / dṛṣṭārthapravartitatvāc cāyaṃ sañcāraniyamas sarveṣv api stotreṣūpādīyate / tasmāt sarvatrāpi yad adhvaryu[s] stotram āharati tad dakṣiṇena hotur dhiṣṇyam āharati yat pratiprasthātā tad uttareṇa / evam avakraṃ vartma bhavati //

JŚS 16,22.

te pañcadaśenāgneyenājyena stuvate yathāstomaṃ vā

[Bh 60,21 - 61,11] tepa===maṃvā // ta udgātāraḥ pañcadaśastomenāgnidevatākenājyena stuvate / yathāstomaṃ vā /

vāśabdo hetau / yathāstomaṃ hi stotavyam ity arthaḥ / *pañcadaśāny ājyāni bhavanti-* (JB 1,251: 103,26) ityevamādibhi[ś] śrutivākyair eva stomā vihitāḥ / tadapekṣayā *yathāstomam* ity uktam / ayam abhiprāyaḥ / śrutivihitastomaparigrahārtham anenājyena pañcadaśena stuvata iti / tata idam uktam bhavati / sarvastotreṣu śrautā eva stomā grāhyā iti / pratistotraṃ hi stomavacane granthasya garimā prasajati /

atha vā te pañcadaśenāgneyenājyena stuvata ity etāvataiva vākyena sarvatra śrautā eva stomā ity upalakṣyante / nāgneyasyaiva pañcadaśatvaṃ vivakṣyate / na hy asti kāraṇam asyaiva stomo vidheyo nānyeṣām iti /

nanv asminn anyeṣu ca stotreṣu śrutita[s] stomāḥ prāptāḥ / kim ataḥ / ata etad bhavati / anyebhya[ś] śrautastomanivartanārtham etad vacanam iti / atra vadāmaḥ / asty eveyam parisaṃkhyā nāma / iha tu sā *pañcadaśāny ājyāni bhavanti-* (JB 1,251: 103,26) ity evamādiśrutivirodhaprasaṅgān na gr̥hyate / tasmād upalakṣaṇārtham evedaṃ vacanan na parisaṃkhyānārtham /

nanu śrutisiddhānāṃ stomānām upalakṣaṇāpy anarthikaiva / yady evaṃ sarveyam anarthikā daśādhyāyī saṃvr̥ttā / asyāṃ hi śrutisiddham eva kathyate / vyākhyānādāv eva cedam uditaṃ śrautā eva vidhayas sūtrair anukramyanta iti (Bh on JŚS 1,2: 5,17-18) / yadi ca kalpasūtrāṇi śrutyasiddham arthaṃ vidadhyuḥ na prāmāṇyam upalabheran / ata[ś] śrutisiddhakathanam atra na doṣāya / guṇāyaiva tad bhavati / evam anena vākyena śrutita eva stomānāṃ grahaṇam avagamitam /

stomaprasa:gena tu kva cit saṃśaye stomasya niścayopāyaḥ kathyate *yathāstomaṃ vā-* iti / stomaśabdo [']tra stomakalpam upalakṣayati / vāśabdo [']vadhāraṇāyām / ayam arthaḥ / yathā stomakalpam eva stomā grāhyā iti / stomakalpasya śrutyā virodhaśaṅkāyām idam ucyate / yathāmuṣya vyomna ekāhasya śrutau stomavidhiḥ *sa* [*sic*] *saptadaśo bhavati-* (JB 2,88: 195,28) iti *tasyaikaviṃśa ārbhavaf pavamāno bhavaty agniṣṭomasāma vā-* (JB 2,88: 195,31-32) iti ca / stomakalpe tu *saptadaśasyaikaviṃśam agniṣṭomasāma-* (JK 1,2,8: 125,11-12) iti /

nanv atra yathā stomakalpam eva gr̥hyamāṇe śruteḥ prāmāṇyaṃ hīyeta / atra brūmaḥ / śrutyarthasyaiva parigrahārtham idaṃ *yathāstomam* ity ucyate / ayam abhiprāyaḥ / pūrvoktām ārbhavasyaikaviṃśatāṃ vāśabdena nivartyāgniṣṭomasāmna ekaviṃśatvaṃ siddhāntatvena śrutāv apy upāttam iti / na hi śrutiviruddham ācāryaḥ kalpayati /

atha vā śrutivihitānāṃ stomānām anyathābhāvo [']pi prakr̥tāv evāsti / vakṣyati hy āgnicitike *saptadaśo madhyandinaḥ pañcadaśaṃ hotuḥ pr̥ṣṭham* (JK 1,1,2: 118,7-9) iti / tasyāpi parigrahārthaṃ *yathāstomaṃ vā-* ity ucyate //

JŚS 16,23.

atha maitrāvaruṇena-
athaindreṇa-
athaindrāgnena

[Bh 61,12-14] atha===gnena // apavamāneṣv ayaṃ kramaḥ / yad uta stotrānantaraṃ śastran tatas somejyā tatas somabhakṣaṇam iti / tad etad api bhakṣaṇānantaram ucyate / atha mitrāvaruṇadevatākenājyena stuvate / athaindreṇa / athaindrāgnena //

JŚS 16,24.
iti santiṣṭhate prātassavanam

[Bh 61,15-23] iti===vanam // savanaśabdas somābhiṣavam abhidadhat tatsahacaritaṃ kriyākalāpaṃ sakalam api lakṣaṇayāvagamayati / sūyate [']smin soma iti vādhikaraṇasādhanas san saṃjñātvenāsmin karmakalāpe pravartate / tasyātra prātaśśabdo viśeṣakaḥ / tat prātassavanam itthaṃ santiṣṭhate /

savanāntarārambhād evaitatsavanasamāptijñāpananiṣpatter idaṃ vākyam anarthakam / nānarthakaṃ yadarthan devayajanabhūmiḥ prapannā tat prātassavanaṃ yatas santiṣṭhate tasmāt tato niṣkrāmeyur ity etadarthatvāt /

nanūttarasavanādau prapadanam api prātassavanataḥ prāpnoti / kim ataḥ / ata etad bhavati / niṣkramaṇam arthasiddham iti / satyam etat / kin tv arthagate niṣkramaṇa āśrīyamāṇe yena kena cit pathā niṣkrāmeyuḥ / vacanāvagamite punar yad vācanikaṃ sadaḥprapadane vartma tenaiva niṣkramaṇam api sidhyati / tasmāt pradakṣiṇam audumbarīm parītya (cf. JŚS 13,27) sadaso [']parayā dvārā (cf. JŚS 13,21) niṣkramyāgnīdhrīyam uttareṇa gatvā (cf. JŚS 1,13,9) cātvālotkarāv antareṇa vrajitvā (cf. JŚS 8,2-4; 13,1) tato yathārthaṃ gaccheyuḥ //

[Bh 61,23-28]

prattir anyatarasmin syāt pūrvayor ājyayo[ś] śruteḥ (cf. JUB 3,6,1-4) /
aviśeṣavidher āntād ādau tu jagatī yathā (cf. JB 1,318-320) //
kiñ ca /
śrūyate yasya nāvṛttir vidhivākye tad ātmanaḥ /
sahaivāvartate dharmair hoādyais sāmanī yathā (cf. JŚS 18,15ff.) //
yasya tu śrūyate tat tair vinā paryūhaṇaṃ yathā (cf. JŚS 6,5) /
mantreṇa rakṣoghnādīni yathā hiṃkaraṇena ca (cf. JŚS 5,4-6; 22,6-8) //
pakṣaprāptā niyamyante ye dharmās tais sahaiva tu /
ūrdhvaṃ (JŚS 1,23) prasaly (JŚS 6,5) aṅgulībhir (JŚS 2,8) ity ebhis tat
kriyā yathā //
taiś caivañ ca sthite nyāye sahāvṛttyā vidhitsatā /
uktaṃ *pañcadaśena-* (JŚS 16,22) iti pratyāvṛttis tataś ca naḥ //

[Bh 61,29-30] iti jaiminīyasūtravṛttau prātassavanavidhiṣ ṣoḍaśaḥ khaṇḍaḥ //

JŚS 17. (mādhyandinaṃ pavamānaṃ dakṣiṇādānaṃ ca)

JŚS 17,1.
etayaivāvṛtā mādhyandinaṃ savanam prasiddham

[Bh 62,7 - 63,11] eta===siddham // etayaiva prātassavane vihitayaivāvṛtā krameṇa mādhyandinam api savanam prasiddham / yā prātassavanasyetikartavyatā saivāsyāpi savanasyātidiśyate / uttarais tu vākyair viśeṣo vakṣyate /

kimartham idam *etayaivāvṛtā-* iti vacanam / prātassavanadharmāṇām atra prāpaṇārtham evam idamartham evaitat /

evañ ced *evam eva-* iti vaktavyam / tāvatāpy ayam arthas sidhyati yathānyatrāpy atidiśyata *evam eva prāg vartamāna* (JŚS 3,4) *evam evāparāhṇa upasadi saṃsthitāyām* (JŚS 3,17) iti / atra brūmaḥ / yady *evam eva-* ity avakṣyata yad atra vacanena nāpavadiṣyate tat sarvam avikr̥tam eva prātassavanikaṃ karmātrāpi prāsaṅkṣyat / iṣyate tv atra keṣāñ cit karmaṇāṃ kramavikāraḥ keṣāñ cid akaraṇañ ca / tatsiddhyartham *etayaivāvr̥tā-* ity uktam /

kin tat sarvam iyatā sidhyati / kas sandehaḥ / itthaṃ hi gr̥hyate / āvr̥tā krameṇa nyāyeneti / tatra nyāyāvalambanena kāni cit karmāṇi na kriyante kriyate ca keṣāñ cit kramaḥ /

katham punar atra prayogaḥ / ime vadāmaḥ / ādita eva kr̥tayajñopavītācamanakā vedim prapadyerann (cf. JŚS 8,2-3) asminn eva cāvasare vedyākramaṇādi sada..upaveśanāntaṃ karma kuryuḥ (cf. JŚS 13,1-27; Bh on 13,27) / kuta idam evaṃ kriyate / nyāyād iti brūmaḥ / idaṃ hi karma yasmin kāle prātassavane kr̥tan na tasmin kāle [']tra kartuṃ śakyate / pavamānena stutvā kr̥tam etat prātassavane / atra tu *stute dadhigharmeṇa caranti-* (JŚS 17,4) iti vakṣyamāṇatvāt tasmāt sthānād avagacchati / evañ caivābhipremo vayam / kr̥tavedyākramaṇādipadārthajātair eva prātassavanavad atrāpi sadaḥ praveṣṭavyam iti / tathā parair apy uktaṃ *dhiṣṇyān upasthāya sadaḥ prasarpanti-* (ŚŚS 6,12,1) iti / vakṣyate ca *sadasi pavamānena stuvata* (JŚS 17,2) iti / tata idam arthasiddham / prāk pavamānād avaśyam atra vedyākramaṇādi kāryam iti /

evañ ced dhavirdhānaprapadanād (cf. JŚS 8,9 - 9,18) ūrdhvam etat kartavyaṃ prātassavanakālasyāsattaye / satyam / evam api prāpnoti / ittham eva sahakāribhis tv ādita evāsyeṣyamāṇatvād asmākam api tr̥tīyasavane tathaiva vakṣyamāṇatvād (JŚS 19,2) ittham eva niścinumahe / ādāv eva vedyākramaṇādi kr̥tvā (cf. JŚS 13,1-26) sadasy upaviśeyur (cf. JŚS 13,27 - 14,3) iti /

tato [']bhiṣavakāle dakṣiṇena hotur dhiṣṇyaṃ sadaso niṣkramyādhvaryupathena gatvā havirdhānam prapadyeran (cf. JŚS 8,8-9) / tato havirdhānābhimarśanādiḥ (cf. JŚS 8,9) pravr̥tahomāntaḥ (cf. JŚS 10,8-10) karmakalāpaḥ pratāyate / na tv atra viśvarūpāṇāṃ vacanam pravartate / tasya kāraṇam pūrvam evoktaṃ (Bh on JŚS 8,15.21) na cātra viśvarūpāgānaṃ kartavyam / yat pūrvoktaṃ devasomabhakṣaṇādivad idam mantavyam iti (Bh on JŚS 8,21; 11,3) tasyedaṃ phalam / devasomabhakṣaṇādivad asmin savane viśvarūpāgānasyāpy akaraṇam /

kutaḥ punar devasomabhakṣaṇādīnām atrākaraṇam / yasmād etāni śrutāv eva coditāni na sūtre tasmād atraitāni nātidiśyante / yad eva hi prātassavane vihitavān ācāryas tad eva sannidhānād *etayā-* ity atideṣṭuṃ śakyate na sarvam prātassavanāṅgam / idamartham eva ca devasomabhakṣaṇādīnām ācāryeṇākalpanaṃ yad eṣām atrākaraṇam / tasmād ittham mantavyam / yāni śrutita āgatāni prātassavanāṅgāni tāny atra na pravarteran / tadvad bhāvapratipādanād viśvarūpāgānañ ceti /

kiñ ca viśvarūpāgānasyātrābhāvaṃ sahakāripratyayo [']py avagamayati / *kva u khalu vāsatīvarasya* [*sic*] *stotrabhaktir bhavati śastrabhaktiś ceti / viśvarūpā u* [*sic*] *hāsya stotrabhaktir bhavati prātaranuvāka u* [*sic*] *śastrabhaktir* (BaudhŚS 25,21: 252,12-14) iti (cf. Bh on JŚS 8,6) / tatra grahatvena śastratayā copāttayor vāsatīvaragrahaprātaranuvākayor anāvartamānatvād asyāpi stotratvenopāttasya tathātvam eva ghaṭate / tasmād avasthitam etat / nātra viśvarūpāṇām pravr̥ttir iti /

atra ca sadasi pavamānagānasya vidhāsyamānatvāt (JŚS 17,2) pravr̥tahomānantaram pradakṣiṇam āvr̥tya pratyañcas sarpanti (cf. JŚS 10,11) tadā cādhvaryum anumantrayeta (cf. JŚS 10,12) //

JŚS 17,2.
sampraṣarpya sadasi pavamānena stuvate

[Bh 63,12-16] sampra===vate // saṃgatās santatā vā prasṛpya sadasi mādhyandinena pavamānena stuvate /

samprasṛpya- iti bhavitavye *samprasarpya-* iti cchāndaso guṇaḥ / ācāryeṇa vā *samprasṛpya-* ity eva kathitam pramādād adhyetṛbhir evaṃ kṛtam / atha vā ṇijantād dhātor ayam pratyayaḥ / udgātṝṇām evedam ucyate / ātmabhis samam adhvaryvādīn prasarpyeti / evañ ca sarpaṇastavanayos samānakartṛkatā śrūyamāṇā (cf. JB 1,82-86) kiñ cid api na vihanyate / itarathā hi ye sarpanti tais sarvai[s] stūyamānatvād vihanyeta //

JŚS 17,3.
sāmne sāmne hiṃkurvanti

[Bh 63,17-19] sāmne===vanti // sāmārthaṃ sāmārthaṃ hiṃkurvanti / sāmnas sāmnaḥ purastād dhiṃkurvantīty arthaḥ /

atra śrutāv āmahīyave vaṣaṭkāro vihitaḥ prathamastotriyāyām eva cāvadhāritaḥ / *vaṣaṭkuryād vauṣāḍ bhūmī o dadā iti-* (JB 1,118: 51,5-6) iti / tasmād *o vauṣāḍ bhū* iti gāyet //

[This *vaṣaṭkāra* is not found in the *āmahīyava* of JŪha 1,1,1.]

JŚS 17,4.
stute dadhigharmeṇa caranti

[Bh 63,20] stute===ranti // pavamānena stute dadhigharmasamākhyena haviṣādhvaryvādayo vyāpriyante //

JŚS 17,5.
atha puroḍāśaiḥ

[Bh 63,20-21] atha===ḍāśaiḥ // dadhigharmānantaram pāśukasavanīyaiḥ puroḍāśaiś caranti //

JŚS 17,6.
atha rājñā

[Bh 63,21] atha rājñā // atha somena caranti //

JŚS 17,7.
rājani bhakṣite dākṣiṇāni juhoti

[Bh 63,21-22] rāja===hoti // some bhakṣite sanneṣu nārāśaṃseṣu dakṣiṇāsambaddhāni yajūṃṣy adhvaryur juhoti //

JŚS 17,8.
atha dakṣiṇā nayanti

[Bh 63,23-24] atha===yanti // *dvādaśaṃ śataṃ gavān dadyād ekaviṃśatiprabhṛti vā yathopapādam* (ŚŚS 7,17,17-18) iti jyotiṣṭomasya dakṣiṇāś śākhāntare vihitāḥ / tā gāḥ parikarmiṇo dakṣiṇāpathena nayanty upājanti //

JŚS 17,9.
ātreyāya prathamāṃ gān dattvā brahmaṇe dakṣiṇā nayanti

[Bh 63,24-28] ātre===yanti // tāsāṃ gavān dakṣiṇāpathena nīyamānānāṃ yā gauḥ prathamā purastāt prasthitā tām ātreyāya dattvā tato brahmaṇe dakṣiṇā nayanti dadati / brahmārthāṃ vā dakṣiṇān tatpradiṣṭan deśan nayanti /

hiraṇyadānam ātreyāya śrutau dṛśyate *sarveṣu lokeṣu jyotir dhatte ya evaṃ vidvān atrihiraṇyan dadāti-* (JB 1,80: 35,31-32) iti / tasmād gor anantaraṃ hiraṇyam apy ātreyāya dātavyam / idam eva vā hiraṇyam apekṣya goḥ prāthamyavacanam //

JŚS 17,10.
atha hotre

[Bh 63,29] atha hotre // atha hotre dakṣiṇān nayanti //

JŚS 17,11.
athādhvaryave

[Bh 63,29] athā===yave //

JŚS 17,12.
athodgātre

[Bh 63,29] athodgātre //

JŚS 17,13.
atha sadasyāya

[Bh 63,29] atha===syāya //

JŚS 17,14.
atha hotrakebhyaḥ

[Bh 63,29-31] atha===kebhyaḥ // ṛtvijān nāma hotrakā iti / mahartvigbhyo [']nye ya ṛtvijas te hotrakāḥ / tebhyas sarvebhyas sahaiva dakṣiṇā nayanti //

JŚS 17,15.
atha prasarpakebhyaḥ

[Bh 64,1-13] atha===kebhyaḥ // ye brāhmaṇā yajamānenāhūtā yajñaṃ vā draṣṭum āga[c]chanti te prasarpakāḥ / tebhyo dakṣiṇādānam /

idam adṛṣṭārtham eva codyate nānamanārtham / na hi tair ānatair ṛtvigbhir ivāsti prayojanam / yāś ca dakṣiṇāḥ kratum prati śrutau vihitās tāsām ṛtvigānamanārthataiva nyāyavidbhir niścitā (cf. PMS 10,2,22-28) / tasmāt parisaṃkhyātadakṣiṇānapekṣayā yathotsāham anyad dravyam prasarpakebhyo dātavyam /

evañ ced ātreyadakṣiṇāyā apy evambhāvaḥ prāpnoti / ko nety āha / nanu pūrvam uktam prathamāṃ gām ātreyāya dattveti (cf. JŚS 17,9 ātreyāya prathamāṃ gān dattvā) / tad anyasyāṃ gavi dīyamānāyāṃ virudhyeta / nāyaṃ virodha āpadyate / evaṃ hi tatrābhipremaḥ / yā gaur ātreyāya dīyate sāpi parisaṃkhyātābhis saha dakṣiṇāpathena nīyata iti /

santi dakṣiṇādānārthā mantrā[ś] śrutivihitā *brahman manas ta* (JB 2,54: 178,35) ityādayaḥ / tair etā dakṣiṇā dātavyāḥ / tatrānenedam iti (cf. JB 2,54: 178,35-36, etc.) mantraliṅgasyāvirodhāya dakṣiṇādravyaṃ sannidhāv avasthāpya pratyakṣīkṛtya dadyāt / sthāvarasya tu dravyasya pūrvavijñāpanena pratyakṣīkaraṇam / evan dattā dakṣiṇāḥ prasannena manasa rtvijaḥ pratigṛhṇīyuḥ / *pratyagrahaiṣam* iti brūyuḥ hotrakās tu *pratyagrahaiṣma-* iti / yad anyena vidhinā dakṣiṇā dīyeran tatrāpi yathārtham eva pratigṛhṇīyuḥ / tūṣṇīmbhāvenaiva vā pratigrahaṇam avagamayeyuḥ / ke cit paravihitena vidhinā (cf. LŚS 2,7,12 - 2,8,31; DŚS 5,3, 13 - 5,4,31) pratigrahaṇam icchanti na tu tad asmābhir mṛṣyate //

JŚS 17,16.
dakṣiṇāsu nīyamānāsūtkare tiṣṭhan subrahmaṇyām āhvayati trir aniruktāṃ yat prāyaṇan tad udayanam asad iti (cf. JB 2,80: 191,27-28)

[Bh 64,14-16] dakṣi===diti // dakṣiṇāsu dakṣiṇāpathena nīyamānāsūtkare tiṣṭhann aniruktāṃ subrahmaṇyāṃ subrahmaṇyas trir āhvayati / stutyartho vākyaśeṣaḥ / tasyāyam arthaḥ / yat prāyaṇam upakramaṇaṃ subrahmaṇyāyān tad evodayanaṃ samāpanaṃ syād iti / evamartham aniruktām evātrāhvayatīti //

[Bh 64,17-18]

svayaṃkartṛkatā sattre dānan tatrāsti na rtvijām /
dadāma niṣkrīṇāma- (cf. JB 2,54) iti mantre prāsarpake bhidā //

[Bh 64,19-20] [iti jaiminīyasūtravṛttau] mādhyandinapavamānadakṣiṇāvidhis saptadaśaḥ khaṇḍaḥ //

JŚS 18. (pṛṣṭhastotrāṇi)

JŚS 18,1.

śaste marutvatīye nārāśaṃsān bhakṣayanti

[Bh 65,18-21] śaste===yanti // asti marutvatīyan nāma śastram / tasmiṃ śaste nārāśaṃsān bhakṣayanti / *dviḥ pūrvayor* (JŚS 16,15) iti vacanād āpyāyya sādayanti /

asminn avasare *vaiṣṭutaṃ vāsa āharata-* (JŚS 16,17) iti sampraiṣasya vacanam prātassavanataḥ prāptam api pūrvasminn eva vāsasi viṣṭutyupadhāne śakye [']nyopādānasyānyāyyatvād arthato nivartate / na hy asti vastralābhād anyad asya prayojanam //

JŚS 18,2.

bhakṣiteṣu nārāśaṃseṣu
pūrvayā dvārā sadaso [']dhi niṣkramya-
aparayā dvārāgnīdhram prapadya-
āgnīdhre pṛṣṭhāhutī juhoti
rathantaram pibatu somyam madhv
āyur dadhad yajñapatāv avihrutam /
imaṃ yajñam abhisaṃvasānā
hotrās tṛpyantu sumanasyamānā[s] svāhā- iti

[Bh 65,22 - 66,2] bhakṣi===heti // bhakṣiteṣu nārāśaṃseṣūdgātā dakṣiṇena hotur dhiṣṇyaṃ gatvā sadaso [']dhi pūrvayā dvārā niṣkramyāparayā dvārāgnīdhragṛham prapadyāgnīdhre [']gnau vakṣyamāṇe pṛṣṭhāhutī juhoti /

sadasa iti yo [']rthas sa eva *sadaso [']dhi-* iti / *adhiniṣkramya-* iti vā vyākhyeyam /

pṛṣṭhāhutī ity anarthakam / nānarthakam brahmasāmāgniṣṭomasāmavājapeyasāmasandhiṣāmatvāpattau bṛhadrathantarayor etadāhutyabhāvārthatvāt / pṛṣṭhāhutyoḥ prayojakam pṛṣṭham eva na bṛhadrathantare ity abhiprāyaḥ //

JŚS 18,3.

tūṣṇīm uttarām

[Bh 66,3-10] tūṣṇī===ttarām // uttarām āhutin tūṣṇīñ juhoti / amantrañ juhotīty arthaḥ /

nanu *pṛṣṭhāhutī* (JŚS 18,2) iti dvivacanād evottarasyā āhutyās sadbhāvasiddher mantrasya ca tasyām aprasaktasyānivartyatvād idaṃ vākyam anarthakam / nānarthakam pūrvasyaiva mantrasyottarasyām api prasaktasya nivṛttyarthatvāt / asati hy asmin vākya āhutidvayena mantras sambadhyeta /

nanu homasyedaṃ rūpaṃ yad uta kasya cid dravyasya kāñ cid devatām uddiśyāgnau prakṣepaḥ / atra punar devatā na kīrtyate na cāsti mantro yenāsāv avagamyeta / tasmād ayam ahomaḥ / satyam etat / na vinā devatayā homas sambhavati / kin tu homavidhānānyathānupapattyaivātra kā cid devatā kalpanīyā / tatrāpi mukhyatvāt prajāpater eva niyamanan nyāyyam / tasmād anyatrāpi vidhāv īdr̥śe prajāpatir devatātvena dhyātavyaḥ / paravacanam apy etam artham upodbalayati *prajāpatim manasā dhyāyāt tūṣṇīṃhomeṣu sarvatra-* (ĀśvŚS 2,3,19) iti //

JŚS 18,4.
br̥had iti vā

[Bh 66,11-15] br̥ha===tivā // *br̥hat pibatu somyam madhv* ity evaṃ vā pūrvāhutir hotavyā / vakṣyati *sa rathantareṇa stute br̥hatā vā-* (JŚS 18,14) iti / tatra rathantare pr̥ṣṭhe sati pr̥ṣṭhāhutimantraḥ pūrvavihitaḥ (JŚS 18,2) / br̥hati tv ayam ucyate / arthato hi vyavasthā yuktā na caivam mantavyaṃ rāthantara evāyam mantro br̥hadartham ūhyata iti / asty evāyam mantro bhedena br̥hadarthaḥ / tasya tu pūrvasmān mantrād bhedamātraṃ granthalāghavāya kīrtyate / na hi br̥hato rathantaram prakr̥tir yato [']yam ūha ity ucyeta //

JŚS 18,5.
yat pr̥ṣṭhaṃ syāt tad ādiśet

[Bh 66,16-23] yatpr̥===diśet // idaṃ vikr̥tyartham ucyate / yat pr̥ṣṭhaṃ syād vairūpādi tat pr̥ṣṭhāhutimantre br̥hadrathantaraśabdayo[s] sthāna ādiśet /

br̥haty apy anenaiva siddhatvād *br̥had iti vā-* (JŚS 18,4) iti pūrvaṃ vākyam anarthakam / nānarthakam anyatra bahuviṣayeṇa vacanena rathantaraśabdavato mantrasya br̥haty aprāpaṇārthatvāt / tena kiṃ sidhyati / idaṃ sidhyati / *samānam param* (JŚS 18,13) iti bahvarthena vacanena mahimasambharaṇamantro (cf. JŚS 18,8) [']pi br̥hati prasakto rathantaraśabdavattvān nivartate /

nanu pr̥ṣṭhaprayuktatvād evāyam mantro vairūpādiṣv api gacchati / tatra vairūpādyādeśasyārthasiddhatvād idaṃ vākyam anarthakam / nānarthakaṃ pr̥ṣṭhāṅgeṣu dharmeṣu yasya vacanan tasyaiva vairūpādiṣu gamanan nānyasyeti jñāpanārthatvāt / tasmād vakṣyamāṇā br̥hadrathantaradharmā vairūpādiṣu na pravarteran /

nanu mahimasambharaṇādi dharmacatuṣṭayan dr̥śyate mahāvrate (cf. JPA 43,1-4: 296,1-5) / kāman dr̥śyatām / na tadanyatraiṣām pravr̥ttau kāraṇam bhavati //

JŚS 18,6.
rathantarasya stotram āharati

[Bh 66,24-25] ratha===rati // hutvā pr̥ṣṭhāhutī savyam āvr̥tya niṣkramaṇavartmanaiva sadaḥ prapadyāstāvam bhajeta / tato rathantarasya stotram adhvaryur āharati //

JŚS 18,7.
tat pratigr̥hya
pr̥thivīm abhimr̥śati

namo mātre pr̥thivyai
rathantara mā mā hiṃsīr iti

[Bh 66,25-26] tatpra===riti // tat stotram pratigr̥hyānena yajuṣā pr̥thivīm abhimr̥śati //

JŚS 18.8.

atha mahimnas sambharati
yas te agnau mahimā yas te apsu
rathe yas te mahimā stanayitnau ya u te
vāte yas te mahimā tena sambhava
rathantara draviṇasvan na edhi- iti

[Bh 66,27-28] atha===dhīti // atha rathantarasya mahimno jvalanajalarathāśanipavaneṣu saṃkīrṇān anena yajuṣā sambharati / *sambharāmi-* ity abhisandhāya mantravacanaṃ sambharaṇam //

JŚS 18,9.

atha vāmadevyam purastācchāntim abhivyāharati
prajāpatir asi vāmadevyam brahmaṇaś śaraṇan
tan mā pāhi- iti

[Bh 66,28-31] atha===hīti // athemam mantraṃ vāmadevyam purastācchāntim abhivyāharati / purastācchāntir vāmadevyam iti mantrasyaivāsya nāmanī /

atha vā vāmadevyam ity eva mantrasya nāma / purastāc chāntim matvā vāmadevyam abhivyāharati / abhyananaṃ hi vakṣyate (cf. JŚS 18,11) / tac ca- *athābhyaniti prāṇo* [*sic*] *vai śāntir* (JB 1,327: 137,7) iti śrutivacanāc chāntir bhavati / tadapekṣayedaṃ vāmadevyaṃ yajuḥ purastācchāntir bhavati //

JŚS 18,10.

athaitā amr̥tavyāhr̥tīr abhivyāharati
bhūr bhuva[s] svax
ka idam udgāsyati
sa idam udgāsyati- iti

[Bh 67,1-2] athai===tīti // athaitāḥ pañcāmr̥tavyāhr̥tīr abhivyāharati / ādyās tisraḥ padavyāhr̥taya uttare vākyavyāhr̥tī //

JŚS 18,11.

etad uktvābhyaniti

[Bh 67,2-4] eta===niti // etat pṛthivyabhimarśanamantrādy amṛtavyāhṛtyantaṃ (JŚS 18,7-10) sarvam uktvā stotram abhyaniti / anavānam etad vidhicatuṣṭayam anuṣṭhāya tadante stotram abhyanyād ity arthaḥ / yathā śvāsavāyu[s] stotre nipatati tathābhyanitavyam //

JŚS 18,12.

yadi bārhatas soma[s] syād
bṛhata[s] stotram pratigṛhya brūyād
divam pitaram upaśraye
bṛhan mā mā hiṃsīr iti

[Bh 67,5] yadi===riti // bṛhatpṛṣṭhas somo yadi syād bṛhata[s] stotram pratigṛhyedaṃ yajur japet //

JŚS 18,13.

samānam param

[Bh 67,6-16] samā===param // stotrapratigrahaṇasambaddhād vidheḥ (JŚS 18,7) paran dharmajātaṃ rathantarasya bṛhataś ca samānam / vāmadevyābhivyāharaṇādi dharmatrayam (JŚS 18,9-11) ato vacanād bṛhati pravartate na tu mahimānas sambhāryāḥ (JŚS 18,8) / pūrvoktam apy akaraṇam (Bh on JŚS 18,5) / paravacanaṃ hy ekaṃ kāraṇaṃ *rathantara eva rcaṃ yas te goṣu mahimeti* (DŚS 6,1,12 = LŚS 2,9,8, without *mahimā*) / mīmāṃsakaiś caivaṃ avirodho bhavati yeṣām ayaṃ rāddhānto *nohaḥ prakṛtāv* iti (cf. ĀpŚS 24,3,49 = HirŚS 3,8: 381 *na prakṛtāv ūho vidyate*; KŚS 4,3,21 *na prakṛtāv [ūho bhavati] apūrvatvāt [prakṛteḥ]*) /

kim punar ime pṛthivyabhimarśanādayo dharmā brahmasāmādibhāve [']pi bṛhadrathantarayor iṣyante / atra brūmaḥ / bṛhatas tāvad itthambhūtād ācāryeṇaiveme nivartitāḥ / evaṃ hi tenoktam bṛhaddharmopakrame *yadi bārhatas soma[s] syād* (JŚS 18,12) iti / na ca bṛhato brahmasāmādibhāvena bārhatas somo bhavati / tasmād bṛhati tāvad apṛṣṭhe na prasaṅgo dharmāṇām / tattulyanyāyatvāc ca rathantaradharmāṇām api sandhāv aprasaṅgas sidhyati /

atha vā śrutita evāyam arthas sāmadvaye [']pi sidhyati / eṣāṃ hi dharmāṇāṃ sannidhau śrūyate *yadi rāthantaras soma[s] syād* (JB 1,129: 55,4; 1,130: 55,16-17) *yadi bārhatas soma[s] syād* (JB 1,129: 55,5-6; 1,130: 55,17) iti /

na pṛṣṭham eṣān dharmāṇāṃ hetus somaś ca kevalam /
saṃyuktam ubhayaṃ hetur āhutyoḥ pṛṣṭham eva tu //
yadā te bṛhadrathantarayor vaiśeṣikā dharmā ebhyaḥ /
paścāt sāmānyadharmāṇām āvartijapādīnāṃ (JŚS 11,5ff.) prayogaḥ //

JŚS 18,14.

sa rathantareṇa stute bṛhatā vā

[Bh 67,17-24] sara===tāvā // udgātā rathantareṇa vā bṛhatā vodgāyati /

nanu bahubhi[s] stūyamānatvāt *te stuvata* iti prayoktuṃ yuktam / satyam etat / udgātṛprādhānyāvagamārthas tv ekavacanaprayogaḥ / evam api vacanavairūpyakaraṇe hetur vaktavyo yad idam pṛṣṭhayajñāyajñīyānām ekavacanena stutir vidhīyate (JŚS 18,14; 1,20,13) bahuvacanenānyeṣām / ayam atra hetur yat pūrvokte stotrapañcake nāsti gāyatram asti cānyeṣu / śrutivihitagāyatrapratihāraparigrahārtho bahuvacanaprayoga ity arthaḥ (cf. Bh on JŚS 11,12) /

kim punar ayam pṛṣṭhabhāve sāmnos tulyo vikalpaḥ / kas sandehaḥ / saty asmin vacane [']tha rathantaraṃ vā bṛhad vā pṛṣṭham iti /

nanu prākṛte samāmnāye bṛhacchyaitayor ṛca[ś] (JS 3,15,7-8; 3,15,9-10) śyaitañ (JŪha 1,4,16-18) ca na dṛśyate rathantaranaudhase tu sārdham ṛgbhir dṛśyete (JŪhya 1,1,5-7 on JS 3,4,1-2 and JŪha 1,1,16-18 on JS 3,4,6-7) / tatra tulyavikalpāśrayaṇan na yujyate / atra vadāmaḥ / itthaṃ gṛhṇanto vayam imam āmnāyam anuvartemahi / prathamasomasya rathantaram eva pṛṣṭham kāryam iti (cf. Bh on JŚS 18,26) //

JŚS 18,15.
rathantare prastute *ho* ity uktvādim ādadīta

[Bh 67,25 -68,8] ratha===dīta // rathantare prastute *ho* ity uktvā tata udgīthādim ādadīta /

prastuta ity anarthakam / nānarthakam prastāvāntahovacanayos sandhānārthatvāt / itarathā hi prastāvakālāntarbhāvenaiva hośabdam uktvodgīthādir eva prastāvena sandhīyeta / tad anena nivartyate /

kim punar idam ādyāyām eva stotriyāyāṃ kāryam āho svit sarvāsu / sarvāsv iti brūmaḥ / kutaḥ / rathantare prastuta idaṃ vidhīyate bahukṛtvaś ca rathantaraṃ prastūyate / tasmād ayaṃ vidhiḥ pratistotriyaṃ kāryaḥ /

kiñ cāṅgam etad rathantarasya yad dhovacanam / rathantaran tāvad atrāvartata āvartamānañ ca tat svāṅgaṃ hośabdam apy āvartayati bhuktir iva pādanirṇejanādīni /

nanv asya stotrāṅgatā yuktā / neti brūmaḥ / rathantaram iti hi sāmno nāma na stotrasya / kāmaṃ vā kayā cit kalpanayā stotre [']py asmin rathantaraśabdo vartatām / tathāpi tu bhavadabhipretā hośabdānāvṛttir na sidhyati / stotram api hīdam bahukṛtvaḥ prastūyate /

atha vā na sakṛd api stotram prastūyate / sāmāvayavā hi prastāvādayo na stotram eṣāṃ viśeṣaṇatvenāvakalpate / yady api kathañ cid avakalpeta tathāpi *ho* iti brūyād ity etāvatārthasiddhau *ho ity uktvādim ādadīta-* ity ādisanbandhena vidhānād āder idam aṅgam bhavati / tadāvṛtter āvartetaiva /

nanu cāsyāṅgāni na stotrasya / kim ataḥ / idam ato bhavati / tair api hośabdenevāvartitavyam iti / atra brūmaḥ / pṛṣṭhāhutyādayas sāmāṅgatve [']pi nāvartante / sakṛdanuṣṭhitair eva taiḥ pratistotram upakriyate / na hi te prathamastotriyāntarbhāvena prayujyante yatas tasyādāv evopakuryuḥ / hośabdavacanan tu prastute sāmni kriyamāṇaṃ svāśrayasyaiva stotriyāviśeṣasyopakartuṃ śaktaṃ nānyasya / tasmād idam āvartate na pṛṣṭhāhutyādayaḥ / *dadyāt kanakaviṣāṇaṃ gośatam* iti śrutvā kanakaśṛṅgatā sarvagavāṃ kriyate / tata[s] stotrāṅgatve [']pi niścitāsyāvṛttiḥ //

JŚS 18,16.

bṛhati prastuta *ā* ity uktvādim ādadīta

[Bh 68,9] bṛha===dīta // idam adhastanād abhinnavyākhyam //

JŚS 18,17.

rathantare prastūyamāne sammīlayet

[Bh 68,9-12] ratha===layet // rathantare prastūyamāne cakṣuṣī saṃmīlayet / atrāpi pūrvasyevāvṛttim eva niścinumahe /

kim punar idam prastāvāṅgam / neti brūmaḥ / yadi hy asya prastāvāṅgataiṣiṣyata rathantaram prastuvan saṃmīlayed ity avakṣyata / prastāvāṅgaṃ hi prastotraiva kartavyam / yatas tv evam anuktan tasmād udgātraiva kartavyam //

JŚS 18,18.

svar dṛśam prati vipaśyet

[Bh 68,12-19] svardṛ===paśyet // ayam akṣṇoḥ prastāvakāle saṃmīlitayor unmīlanakālaḥ kathyate / *svar dṛśam* iti prati vipaśyet / vivṛṇuyād unmīlayed ity arthaḥ /

yatra puna[s] *svar dṛśam* iti śabdo [']yan na śrūyate tatra katham / tatrāpi yāni *svar dṛśam* ity anena tulyasthānāny udgīthāntyākṣaracatuṣṭayāni tāni vaktum upakramamāṇo vidhim etam anutiṣṭhet / na hi *svar dṛśam* iti śabdenātra prayojanam / kena tarhi / tallakṣitena kālena / sa ca kālas tadabhāve [']pi vidyata eva / yathā *pūrvāṃ sandhyāñ japaṃs tiṣṭhet sāvitrīm ārkadarśanād* (Manu 2,101a) iti vidhim etam anutiṣṭhan hi meghādicchinnam arkam adṛṣṭvāpy arkadarśanalakṣite kāla uparamati tadvad atrāpi //

JŚS 18,19.

yāvat stobhet tāvat pṛthivyāṃ hastau syātān devarathasyānapavyādhāya

[Bh 68,19-29]
yāva===dhāya // yāvatkālaṃ stobhet tāvatkālam udgātur hastau pṛthivyāṃ syātām / arthavādo vākyaśeṣaḥ / tasyāyam arthaḥ / rathantaran devarathaḥ / tam idānīm udgātārūḍhaḥ / *kṣipraṃ gāyed* (JB 1,330: 137,32) iti vacanam anuvartamānam udgātāram āśu dhāvann apavidhyed api / tatparijihīrṣayā pṛthivī hastābhyām ālambyate / tad ucyate *devarathasyānapavyādhāya-* iti / ṣaṣṭhī kartari / devarathenodgātur anapavyādhāyety arthaḥ /

asvayonirathantaran daśama evāhni stubhyate (JŪhya 1,6,1-3.4-6 on JS 3,58,7-8 and 3,4,3-5; JB 3,292-293; JK 2,32: 149,4-5) / tatrāgniṣṭudādau (JŪhya 2,1,32-34 on JS 4,14,1-2; JB 2,137: 219,4-5; JK 1,29: 127,19-20; JK 4,29: 174,18-24) ca kim ayaṃ vidhir na gacchati / atra brūmaḥ / yady ayaṃ vidhi[s] stobhāśrayo [']bhaviṣyan nāgamiṣyad agniṣṭudādau / rathantaraṇimitta eva tv ayaṃ vidhir na stobhanimittaḥ / evaṃ hi śrūyate / *eṣa vāva [sic] devaratho yad rathantaram / rathantare prastute pṛthivīṃ hastābhyāṃ gacched devarathasyānapavyādhāya-* [*sic*] (JB 1,130: 55,22-23) iti / tasmād agniṣṭudādāv api rathantaraṃ gāyan yo [']sya vidheḥ prakṛtau stobhopalakṣitaḥ kālas tasmin kāle pṛthivīm ālambeta /

eṣām api dharmāṇām adhikāre *yadi rāthantaras soma[s] syād* (JB 1,130: 55,16-17) *yadi bārhatas soma[s] syād* (JB 1,130: 55,17) iti śrutau dṛśyamānatvād brahmasāmādibhāve bṛhadrathantarayor eṣām apravṛttiḥ / asminn arthe vacanam eva tāṇḍisūtre vidyate *tasyāpṛṣṭhasya sato nivarteran dharmā* (DŚS 6,1,19a = LŚS 2,9,16) iti /

pṛṣṭhena stute māhendran nāma śastram śasyate / atha hūyate māhendro grahaḥ / tam anuvartante nārāśaṃsāḥ / tadbhakṣaṇānantaraṃ vakṣyamāṇasyāvasaraḥ //

JŚS 18,20.

vāmadevyasya stotram āharati

[Bh 69,1] vāma===rati //

JŚS 18,21.*

tat pratigṛhyaitā vyāhṛtīr abhivyāharati

gauś cāśvaś cājā cāviś ca vrīhiś ca yavaś ca

[Bh 69,1-2] tatpra===vaśca // tat stotram pratigṛhya etāṣ ṣaḍ vyāhṛtīr abhivyāharati / itikaraṇādhyāhāreṇedaṃ vākyaṃ vyākhyeyam //

JŚS 18,22.*

āpo vāyur āpo vāyur iti

[Bh 69,2] āpo===riti // idañ ca yajur abhivyāharati /

atha vaikam evedaṃ vākyam //

JŚS 18,21-22*.*

tat pratigṛhyaitā vyāhṛtīr abhivyāharati

gauś ca-

aśvaś ca-

ajā ca-

aviś ca

vrīhiś ca

yavaś ca-

āpo vāyur āpo vāyur iti

[Bh 69,2-7] tatpra===riti // asmin vyākhyāna *āpo vāyur āpo vāyur* ityantās sarvā evaitā vyāhṛtayaḥ /

yady api ṣaṇṇām eva vyāhṛtisaṃjñāyā śrutāv upādānam (cf. JB 1,333: 139,5) *vyāhṛtya-* (JB 1,333: 139,9) iti coditatvād *āpo vāyur āpo vāyur* ity asyāpi yuktam eva vyāhṛtitvam / evaṃ hi śrūyate *sa yadi vṛṣṭikāma[s] syād āpo vāyur āpo vāyur iti purastād vyāhṛtya vāmadevyena stuvīta-* (JB 1,333: 139,9-10) iti /

nanu kāmyasya nityavad vidhānam anupapannam / nāyam atra doṣas sampannāyā vṛṣṭes sarvapuruṣābhīṣṭatvāt /

vyāhṛtyanantaraṃ *pratyeti vāg* (JŚS 11,5) iti pratipadyeta //

JŚS 18,23.

sa vāmadevyena stute madhyamayā vācānejan

[Bh 69,8-9] savā===nejan // sa udgātā madhyamayā vācānejann akampamāno vāmadevyena stute / *madhyamayā vācā-* iti savanasvarāpavādaḥ (cf. Bh on JŚS 8,15; 18,25) //

JŚS 18,24.

ā pratihārād anavānaṃ gāyet

[Bh 69,9-10] āpra===gāyet // ā pratihārād vāmadevyam anavānaṃ gāyet / udgīthamadhye nāramed ity arthaḥ //

JŚS 18,25.

pratihāra eva pratihriyamāṇe *vāg* ity udgātā brūyāt

[Bh 69,10-25] prati===brūyāt // pratihāre pratihriyamāṇa eva *vāg* iti brūyād udgātā /

nanv āmnāyato [']pi vākchabdo vāmadevye sidhyati (JŪha 1,1,13-15) / satyam / sidhyati / ūrdhvan tu pratihārād āmnāyataḥ prāptaḥ pratihāratulyakālatām anena vidhinā nīyate / iyaṃ hi vacanavyaktiḥ / yad *vāg* ity udgātā brūyāt tat pratihāre pratihriyamāṇa eveti /

nanv evam ācāryasyāmnāyaviruddhavāditvan doṣaḥ prasajati / atra brūmaḥ / śrutāv api vidyate / *pratihāra eva pratihriyamāṇe vāg ity udgātā brūyād* (JB 1,140: 59,16-17) iti / tasmād ittham mantavyam / sahaiva pratihāreṇāyam āmnāto vākchabdas sahoccāraṇasya dvayor abhāvāt pratihārād ūrdhvam āmnāyata iti /

udgātṛgrahaṇam anarthakam / nānarthakam anejanamadhyamasvarayor ekavacanasaṃyogād udgātur eva prāptayoḥ prastotṛpratihartror api prāpaṇārthatvāt /

atha vā śrutivākyasyaivātra prakṣepād aparihāryam udgātṛgrahaṇam /

kim punar ime dharmā[s] sthānacyutam api vāmadevyam upasarpanti / atra brūmaḥ / bṛhadrathantarayo[s] sthānacyutau dharmābhāvaḥ pratyapādi / idaṃ kila tatra kāraṇam / *rāthantaras somo* (JB 1,129: 55,4; 1,130: 55,17) *bārhatas soma* (JB 1,129: 55,5; 1,130: 55,17) iti dharmavidhisannidhau dṛśyata iti (cf. Bh on JŚS 18,13.19) / tatraitasmād darśanād ayan nyāya upalabhyate / sthānacyutis sāmno dharmābhāve nimittam iti / tenaiva nyāyena vāmadevyasyāpi sthānacyutasya dharmābhāvo niścīyate / nyāyo hi kasmiṃś cid upalabdhas tatsadṛśe [']nyasminn api bhavati / vākchabdas tv āmnāyamūlatvād yatrāmnāyate tatraivāvatiṣṭhate / sthānād apāyam anapāyaṃ vā nāpekṣate / tasmād ayam āgniṣṭute vāmadevye na pravarteta trairātrike (JŪha 4,2,1-3 on JS 3,19,1-2; JK 4,92) tu pravartetaiva /

tatra ke cid vadanti / sāmno dharmābhāvasya sthānacyutir yonicyutiś ca dvayaṃ saṃyuktan nimittam bhavati / tataś ca yathā cyutam api yone[s] svasthānavarti sāma dharmān labhate tathaiva cyutam api sthānāt svayonyavasthitaṃ labhetaiva dharmān iti / tathā sati bṛhati brahmasāmni vāmadevye ca trairātrike pravarterann eva dharmāḥ //

JŚS 18,26.
atha naudhasena

[Bh 69,26 - 70,2] atha===sena // atha naudhasena stute /

rathantarapṛṣṭhābhiprāyam etad vacanam / bṛhatpṛṣṭhe tu śyaitena brahmasāmnā bhavitavyam / evaṃ hi śrutir āha *rathantareṇa stuvantīdaṃ vai rathantaram / atha vāmadevyenedaṃ vā antarikṣaṃ vāmadevyam / atha naudhasenādo vai naudhasam / anantarhitān eveta ūrdhvān lokāñ jayati / bṛhatā stuvanty ado vai bṛhat / atha vāmadevyenedaṃ vā antarikṣaṃ vāmadevyam / atha śyaitenedaṃ vai śyaitam / anantarhitān evāmuto [']rvāco [sic] lokān jayati-* (JB 1,146: 62,19-22) iti / yac cādo vacanam *atha naudhasaṃ vā śyaitaṃ vā brahmasāma-* (JB 1,313: 131,20) iti tad apy uktavacanānurodhena pṛṣṭhavyavasthayaiva sāmno vikalpa iti mantavyam / tasmād ayaṃ rāddhāntaḥ / rathantare pṛṣṭhe sati naudhasam brahmasāma bṛhati śyaitam iti /

kimartham punar ācāryeṇa *śyaitena vā-* ity atra noktam / yat pūrvam ṛksāmāmnāyadarśanavaśenopalabdham prathamasomasya rathantaram eva pṛṣṭham (cf. Bh on JŚS 18,14) iti tasya dārḍhyārtham //

JŚS 18,27.
atha kāleyena

[Bh 70,2] atha===yena //

JŚS 18,28.
iti santiṣṭhate mādhyandinaṃ savanam

[Bh 70,3-4] iti===vanam // dinasya madhyamo bhāgo madhyandinaḥ / tasmin bhavam mādhyandinaṃ savanam itthaṃ santiṣṭhate //

[Bh 70,5-6]

śyaitasya brāhmaṇāt prāptiś śaṅkitāmnāyavīkṣaṇāt /
gānīkṛtya tu gītatvāt siddhāgniṣṭomasāmatā //

[Bh 70,7-8] iti jaiminīyasūtravṛttau pṛṣṭhavidhir aṣṭādaśaḥ khaṇḍaḥ //

JŚS 19. (pūtabhṛtpavanam ārbhavaḥ pavamānaś ca)

JŚS 19,1.

atha tṛtīyasavane

[Bh 71,12] atha===vane // anantaran tṛtīyasavane kriyākramaṃ vakṣyāmaḥ //

JŚS 19,2.

prapadanasyāvṛtā prapadya
vedyākramaṇena vedim ākramya-
ādityam upatiṣṭhate-
adhvanām adhvapata (JŚS 13,2) ity etenaiva

[Bh 71,12-14] prapa===naiva // prapadanasyāvṛtā yajñopavīty ācānto *dhā asi-* (JŚS 8,2) iti vedim prapadya vedyākramaṇena *mṛdā śithirā-* (JŚS 13,1) ity anena vedim ākramya-*adhvanām adhvapata* (JŚS 13,2) ity etenaiva yajuṣādityam upatiṣṭhate //

JŚS 19,3.

atha- *aindrīm āvṛtam anvāvarta* (JŚS 13,9) iti
dakṣiṇam bāhum anu paryāvṛtya-
uttareṇāgnīdhrañ ca sadaś ca parītya
paścāt sadasa īkṣamāṇas
samastān dhiṣṇyān upatiṣṭhate-
agnayas sagarā (JŚS 13,25) ity etenaiva

[Bh 71,14-16] athai===naiva // athānena yajuṣā dakṣiṇam bāhum anu paryāvṛtyāgnīdhrañ ca sadaś cottareṇa parītya paścāt sadasas tiṣṭhan samastān dhiṣṇyān āhavanīyādīn dakṣiṇavedyantaparyantān īkṣamāṇaḥ- *agnayas sagarā* (JŚS 13,25) ity etenaiva yajuṣopatiṣṭhate //

JŚS 19,4.

atha sadaḥ prapadya
tayaivāvṛtopaviśya
dakṣiṇena hotur dhiṣṇyam
pūrvayā dvārā sadaso [']dhi niṣkramya
pūrvayā dvārā havirdhānam prapadya-
uttarasmin havirdhāne pūtabhṛtam pavayati
vasavas tvā punantv (JŚS 8,18) ity etenaiva

[Bh 71,16-20] atha===naiva // atha sadaḥ prapadya dakṣiṇenaudumbarīm parītya tayaiva prātassavanoktayaivāvṛtāstāva upaviśya hotur dhiṣṇyan dakṣiṇena gatvā sadaso [']dhi pūrvayā dvārā niṣkramyādhvaryupathena gatvā pūrvayā dvārā havirdhānagṛham prapadyottarasmin havirdhāne śakaṭe sannam pūtabhṛtan nāma mṛnmayam mahat pātraṃ *vasavas tvā punantv* (JŚS 8,18) ity etenaiva mantratrayeṇa daśāpavitreṇa pavayati / śakaṭopari sannasya pūtabhṛta upaviṣṭena pavanāsaukaryād upaveśanāvidhānāc ca tiṣṭhataiva pavayitavyam /

etenaiva pavitreṇeti vā vyākhyātavyam //

JŚS 19,5.
pūrva eva pūtabhṛt

[Bh 71,21-22] pūrva===tabhṛt // dvayor ambhṛṇayor uttarahavirdhānāvasthitayoḥ pūrva eva pūtabhṛd bhavati / evakāro *gaur eva rathantaram* (JB 1,333: 139,6) *iyam eva prācī dik prathamam ahar* (JB 3,372: 507,19) ityādiṣv api vākyālaṃkārārthaḥ //

JŚS 19,6.
apara ādhavanīyaḥ

[Bh 71,23] apa===nīyaḥ // tayor evāpara ādhavanīyasaṃjño bhavati / idam prasaṅgena jñānārtham uktam //

JŚS 19,7.
pūtabhṛto mukhe pavitraṃ vitanoti *pavitran te vitatam brahmaṇas pata* (JS 3,20,9-11) ity etenaiva (cf. JŚS 9,9)

[Bh 72,1] pūta===naiva // pūtabhṛto mukhe *pavitran ta* (JS 3,20,9-11) ity etenaiva tṛcena pavitraṃ vitanoti //

JŚS 19,8.
tatra yathādeśaṃ śukrapavitāraḥ kurvanti

[Bh 72,1-3] tatra===rvanti // tatra yathāvacanaṃ śukrasya pavitāra udgātāro [']dhvaryuprabhṛtayaś ca kurvanti / rājānayanādīnām ātmābhimarśanāntānām prātassavanikānāṃ vidhīnāṃ (JŚS 1,9,10-18) sarveṣām api parigraho *yathādeśam* iti kriyate //

JŚS 19,9.
kṛte tayaivāvṛtā samprasarpya sadasi pavamānena stuvate

[Bh 72,4-5] kṛte===vate // tathā kṛte tayaiva prātassavanoktayaivāvṛtā (cf. JŚS 10,1ff.) samprasarpya sadasi pavamānenārbhavena stuvate //

JŚS 19,10.

sāmne sāmne hiṃkurvanti

[Bh 72,5] sāmne===rvanti //

JŚS 19,11.

anavānam uṣṇikkakubhau gāyed ā pratihārāt

[Bh 72,5-7] ana===hārāt // uṣṇikkakubhyān tadāśraye sāmanī lakṣyete / uṣṇikkakubhāv anavānam ā pratihārād gāyet / *sabhapauṣkale* ity avacanaṃ śaṅkusujñānādiṣv api prāpaṇārtham //

JŚS 19,12.

stute paśunā caranti

[Bh 72,7] stute===ranti // pavamānena stute paśunādhvaryavaś caranti //

JŚS 19,13.

atha puroḍāśaiḥ

[Bh 72,7-8] atha===ḍāśaiḥ // atha savanīyaiḥ puroḍāśaiś caranti //

JŚS 19,14.

atha rājñā

[Bh 72,8] atha rājñā //

JŚS 19,15.

rājani bhakṣite sīdanti nārāśaṃsāḥ

[Bh 72,8-10] rāja===śaṃsāḥ // rājani bhakṣite nārāśaṃsās sīdanti /

nanv ayam arthas *sakṛt tṛtīyasavana* (JŚS 16,16) iti pūrvam eva vyadhāyi / satyam etat / tatsiddhasyaivāyam anuvādaḥ kriyate kramāvagamanārtham anyavivakṣayā ca / tasmād adoṣaḥ //

JŚS 19,16.

sanneṣu nārāśaṃseṣu
tryāvṛt puroḍāśaśakalāny upāsyanty
atra pitaro mādayadhvaṃ yathābhāgam āvṛṣāyadhvam ity
atra pitāmahā
atra prapitāmahā iti

[Bh 72,11-15] sanne===iti // atha sadaso niṣkramyāparayā dvārā havirdhānam prapadya tatra sanneṣu nārāśaṃseṣu tryāvṛd yathā tribhir uptānān tisro rājayo bhaveyus tathā puroḍāśaśakalāni trīṇi trīṇi tribhir ebhir mantrair upāsyanti / *mādayadhvam* ityādir anuṣaṅgaḥ / atra- *asaṃsparśanaṃ sarvatrājyalepena somasya-* (ŚŚS 7,5,10) iti vacanād ājyalepasya ca puroḍāśeṣv ekāntasannipatanān ınārāśaṃseṣv iti sāmīpyalakṣaṇā saptamī grāhyā / yathā *gaṅgāyāṃ gāvo [']vaṭe bhuñjata* iti / tato nārāśaṃsānāṃ samīpe dakṣiṇata upāsyeyuḥ / upaśabdenaiva vā sāmīpyaṃ lakṣyate /

asminn anyeṣu ca pitṛkarmasu prācīnāvītinā bhavitavyam / tasya manvādivacanasiddhatvād (Manu 3,279, etc.) atrāvacanam //

[Bh 72,16-17]
yo [']sau praṇītotsekādau prācīnāvītitāvidhiḥ /
na tasya parisaṃkhyārthas sa smṛter upalakṣakaḥ //

[Bh 72,18-19] iti jaiminīyasūtravṛttāv ekonaviṃśaḥ khaṇḍaḥ //

JŚS 20. (saumyo carur agniṣṭomasāma ca)

JŚS 20,1.
śaste vaiśvadeve nārāśaṃsān bhakṣayanti

[Bh 73,15] śaste===yanti // vaiśvadevan nāmāsti śastram / tasmiṃ śaste nārāśaṃsān bhakṣayanti //

JŚS 20,2.
bhakṣiteṣv agnīc chālākān upakalpayate

[Bh 73,15-18] bhakṣi===yate // teṣu bhakṣiteṣv āgnīdhraś śālākān nāmāgnīn upakalpayate / śālākāsu prajvalayya dhiṣṇyāgnīnām asmin savane viharaṇam / tad idam uktañ *śālākān upakalpayata* iti /

ke cid asminn api savane pavamānānantaram eva dhiṣṇyān viharanti (cf. BaudhŚS 8,11; ĀpŚS 13,11,1-2; CH nos. 222, 224) //

JŚS 20,3.
saumyena caranti

[Bh 73,18-19] saumye===ranti // somadevatyena caruṇādhvaryavo [']smin kāle vyāpriyante //

JŚS 20,4.
caritvaitam āharanti

[Bh 73,19] cari===ranti // caritvaitañ caruṃ sadasy āharanti //

JŚS 20,5.

tam avekṣate

yan me mano yamaṃ gataṃ
yad vā me aparāgatam /
rājñā somena tad vayam punar asmāsu dadhmasi //
manasi me cakṣur adhāś
cakṣuṣi me manaḥ /
āyuṣmatyā ṛco mā chetsi
mā sāmno bhāgadheyād vi yoṣam iti

[Bh 73,19-20] tama===miti // tañ carum ābhyām ṛgyajurbhyām udgātāvekṣate //

JŚS 20,6.

tad dhāpi cchāyām paryavekṣeta-
ātmano [']praṇāśāya

[Bh 73,20-22] taddhā===śāya // tasmiṃs tu carau svāñ chāyām api paryavekṣeta / *ātmano [']praṇāśāya-* ity arthavādaḥ /

ātmana iti vā chāyāviśeṣanam / *apraṇāśāya-* ity etāvān evārthavādaḥ / tatrāpy arthād *ātmana* ity eva kalpyam / caruś cāyam āsiktabahvājyatvād ādarśa iva cchāyān darśayati //

JŚS 20,7.

atho sarpiṣo [']kṣyor ādadhīta
cakṣuṣa āpyāyanāya

[Bh 73,22] atho===nāya // athāpi carusthāt sarpiṣaḥ kiñ cid gṛhītvākṣṇor ādadhīta / arthavādasyāyam arthaḥ / cakṣurindriyasya vardhanārtham iti //

JŚS 20,8.

tad api vijñānam asad
ya ātmānan na paripaśyed
apetāsus sa syāt

[Bh 73,22-24] tada===sasyāt // tatra caror avekṣaṇe vijñānam apy etat syāt / ya ātmānam ātmanaś chāyāñ carāv asminn avekṣamāṇo na paripaśyet so [']cirād apetāsu[s] syād iti //

JŚS 20,9.

tasmāt satyād apy ājyam bhūya ānīya

pary evātmānan didr̥kṣeta
sarvasyāyuṣo [']varuddhyai

[Bh 73,24 - 74,2] tasmā===ruddhyai // yad idam uktaṃ vijñānan tasmāt satyāt kāraṇād ājyam bhūyaś ca carāv ānīyāpi parididr̥kṣetaivātmānam / chāyān draṣṭum prayatetaivety arthaḥ / didr̥kṣaiva hi śakyā / darśanam atra daivādhīnam / arthavādasyāyam arthaḥ / sarvasya svāyuṣaḥ parigrahāyeti //

JŚS 20,10.

atho saumyasyopahatya-
akṣyor ādadhīta
yena hy ājim ajayan nr̥cakṣā
yena śyenaṃ śakunaṃ suparṇam /
yad āhuś cakṣur aditāv anantaṃ
somo nr̥cakṣā mayi tad dadhātv iti

[Bh 74,3-6] atho===tviti // *saumyasya-* iti ṣaṣṭhī pañcamyarthe / saumyāc caroḥ kiñ cid upahatya tad anaya rcākṣṇor ādadhīta / savye [']py akṣṇi mantro vaktavyaḥ / yathā cedam udgātrā saumye carau vyāpr̥tan tathaiva prastotr̥pratihartārāv api vyāpriyeyātām / uktaṃ hi puruṣasaṃskārāṇām ekavacanavihitānām api sarvārthatvam (cf. Bh on JŚS 10,10; 11,20) / yac ca kiñ cid akṣaragauravam asmin saumyasambandhe granthe tad asya śrautatvād (cf. JB 1,167-168) eva mr̥ṣyatām (cf. Bh on JŚS 11,20) //

JŚS 20,11.

tam avekṣya
dakṣiṇenaudumbarīm paryāhr̥tya
jaghanārdhe sadasas sādayati
prajāpater bhāgo [']si- iti

[Bh 74,7-10] tama===sīti // tañ carum avekṣya dakṣiṇenaudumbarīm paryāhr̥tyāparabhāge sadaso [']nena yajuṣā sādayati /

avekṣya- ity anarthakam / nānarthakan nyāyasiddhasya prastotr̥pratihartror avekṣaṇādes sadbhāvajñāpanārthatvāt /

evañ ced *avekṣya ... sādayati-* iti samānakartr̥katvena śravaṇāt prastotr̥pratihartror anyatareṇa caros sādanam prāpnoti / na prāpnoti / *avekṣya-* iti ṇijantād ayam pratyayaḥ / tatrāyam arthaḥ / prastotr̥pratihartr̥bhyām avekṣaṇaṃ kārayitvā sādayaty udgāteti //

JŚS 20,12.

yajñāyajñīyasya stotram āharati

[Bh 74,11] yajñā===rati // yathetam prativrajyopaviṣṭa udgātari yajñāyajñīyasya stotram adhvaryur āharati //

JŚS 20,13.

tenāprāvr̥ta udgāyet

[Bh 74,12-18] tenā===dgāyet // tena yajñāyajñīyenāprāvr̥ta udgāyet / dvau pakṣau śrutau yajñāyajñīyādhikāre prāvaraṇam aprāvaraṇañ ca (cf. JB 1,174: 73,8-13) / tayor ayam ācāryeṇeṣṭaḥ pakṣaḥ parigr̥hyate /

nanu śrutāv eva pūrvam prāvaraṇapakṣam uktvā tasmin doṣam udbhāvya paścād aprāvaraṇapakṣa evāvadhāritaḥ / satyam etat / śrutyavadhāritānān tu keṣañ cid anityatvajñāpanārtham atra- *aprāvr̥ta* ity ucyate /

kim etasya jñāpane prayojanam / idam ucyate / daśame [']hni brahmasāmnaḥ pañcadaśatvaṃ śrutir avadhārayati *brahmasāmna eva nava stotriyā upādāyātropadadhyād* (JB 3,303: 479,16) iti / tasyānityatvaṃ sidhyati / iṣyate hi saṃvatsaram upagatasya caturviṃśam evāsyāhno brahmasāma (cf. JB 3,302: 479,7-8 *tad āhuś caturviṃśam etad ahaḥ*) / tat kasmād iti cet kāraṇaṃ kalpavr̥ttau kathayiṣyāmaḥ (Bh on JK 1,1,15: 121,1 - 122,13) //

JŚS 20,14.

dvitīyāṃ rathantaravarṇāṃ karoti

[Bh 74,19-21] dvitī===roti // yajñāyajñīyam eva *tad gāyatram iva prastuyād* (JB 1,173: 72,29) ityādivacanānusāreṇa svasyām evoharahasye gīyate / yat tatra saptamaṃ sāma (JŪhya 1,1,17) tasya rathantaravarṇeti nāma / rathantaravarṇām asya stotrasya dvitīyāṃ karoti //

JŚS 20,15.

nidhanam anu patnīṃ samīkṣate
vāmī nāma sandr̥śi
viśvā vāmāni dhīmahi (JB 1,174: 73,6)

Bh 74,22 - 75,1] nidha===mahi // rathantaravarṇāyā nidhanam anu nidhanam uktvānena mantreṇottarata āsīnām patnīṃ samīkṣate /

nanu *vāmī nāma-* ityāde[r] *retāṃsi dhīmahi-* (JŚS 20,16) ityantasyaikatvam madhya itikaraṇābhāvād uktam / tasmād ayaṃ vidhis samantrakaṃ kartavya uttaras tūṣṇīṃ viparyayo vā / atra brūmaḥ / yady api madhye netikaraṇaṃ *vr̥ṣṇas ta* (JŚS 20,16) ityādeḥ patnīkartr̥kapratisamīkṣaṇāṅgatvam eva liṅgasampattaye grāhyam / kiñ ca *tad āhur ā vā etat patny [sic] udgātuḥ prajān datta* (JB 1,173: 73,2) ityādi brāhmaṇam atra mantrabhedam avagamayati / tasmād itikaraṇādhyāhāreṇedaṃ vākyaṃ vyākhyeyam /

kim punar idaṃ rathantaravarṇayaiva nidhanaṃ viśeṣyate na punar yajñāyajñīyena / atra brūmaḥ / ānantaryavihitatvād rathantaravarṇāyās tayaiva nidhanaṃ viśeṣyate / yadi ca yajñāyajñīyena nidhanaṃ viśeṣyeta prāg api rathantaravarṇāyāḥ prathamastotriyānidhane patnī samīkṣyeta / tatra pūrvavākyavihitarathantaravarṇāgānam aṅgīkr̥tyottaravākyavihite patnīsamīkṣaṇe kriyamāṇe vidhānakramo bādhyeta / tasmād api rathantaravarṇayaiva nidhanasya niścinumahe viśeṣaṇam //

JŚS 20,16.

vṛṣṇas te vṛṣṇyāvato
viśvā retāṃsi dhīmahi- iti-
itarā pratisamīkṣate

[Bh 75,1-3] vṛṣṇa===kṣate // anena yajuṣodgātāram itarā pratisamīkṣate / itaraśabdaḥ pūrvasya vidheḥ karmabhāvena sadasi sannihitān tasyaiva kartur udgātur itarām patnīm atropalakṣayati / patnīty avacanaṃ śrutyanukaraṇārtham (cf. JB 1,174: 73,7) / patnyaśaktau yajamāno mantraṃ vadet //

JŚS 20,17.

bhakṣiteṣu yajñāyajñīyasya someṣv
aparayā dvārā sadaso 'dhi niṣkramya-
aparayā dvārāgnīdhram prapadya-
āgnīdhre sruvāhutī juhoti

[Bhb 75,4-22] bhakṣi===hoti // yajñāyajñīyasya someṣu bhakṣiteṣu sadaso [']dhy aparayā dvārā niṣkramyāparayaiva dvārāgnīdhragṛham prapadyāgnīdhre [']gnau vakṣyamāṇe (JŚS 20,18-19) sruvāhutī juhoti /

ke cid āgnīdhraśālāyā ekām eva dvāran dakṣiṇataḥ kurvanti (cf. BaudhŚS 6,27: 190,10; BhŚS 12,9,5; ĀpŚS 11,9,4; HŚS 7,7,1 and comm. quoting Vādhūla [not in VādhŚS or VādhAnvākhyāna!]; VaikhŚS 14,10,1; MŚS 2,2,3,12) /

nanv atra bhakṣyamāṇānāṃ sarvasomānām api yajñāyajñīyasambandhāviśeṣe viśeṣaṇānarthakyād *yajñāyajñīyasya-* ity anarthakam / nānarthakam prathamasome rājanyasya ṣoḍaśino nivāraṇārthatvāt / vakṣyate hi ṣoḍaśinam adhikṛtya *tad ekastotraṃ syāt ṣoḍaśī yajñāyajñīyañ ca-* (JK 3,4,38: 160,5-11) iti / tatra caiṣāṃ ṣoḍaśiyajñāyajñīyayos somānāṃ yajñāyajñīyenaiva viśeṣaṇam ubhayasāmnas somasya rathantareṇevaindreṇeva caindrāgnasyānupapannam / evam asya yajñāyajñīyagrahaṇasya rājanyayajñe viruddhārthavāditvād anyatra bhūtārthānuvāditvāt prasakte nairarthakye prathamasomād rājanyasya ṣoḍaśinam asya sārthakatvāya nivartayāmaḥ /

ke cid idaṃ somabhakṣaṇasya sāmnā viśeṣaṇaṃ somasambandhinām eva cchandogānāṃ somabhakṣaṇañ jñāpayatīti kalpayitvā subrahmaṇyaṃ somabhakṣān niṣedhayanti (cf. Bh on JŚS 14,18) /

kim punar anagniṣṭome [']pi kratāv etatkāle evaite āhutī / neti brūmaḥ / savanasamāptāv evaite āhutī hotavye ity aparayā dvārā niṣkramaṇavidhānād avagamyate / yatra hi savanam asamāptan tatra pṛṣṭhāhutyādau pūrvayaiva dvārā niṣkramaṇavidhir dṛṣṭaḥ (cf. JŚS 18,2) / avadac ca kauṣītakiḥ *nāsaṃsthite savane [']parayā dvārā nissarpati-* [*sic*] (ŚŚS 6,13,6) iti / tasmād uttarāsv api saṃsthāsu yad antyaṃ stotran tasya someṣu bhakṣiteṣu sruvāhutyoḥ kālaḥ /

kim punar atra sruveṇāhutyor viśeṣaṇāt pravṛtahomādiṣu juhvā homaḥ (cf. Bh on JŚS 10,8-10) / naitad avakalpayate / yady evan tatraiṣiṣyatātra *sruveṇāhutī* ity avakṣyata /

siddhenaiva tu sruvasambandhenānayor āhutyo[s] *sruvāhutī* iti saṃjñā yājñikaprasiddhā / asti ca bahusādhāraṇaguṇāvalambiny api saṃjñā / yathā paṅkajam phalguno manobhava iti /

atha vā sruvaparimite dravye sruvaśabdo [']tra vartata agnihotre yathā *sa yaṃ prathamaṃ sruvam unnayati-* (JB 1,40: 16,26) iti / tasmāt pūrṇena sruveṇaite āhutī hotavye //

JŚS 20,18.

apām puṣpam asy
oṣadhīnāṃ rasa
indrasya priyatamaṃ havi[s] svāhā- iti

[Bh 75,23] apāṃ===heti //

JŚS 20,19.

tūṣṇīm uttarām

[Bh 75,23]
tūṣṇī===tarām //

[Bh 75,24-25]
savanasya samāptatvāt sarveṣāṃ saha nirgamaḥ /
sadaso na tu vede[s] syād yato [']syāṃ vidhir uttaraḥ //

[Bh 75,26-27] iti jaiminīyasūtravṛttau viṃśaḥ khaṇḍaḥ //

JŚS 21. (eno[']vayajanam apsuṣomādadhiṣomāś ca)

JŚS 21,1.

anūyājaiś caranti

[Bh 76,13] anū===ranti // anūyājā nāma yāgaviśeṣāḥ / tair idānīm adhvaryavaś caranti //

JŚS 21,2.

anūyājaiś caritvā hāryojanena caranti

[Bh 76,13-14] anū===ranti // anūyājaiś caritvā hāryojananāmadheyena dhānāmiśreṇa graheṇa caranti //

JŚS 21,3.

hāryojanasyoccheṣaṇād iyatīr veyatīr vā dhānā ādāya-
āhavanīyasyānte nidadhaty

āpūryā[s] sthā mā pūrayata prajayā ca dhanena ca- iti

[Bh 76,14-20] hāryo===ceti // hutasya hāryojanasyoccheṣaṇād avaśiṣṭād avayavād iyatīr veyatīr vā dhānā ādāya tā āhavanīyasya samīpa anena yajuṣā nidadhati /

kiyatyaḥ punar iyatyo bhavanti / ime brūmahe / *iyatīr veyatīr vā-* iti nedaṃ vacanam parimāṇadvayasyaiva dhānānāṃ vikalpakam / sarvaparimāṇāpekṣo [']yaṃ vikalpaḥ / dṛśyate hi bahuviṣayā dviruktiḥ / yathā- *ayām ayām* iti- *idam brahmedam brahma-* iti- *iyad itīyad iti-* iti ca / tasmād yathālābham atra dhānā ādeyāḥ /

ke cid vyācakṣate / aṅgulīnām agrāt prabhṛty uttamaparvadvayāntasya parimāṇadvayasyaivāyaṃ vikalpa iti /

idañ ca karma dhānānidhānādy upariṣṭājjapāntaṃ (JŚS 21,3 - 22,16) subrahmaṇyenāpi kartavyam / yat tv asya neṣyate tad uttaratrāsmābhir apavadiṣyate (Bh on JŚS 21,9; 22,12) //

JŚS 21,4.

śākalair enāṃsy avayajante
devakṛtasyainaso [']vayajanam asi
ṛṣikṛtasyainaso [']vayajanam asi
pitṛkṛtasyainaso [']vayajanam asi
manuṣyakṛtasyainaso [']vayajanam asi
parakṛtasyainaso [']vayajanam asi
ātmakṛtasyainaso [']vayajanam asi
enasa enaso [']vayajanam asi- iti

[Bh 76,21 - 77,2] śāka===sīti // saptabhir ebhir mantrair enāṃsy avamoktuṃ yajante /

kim anādeśād ājyena / atra brūmaḥ / mantrāṇāṃ śākalatvavacanād evādiṣṭam atra dravyam / yadi hi śakalair hūyeta tato mantrāś śākalā[s] syuḥ / tasmāt palāśādīnāṃ śakalair atra hotavyam /

atha vā dravyam eva śākalaśabdenābhidhīyate / śākalaiś śakalair ity arthaḥ / svārthe taddhitaḥ /

atha vā nāyan taddhitārthaḥ / tadbhinnam evedam prātipadikaṃ śakalaśabdenaikārtham / dṛśyate hi khaḍgaḥ khāḍgas talas tāla iti /

svāhākāreṇa vinā homasyādarśanād eṣām api mantrāṇāṃ svāhākārāntānām eva śaunakenāmnātatvād (ĀśvŚS 6,12,3) atrāpi svāhākārāntair eva homo niścīyate //

JŚS 21,5.

dakṣiṇena cātvālam
apsuṣomān somabhakṣāvṛtāvaghreṇa bhakṣayanti yugapat
samupahūtā[s] sma iti vābhivyāhṛtya-

apsu dhautasya deva soma te
matiivido nr̥bhi[s] stutasya
stutastomasya śastokthasyeṣṭayajuṣo
yo bhakṣo [']śvasanir gosanis
tasya ta upahūtasyopahūto bhakṣayāmi
vāg juṣāṇā somasya tr̥pyatv iti

[Bh 77,3-5] dakṣi===tviti // appūrṇāś camasā apsuṣomā nāma bhavanti / tān apsuṣomān dakṣiṇena cātvālam upaviśya somabhakṣakrameṇa pr̥thag upahavanigadān abhivyāhr̥tya vā samupahūtā sma iti yugapad abhivyāhr̥tya vānena yajuṣāvaghreṇa bhakṣayanti / avajighrantīty arthaḥ //

JŚS 21,6.

kāma kāmam āvarta iti
dakṣiṇam bāhum anu paryāvartate

[Bh 77,6-7] kāma===rtate // bhakṣaṇānantaram anena yajuṣā dakṣiṇam bāhum anu paryāvartate / bhakṣanimitto [']yam ātmasaṃskāraḥ / tasmād ekavacanavihito [']pi sarvaiḥ kartavyaḥ //

JŚS 21,7.
tūṣṇīm punas savyam bāhum anu paryāvr̥tya
śam adbhyaś śam oṣadhībhyaf
prāṇa somapīthe me jāgr̥hi- iti dvitīyam

[Bh 77,7-9] tūṣṇīṃ===tīyam // savyam bāhum anu punas tūṣṇīm paryāvr̥tyānena yajuṣā dvitīyam bhakṣayanti /

dvitīyam ity anarthakam / nānarthakam *avaghreṇa bhakṣayanti-* (JŚS 21,5) ity asyāvabodhanārthatvāt / dvitīyādayo hi śabdās tulyajātīyāpekṣayaiva pravartante //

JŚS 21,8.

bhakṣayitvā cātvāle [']vanayati
samudraṃ vaf prahiṇomi- (JŚS 11,19) ity etenaiva

[Bh 77,10-11] bhakṣa===naiva // bhakṣayitvā sarveṣām bhakṣaṇād ūrdhvan tān apsuṣomān udgātā *samudraṃ vaf prahiṇomi-* ity etenaiva mantreṇa cātvāle [']vanayati //

JŚS 21,9.

āgnīdhre dadhiṣomān bhakṣayanti
camasena yathāpūrvam pāṇibhir vā yugapad

dadhikrāvṇo akāriṣam (JS 1,37,7) ity etaya rcā

[Bh 77,11-13] āgnī===yarcā // dadhīty eva dadhiṣomāḥ / tān āgnīdhra upaviśya camasena vā yathāpūrvam paryayeṇa pāṇibhir eva vā yugapad etaya rcā bhakṣayanti /

yadi subrahmaṇyas soman na bhakṣayed apsuṣomadadhiṣomān api na bhakṣayet //

[Bh 77,14-15]

nāsya vedau *bahirvedi karoti-* (JB 2,78: 190,28f.) iti girā kriyā /
iṣyate kaiś cid icchāmo vayam prakṛtagā hi gīḥ //

[Bh 77,16-17] iti jaiminīyasūtravṛttāv ekaviṃśaḥ khaṇḍaḥ //

JŚS 22. (avabhṛthaḥ sutyāsaṃsthānaṃ ca)

JŚS 22,1.

patnīsaṃyājaiś caranti

[Bh 78,15] patnī===ranti // patnīsaṃyājair nāma yāgair antaśśālam adhvaryavaś caranti //

JŚS 22,2.

patnīsaṃyājaiś caritvāvabhṛthaṃ saṃsādayanti

[Bh 78,15-16] patnī===yanti // patnīsaṃyājaiś caritvāvabhṛtham apravṛttaprayojanaṃ yajñam agreṇāgnīdhram adhvaryavas saha sādayanti //

JŚS 22,3.

avabhṛthe viṣṭutīr apyajaty audumbarīñ cāsandīñ ca

[Bh 78,16-19] ava===ndīñca // tasminn avabhṛthe viṣṭutīś caudumbarīñ cāsandīñ cāpyajati prakṣipati /

kim iyaṃ somāsandī codyata āho svid gharmāsandī / na somāsandī nāpi gharmāsandī / tayor hi nāsmākaṃ vyāpāraḥ /

nanu nāto [']nyātrāsty āsandī / satyam etat / asti tu mahāvrate (cf. JPA 37,1: 288,1) / tadartham āsandīgrahaṇam //

JŚS 22,4.

antareṇa cātvālañ cotkarañ ca niṣkrāmann āha
prastotas sāma gāya- iti

[Bh 78,19-20] anta===yeti // anena mārgeṇa niṣkrāmann imaṃ sampraiṣam adhvaryur āha //

JŚS 22,5.

sa hiṃkr̥tya sāma trir gāyaty
agniṃ hotāram manye dāsvantam (JS 1,48,10) ity
eteṣān tr̥tīyam (JGG 5,10,15)

[Bh 78,20] sahiṃ===tīyam //

JŚS 22,6.

padāya padāya stobham āha

[Bh 78,20] padā===māha //

JŚS 22,7.

sarve nidhanam upayanti sapatnīkāḥ

[Bh 78,20] sarve===tnīkāḥ //

JŚS 22,8.

devān vā etasmin kāle rakṣāṃsy anvasacanta
sa etad agnī rakṣohā sāmāpaśyat
tena rakṣāṃsy apāghnata
tad yat sarve nidhanam upayanti rakṣasām evāpahatyai

[Bh 78,20] devā===hatyai //

JŚS 22,9.

triḥpratiṣṭhāpaṃ haranti

[Bh 78,20] triḥpra===ranti //

JŚS 22,10.

pratiṣṭhite pratiṣṭhite gāyati
trayo vā ime lokā
eṣāṃ lokānāṃ samaṣṭyai

[Bh 78,20-21] prati===maṣṭyai // eṣāṃ lokānām āptyai //

JŚS 22,11.

avabhr̥theṣṭyā caranti

ava===ranti // asty avabhr̥theṣṭir nāmeṣṭiḥ / tayādhvaryavaś caranti //

JŚS 22,12.

saṃsthitāyām avabhr̥theṣṭyām
upāvasr̥pyāpa ācāmati
bhakṣasyāvabhr̥tho [']si
bhakṣaṇasyāvabhr̥tho [']si
bhakṣitasyāvabhr̥tho [']si- iti

[Bh 78,21-24] saṃsthi===sīti // samāptāyām avabhr̥theṣṭyām upāvasr̥pya tīrtham ebhir mantrais trir apa ācāmati / mantrāṇāṃ liṅgāt *sa yad evātra r̥jīṣa* (JB 2,67: 185,28) iti cārthavādāt somabhakṣasambandhibhis sarvair evācamanaṃ kartavyam / tatra nedam abhakṣaṇapakṣe subrahmaṇyasya (cf. Bh on JŚS 21,3.9) //

JŚS 22,13.

audumbarīr ārdrās sapalāśās samidhaḥ kurvata
edho [']sy edhiṣīmahi- iti

[Bh 78,24 - 79,1] audum===hīti // atha nivr̥ttās tīrthād udumbaramayīr ārdrāḥ parṇavatīs samidho [']nena mantreṇādadate / ekaikā samit sarvair ādeyā //

JŚS 22,14.

gatvāhavanīye samidham abhyādadhāti
samid asi tejo [']si tejo mayi dhehi svāhā- iti

[Bh 79,1-2] gatvā===heti // yo yas samidham ādattavān sa sarvo gatvāhavanīye [']nena yajuṣā samidham abhyādadhāti //

JŚS 22,15.

abhyādhāyopatiṣṭhate
apo [']nv acāriṣaṃ
rasena sam asr̥kṣmahi /
payasvām̐ agna āgaman
tam mā saṃ sr̥ja varcasā- iti

[Bh 79,2] abhyā===seti // abhyādhāya samidham anena yajuṣāhavanīyam upatiṣṭhate //

JŚS 22,16.

athaitaj japati

śañ ca ma upa ca ma āyuś ca me bhūyaś ca me
yajña śivo me santiṣṭhasva
yajña sviṣṭo me santiṣṭhasva
yajñāriṣṭo me santiṣṭhasva- iti

[Bh 79,3] athai===sveti // athaitad yajur japati //

JŚS 22,17.
santiṣṭhate sutyā

[Bh 79,3-5] santi===sutyā // somābhiṣave sutyāśabdaḥ prathamam pravartate / yasminn ahani sutyā sa ca divasas sutyāśabdenābhidhīyate / atra tu sutyādivase kriyamāṇaṃ karmakalāpam upalakṣayati / santiṣṭhate sutyā / yat kartavyaṃ sutyādivase tat sarvam atrāvasīyata ity arthaḥ / samāptatvāt karmaṇo niṣkrāmeyuḥ //

JŚS 22,18.
yathāyathaṃ visr̥jyanta udgātāraḥ

[Bh 79,6-7] yathā===tāraḥ // yathāyathaṃ yathā svaṃ svaṃ gr̥ham praty udgātāro visr̥jyante yajamānena / parigāṇagānapakṣe (cf. JŚS 25,1-4) nedānīm prastotā visr̥jyate (cf. JŚS 25,30) //

JŚS 22,19.
ity aikāhikasya karmaṇaḥ

[Bh 79,7-10] ityai===maṇaḥ // yo [']yañ jyotiṣṭomas sa ekāha ity ucyate / tasyāṅgabhūtaṃ yat karma tad aikāhikam ity arthaḥ / *mahan me [']voca* (JŚS 1,1) ityāder upariṣṭājjapāntasya- (JŚS 22,16) aikāhikasya karmaṇaḥ kriyākramo vyākhyātas sarvañ ca vikr̥tijātam ayam vidhir asmād evaikāhād āskandati / ye tu vaikr̥tā viśeṣās teṣāṃ kaiś cid atrāpi kalpitāḥ pariśiṣṭāḥ paryadhyāye kalpayiṣyante //

[Bh 79,11-12]
agniṣṭomena yaṣṭavyam ādau rāthantareṇa tu /
tataḥ prakr̥tibhedānāṃ yena kena cid uttaram //

[Bh 79,13-14] iti jaiminīyasūtravr̥ttau dvāviṃśaḥ khaṇḍaḥ //

[Bh 80,17 - 81,20] brāhmaṇācāryavacanālocanasamupajātaprajñair asmābhir asminn avasare **prakr̥tīnām r̥ksāmaparikalpanārthaṃ kaś cid granthas sandr̥bhyate** (see also Bh/J 141,5 - 145,25) / sarvatra prathamāni prātassavanāni //

rathantarasāmāgniṣṭomaḥ /
tasya rathantarasāmnaḥ prātassavanam (JK 3,2,1-2) /
uccā ta (JS 3,3,1-3) iti gāyatrāmahīyave /
dvitīyā tu gāyatre- *asya pratnām* (JS 3,11,1) iti (JB 1,119: 51,14-15) /
punānas soma dhārayā- (JS 3,3,4-5) iti rauravayaudhājaye /
pra tu drava- (JS 3,3,6-8) ity auśanam antyam /
rāthantarāṇi pr̥ṣṭhāni (JK 3,2,12) /
svādiṣṭhayā- (JS 3,5,1-3) iti gāyatrasaṃhite /
ayā pavasva devayuḥ (JS 3,5,4) *pavate haryato harir* (JS 3,5,5) iti sabhapauṣkale ekarce /
purojitī vo andhasa (JS 3,5,6-8) iti śyāvāśvāndhīgave /
abhi priyāṇi pavate canohita (JS 3,5,9-11) iti kāvam antyam /
yajñā yajñā vo agnaya (JS 3,5,12-13) iti yajñāyajñīyam agniṣṭomasāma //

athātyagniṣṭomaḥ /
tasyaitasyām eva kl̥ptau
śyāvāśvasya sthāne nānadam madhuścunnidhanaṃ śyāvāśvam iti sāmatr̥caḥ /
yajñāyajñīyād ūrdhvaṃ harivatīṣu (JS 3,6,9-11) gaurīvitam atyagniṣṭomasāma (JK 3,4,39) //

athokthyaḥ /
tasya sarvam āgniṣṭomikam /
upariṣṭād ukthāni / tāni sākamaśvavanti (JK 3,2,13: 155,27) //

athokthyaṣ ṣoḍaśimān /
tasyaitasyām eva kl̥ptāv
ātyagniṣṭomiky anuṣṭup /
upariṣṭād dharivatīṣu (JS 3,6,9-11) gaurīvitaṃ ṣoḍaśisāma (JK 3,2,15) //

athātirātraḥ /
tasyaitasyām eva kl̥ptau nārmedham antyoktham /
ṣoḍaśinaḥ pare paryāyāḥ /
tebhyo rāthantaras sandhiḥ /
te brāhmaṇakl̥ptāḥ (cf. JB 1,206-232) //

atha br̥hatsāmāgniṣṭomaḥ /
tasya br̥hatsāmnaḥ prātassavanam (JK 3,3,1-2.11) /
bārhatāni pr̥ṣṭhāni (JK 3,3,13-15) /
rathantarasāmna itarat //

athātyagniṣṭomaḥ /
tasyaitasyām eva kl̥ptāv ātyagniṣṭomiky anuṣṭup /
prasiddhaṃ saṃsthāsāma //

athokthyaḥ /
tasyāsmād agniṣṭomāt parāṇi sattrāsāhīyavanty ukthāni (JK 3,3,16) //

athokthyaṣ ṣoḍaśimān /

tasyaitasyām eva kḷptau
ṣoḍaśinā viśeṣakḷptiḥ //

athātirātraḥ /
tasyaitasyām eva kḷptāv atirātrokthāni (cf. JK 3,2,14) /
paryāyasandhīnām bhāvas sarvātirātreṣu ye [']tirātre kḷptāḥ //

athobhayasāmā rathantarapṛṣṭho [']gniṣṭomaḥ /
tasya rathantarapradhānasya prātassavanam (JK 3,4,1-2.14-15) /
śyāvāśvaṃ śyaitam āndhīgavam iti pūrvo bṛhatas sāmatṛcaḥ /
rathantarasāmna itarat //

athātyagniṣṭomaḥ /
tasyaitasyām eva kḷptau nānadam āndhīgavaṃ śyāvāśvam iti sāmatṛcaḥ /
prasiddhaṃ saṃsthāsāma (JK 3,4,39) //

athokthyaḥ /
tasyāsmād agniṣṭomāt parāṇi sākamaśvavanty ukthāni (JK 3,2,13) //

athokthyaṣ ṣoḍaśimān /
tasyānenātyagniṣṭomena samānam ā yajñāyajñīyāt /
sākamaśvavanty ukthāni (JK 3,2,13) /
prasiddhaṃ ṣoḍaśisāma (JK 3,2,15) //

athātirātraḥ /
tasyaitasyām eva kḷptau nārmedham antyoktham /
kḷptam uttaram //

athobhyasāmā bṛhatpṛṣṭho [']gniṣṭomaḥ /
tasya bṛhatpradhānasya prātassavanam (JK 3,4,1.3-4.16-17) /
yaudhājayasya sthāne rathantaram / tatra doṣaḥ prakṛtisāmāpāyaḥ /
rauravaṃ yaudhājayan naudhasam iti pūrvo rathantarāt sāmatṛcaḥ / tatra doṣo nidhanavatāṃ sannipātaḥ /
atraiva cottaram āṣṭādaṃṣṭran naudhasasya sthāne / pūrvasyaiva hi dṛṣṭam ukthasāmatvam /
bṛhatsāmna itarat //

athātyagniṣṭomaḥ /
tasyaitasyām eva kḷptau prathamātyagniṣṭomād anuṣṭup /
[pra]siddhaṃ saṃsthāsāma (JK 3,4,39) //

athokthyaḥ /
tasyāsmād agniṣṭomāt parāṇi sattrāsāhīyavanty ukthāni (JK 3,3,16) //

athokthyaṣ ṣoḍaśimān /
tasyānenātyagniṣṭomena samānam ā yajñāyajñīyāt /
sattrāsāhīyavanty ukthāni (JK 3,3,16) /
prasiddhaṃ ṣoḍaśisāma (JK 3,2,15) //

athātirātraḥ /
tasyaitasyām eva kḷptāv atirātrokthāni (JK 3,2,14) /

kḷptam uttaram //

atha samyakpṛṣṭho [']gniṣṭomaḥ /
tasya samyakpṛṣṭhasya prātassavanam (JK 3,4,1-2.14-15) /
naudhasasya sthāne bṛhat /
rathantarasāmna itarat //

athātyagniṣṭomaḥ /
tasyaitasyām eva kḷptau prathamasyānuṣṭubhi madhuścunnidhanasya sthāne śyaitam /
prasiddhaṃ saṃsthāsāma (JK 3,4,39) //

athokthyaḥ /
tasyāsmād agniṣṭomāt parāṇi sākamaśvavanty ukthāni (JK 3,2,13) //

athokthyaṣ ṣoḍaśimān /
tasyānenātyagniṣṭomena samānam ā yajñāyajñīyāt /
sākamaśvavanty ukthāni (JK 3,2,13) /
prasiddhaṃ ṣoḍaśisāma (JK 3,2,15) //

athātirātraḥ /
tasyaitasyām eva kḷptau nārmedham antyoktham /
kḷptam uttaraṃ kḷptam uttaram //

JŚS 23. (agnyādheyam agnihotraś ca)

JŚS 23,1.

agnyādheye sāmnāṃ gānakālam upadekṣyāmaḥ

[Bh 81,21-23] agnyā===kṣyāmaḥ // yena karmaṇāgnayo gārhapatyādaya ādhīyante tad agnyādheyam / tasya somāt pūrvasyāpi sataḥ pūrvam avacane pūrvam eva kāraṇam pratyapādi (cf. Bh introd. to JŚS 1,1,1) / iha tūcyate / agnyādheye liṅgaśākhāntarīya-vacanaprāpitānāṃ sāmnāṃ gānasya kālam upadekṣyāmaḥ / atha gānan tatkālañ ceti kalpyam //

JŚS 23,2.

yajñopavītaṃ kṛtvāpa ācamya-
uttareṇa vihāradeśam parītya-
apareṇa gārhapatyāyatanam prāṅmukhas tiṣṭhann
araṇyor nihito jātavedā (JS 1,8,7) ity
araṇyos sannidhīyamānayor
ghṛtācer āṅgirasasya sāma (JGG 1,8,8) gāyati

[Bh 81,24-26] yajño===yati // yajñopavīty ācānto [']gnīnāṃ viharaṇadeśam uttareṇa parītya gārhapatyasyāyatanam apareṇa prāṅmukhas tiṣṭhann *araṇyor* (JS 1,8,7) ity asyām ṛci ghṛtācer āṅgirasasya sāmādharottarayor araṇyos saṃyojyamānayor gāyati //

JŚS 23,3.

agnin nara (JS 1,7,10) iti
mathyamāne
rāśivairājam (JGG 1,7,15 or 16)

[Bh 81,27] agniṃ===rājam // asyām ṛci rāśivairājam mathyamāne gāyati //

JŚS 23,4.

tveṣas te dhūma ṛṇvati- (JS 1,9,3) iti
dhūma udyati
kaunmudam (JGG 1,9,4)

[Bh 82,1] tveṣa===nmudam // asyām ṛci kaunmudam udyati dhūme gāyati //

JŚS 23,5.

adarśi gātuvittama (JS 1,5,3) iti
jāte
gāthinaḥ kauśikasya sāma- (JGG 1,5,6)
agneś ca śraiṣṭhyam (JGG 1,12,16)

[Bh 82,1-6] ada===śraiṣṭhyam // asyām ṛci gāthinaḥ kauśikasya sāma ca yac cādo [']gne[ś] śraiṣṭhyam iti tac ca jāte [']gnau gāyati /

agne[ś] śraiṣṭhyāt pūrvasmin sāmacatuṣṭaya (cf. JŚS 23,2-5) ṛgādigrahaṇam anarthakam / nānarthakam ṛggataliṅgaparijighṛkṣayaiṣāṃ sāmnāṃ gānam iti jñāpanārthatvāt /

kim etasya jñāpane prayojanam / vakṣyamāṇabrahmasāmagānagrahaṇapakṣe (cf. JŚS 23,21) sāmacatuṣṭayam idam anādṛtya rcām evāsāṃ vacanam / udgātur eva hi gānaprādhānyan na brahmaṇaḥ /

atha vedaṃ vijñānam ṛggrahaṇasya prayojanam / ṛggatāl liṅgāt sāmacatuṣṭayam idam pravṛttan na vacanād iti //

JŚS 23,6.

gārhapatya ādhīyamāne
rathantaram (JĀrG 16,9 on JS 1,25,1)

[Bh 82,7-8] gārha===taram // gārhapatye [']gnāv ādhīyamāne rathantaraṃ gāyati /

rathantaravāmadevyabṛhadvāravantīyaśyaiteṣu (JŚS 23,6-12) ke cit sampreṣyanti (cf. BaudhŚS 1,16-17; KŚS 4,9,6.12.15; 4,10,1) ke cin na (cf. MŚS 1,5,3-4; VādhŚS 1,1-2; BhārŚS 5,6-10; HŚS 3,4; ĀpŚS 5,11-16; VaikhŚS 1,11-13) / tat pūrvam eva pṛṣṭvādhvaryun tadvaśam iyāt //

JŚS 23,7.

uddhriyamāṇe
vāmadevyam (JGG 2,6,16 on JS 1,18,5)

[Bh 82,8-9] uddhri===devyam // gārhapatyād āhavanīyārtham agnāv uddhriyamāṇe vāmadevyaṃ gāyet //

JŚS 23,8.

anvāhāryapacana ādhīyamāne
yajñāyajñīyam (JGG 1,4,4 on JS 1,4,1)

[Bh 82,10-11] anvā===jñīyam // ke cid anuddhṛtyaivāhavanīyārtham agnim anvāhāryapacanam ādadhati (cf. Agnyādheya-Brāhmaṇa of Kaṭhaśākhā 5: 9,4-6; MS 1,6,7; VārŚS 1,4,3,31; MŚS 1,5,4,6) / tatra siddhā yajñāyajñīyād ūrdhvavartitā vāmadevyasya (cf. Bh on JŚS 3,14) //

JŚS 23,9.*

prāñcam praṇīyāhavanīyāyatane nidadhati

[Bh 82,11-12] prāñcaṃ===dhati // āhavanīyārtham uddhṛtan tam agnim prāñcam praṇīyāhavanīyasya sthāne nidadhaty adhvaryavaḥ / parasya vidher viṣayakḷptir iyam //

JŚS 23,10.*

tad agner nidhi (JĀrG 3,7 on JS 2,1,20) gāyati

[Bh 82,12-13] tada===yati // tad iti tadārthe /

atha vā tacchabdadarśanād yacchabdam apy adhyāhṛtyaikavākyatayaivedaṃ yojyam / yadā nidadhati tadā gāyati //

JŚS 23,11.

āhavanīya ādhīyamāne
bṛhat (JĀrG 12,15 on JS 1,25,2)

[Bh 82,14] āha===bṛhat //

JŚS 23,12.

ādhite
vāravantīyañ (JGG 1,2,11 on JS 1,2,7)
śyaitam (JGG 3,1,7 on JS 1,25,3) iti

[Bh 82,14-17] ādhi===miti // ādhita āhavanīye vāravantīyaṃ śyaitañ ca gāyati / *ādhita* ity ācāryaprāmāṇyād *dadhāter hi-* (Pāṇini 7,4,42) ity asya vidheḥ kva cid abhāve lakṣaṇam anumeyam /

atha vā- *ādhita i* ity evam padacchedaḥ kāryaḥ / iśabdo [']sti nipātaḥ / sa ihetiśabdasyārthe vartate / *ādhita i* āhitavān iti / asyāṃ velāyāṃ gāyatīti kalpyam //

JŚS 23,13.

sabhyāvasathyau
sabha- (JGG 6,11,5 on JS 1,59,1)
pauṣkalābhyām (JGG 6,10,5 on JS 1,58,1)

[There are three sabha sāmans on JS 1,59,1; the third one is probably meant as it is the only one used in soma rites and therefore found in the Ūhagāna; cf. also Bh on JŚS 24,20.]

[Bh 82,18-19] sabhyā===lābhyām // yāv agnī sabhāyām āvasathe ca nidhīyete tau sabhyāvasathyau / tāv āhitau sabhapauṣkalābhyām upatiṣṭheta / sabhena sabhyaṃ pauṣkalenāvasathīyam //

JŚS 23,14.

sarvān śyaitena- (JGG 3,1,7 on JS 1,25,3)
ity eke

[Bh 82,19-22] sarvā===tyeke // sarvān agnīn āhitān śyaitenopatiṣṭhetety eka ācāryā bruvate / asmin pakṣe vāravantīyānantaraṃ śyaitam agītvā sabhyāvasathyau svasāmabhyām upasthāya tataḥ pañcāgnīn sahaiva śyaitenopatiṣṭheta / sabhyāvasathyayos tu vaikalpikam ādhānam / tato [']nayor anādhānapakṣe na śyaitasya kālaḥ pakṣadvaye [']pi bhidyate //

JŚS 23,15.

tāny udgātā gāyed
gānasaṃyogād
vedādhikr̥tatvāc ca
brahmaudane ca liṅgadarśanāt

[Bh 82,22 - 83,6] tānyu===rśanāt // tāny etāni sāmāny udgātā gāyed ebhyaḥ kāraṇebhyaḥ /

tatra gānasaṃyogād iti gānenodgātus saṃyogāt /

kuto [']sya gānasaṃyogaḥ / yato [']yaṃ gānakartr̥vacanenodgātr̥śabdenābhidhīyate /

atha vedādhikr̥tatvād iti sāmavedenodgātuḥ kartr̥tvenādhikr̥tatvād upāttatvāt / anyārthe hi vākye śrūyate / *tad āhur yad r̥cā hotr̥tvaṃ kriyate yajuṣādhvaryavaṃ sāmnodgītha* (JB 1,358: 148,26-27) iti / tatra sāmavedenodgīthakriyāyām udgīthasya kartur udgātr̥tve sāmavedenodgātā karotīty ayam artho labhyate /

atha vā sāmavedenodgātur adhikr̥tatvam asya vedasya samākhyānād avagamyate / loke hy audgātro veda ity ayaṃ vedas samākhyāyate /

atha brahmaudane ca liṅgadarśanād iti / yena śrutena dr̥ṣṭena vā kaś cit pratyakṣeṇāgr̥hyamāṇo [']rtho niścīyate tat tasya liṅgam bhavati / yathā dhūmo [']gnisadbhāvasya / yathā ca kamalodbodho divākarodayasya / evam atrāpi *tāny udgātā gāyed* ity asyārthasya niścayo brahmaudana āgnyādheyike liṅgadarśanāt kriyate / yena tal liṅgam ācāryeṇa paraśākhāyān dr̥ṣṭan tena nehedam iti nirdiṣṭaṃ śabdena / sāmānyaśabdenaivoktaṃ *liṅgadarśanād* iti / tat khalu liṅgam / *mahartvijo* [*sic*] *brahmaudanam prāśnīyur* (BaudhŚS 20,16: 35,14) iti paravacanam / ete ca mahartvijo yad dhotādhvaryur brahmodgāteti / yadi cāgnyādheyasāmāny udgātur anyo gāyen niṣprayojanasyāgnyādheye tadarthe brahmaudane darśanam udgātur nāvakalpeta /

tasmāt kāraṇatrayād udgātaiva sāmāni gāyet / kiñ ca yo [']yam madhyamo hetuḥ sa sarvatrāpi sāmavede vihitam / anirdiṣṭakartr̥kaṃ karmodgātā kuryād (cf. LŚS and DŚS 1,1,4; Bh on JŚS 1,4) ity avagamayati //

JŚS 23,16.
teṣāṃ yāni tr̥casthāni tr̥ceṣu tāni gāyet

[Bh 83,7-9] teṣāṃ===gāyet // teṣāṃ sāmnāṃ yāni tr̥casthāni tr̥ceṣv api vidyante tāni tr̥ceṣu gāyet / *na stotrabhūtāni-* (JŚS 23,19) iti vakṣyati / tasmād imaṃ vidhim br̥hadrathantaravāmadevyāni prayojayanti na yajñāyajñīyaprabhr̥tīni //

JŚS 23,17.
yāny ekarcāni tris tris tāni

[Bh 83,10-14] yānye===stāni // yāny ekarc[eṣ]u bhajante tāni tris trir gāyet / *na stotrabhūtāni-* (JŚS 23,19) iti / ata eva kāraṇād yajñāyajñīyaprabhr̥tīny apīmaṃ vidhim prayojayanti na kevalam pañcādyāny (cf. JŚS 23,2-5) agner nidhi (cf. JŚS 23,10) ca /

kim punar br̥hadrathantaravāmadevyāni nemaṃ vidhim prayojayanti / kutas saṃśayaḥ / yatas tāny ekarceṣv api santi tr̥ceṣv api / atra brūmaḥ / yady ekarceṣu sattāmātram āśritya trirgānam aiṣiṣyata *tris sarvāṇi-* ity avakṣyata / na hy atra vihitaṃ sāmāsti yad ekarcan na spr̥śati / yatas tv ekarcena viśinaṣṭi tata eva labhyate / yāny ekarceṣv eva na tr̥ceṣv iti / tasmād br̥hadrathantaravāmadevyāni sakr̥t sakr̥d eva gāyet //

JŚS 23,18.*
tiṣṭhan

[Bh 83,14-17] tiṣṭhan // tāni sarvāṇi sāmāni tiṣṭhan gāyet /

nanv ādāv uktam *apareṇa gārhapatyāyatanam prāṅmukhas tiṣṭhann* (JŚS 23,2) iti / tad adhikārarūpeṇa sarveṣv apy eṣu bhavituṃ śaknoti / tato [']yaṃ vidhir anarthakaḥ / nānarthaka[s] sthānaviśeṣapratipādanārthatvāt / tato yajñāyajñīyādīni tasya tasyāgneḥ paścāt tiṣṭhan gāyet //

*JŚS 23,19**.
na stotrabhūtāni

[Bh 83,17-21] nasto===tāni // stotreṣu bhūtāni pravṛttāni na gāyet / yena rūpeṇa stotreṣu bhūtāny etāni tāni tena rūpeṇa na gāyed ity arthaḥ /

atha vāstotrabhūtānīti kṛtvaivan neyam / stotreṣu bhūtā utpannā ye viśeṣās te stotrabhūtāḥ / te yeṣu na santi tāny astotrabhūtānīti /

ubhayathāpi ye rathantarādīnāṃ stotrārthāḥ pāṭhās teṣām ihāgrahaṇaṃ sidhyati /

athānyathā vyākhyāsyāmaḥ //

JŚS 23,18-19**.
tiṣṭhann astotrabhūtāni

[Bh 83,21 - 84,2] tiṣṭha===tāni // paribhāṣāvākyam idam / yāni sāmāny astotrabhūtāni stotrabhūtebhyo [']nyāni vidhīyante tāni tiṣṭhan gāyet / yeṣu sthānam āsanaṃ vā na vihitan tāny asya vacanasya prayojakāni / yathā suvarjyotirnidhanāny agniparigāṇāni parimāda iti (cf. Bh on JŚS 4,1 and on JPA 19,36-37: 261,20ff.) / asmin vyākhyāne sarvāṇy āgnyādheyikāny apareṇaiva gārhapatyan tiṣṭhatā geyāni sthānāntarasyāvihitatvāt /

katham punar ūhasāmnām ihāgrahaṇam asmin vyākhyāne sidhyati / nyāyāt sidhyati / itthaṃ hi nyāyavidbhir niścitam / kriyārthas samāmnāya iti (cf. PMS 1,2,1 *āmnāyasya kriyārthatvād...*) / tatrohasamāmnāyasya tāvat savanatrayāṅgabhāvenaivārthas siddhaḥ / yas tv ayam ādyas samāmnāyas tasya savanatrayād bahirbhūtasya kriyāṅgabhāvam upajigamiṣato yo [']nyatra savanebhyas sāmagānavidhis sa tasya viṣayaḥ / itarathā hi kriyārthatvam asya na syāt /

kiñ ca cchandasyānām eva savanatrayād anyatra bhūyasāṃ sāmnāṃ vidhir dṛśyate / tad upalakṣyam agnyādheyapravargyādiṣu gāne / tatra cchandasyair eva saha vihitānāṃ rathantarādīnām ūḍhānāñ chandasyavad grahaṇan nyāyād bhavati /

pūrvasmin vyākhyāne vacanād ūhasāmnān nivṛttir nyāyād uttarasmin / tatra vacanād ūhasāmnām agnyādheyamātran nivṛttau pravargyādiṣu vacanābhāvāt pravṛttir eṣām aniṣṭā prāpnoti / uttarasmiṃs tu nyāyasyānekaviṣayatvān nāyan doṣaḥ prasajati / tasmād uttaram eva vyākhyānaṃ siddhāntatvena grāhyam //

*JŚS 23,20**.
madhyamayā vācā

[Bh 84,3-8] madhya===vācā // madhyamayāmandrayānuccayā vācāgnyādheyasāmāni gāyet /

atha vāstotraparibhāṣāvākyāntabhūtam evedan na vākyāntaram / *tiṣṭhann astotrabhūtāni madhyamayā vācā-* iti / tataḥ pravargyādiṣv api madhyamayaiva vācā geyam /

asmin vyākhyāne parisāmasu *madhyamayā vācā gāyed* (JŚS 26,10) iti vidhir anarthakaḥ / nānarthakas savanāntarbhūtaparigāṇārthatvāt / pūrvayor hi savanayor antarbhūteṣu parigāṇeṣu tatsvarau mandroccau (cf. JPA 5,1-8: 209,1-17; LŚS 2,2,6-7; DŚS 4,1,18-19) paribhāṣām imām bādhitvā prasajataḥ / tannivṛttaye tatra *madhyamayā vācā-* (JŚS 26,10) iti vidhāsyati /

katarat punar vyākhyānayor garīyaḥ / yataḥ pūrvasmin vyākhyāne pravargyādiṣv aniyata[s] svaro bhavati niyato [']smin tata idaṃ garīyaḥ //

JŚS 23,21.

manasā vā brahmā sāmāni gāyed
ity eke

[Bh 84,9-19] mana===tyeke // manasā vācā vā brahmā sāmāni gāyed ity eka ācāryā bruvate /

kimarthaṃ *manasā vā-* ity asya brahmaṇaiva sambandhaḥ kriyate nodgātrā / atra brūmaḥ / itthan naḥ pratibhāti / brahmodgātror anyatareṇāgnyādheyasāmāni geyānīti vacanam ācāryeṇa dṛṣṭam / idañ ca dṛṣṭam bahvṛcaśrutau / *dve vai yajñasya vartanī / vācānyā saṃskriyate manasānyā / sā yā vācā saṃskriyate tām anya ṛtvijas saṃskurvanti / atha yā manasā tām brahmā / tasmād yāvad ṛcā yajuṣā sāmnā ca* [*sic*] *kuryus tūṣṇīn tāvad brahmāsīta / ardhaṃ hi tad yajñasya saṃskarotīti* (KB 6,5,18-26) / asmadupaniṣadgranthaś ca- *ayaṃ vāva yajño yo [']yam pavata* (JUB 3,16,1) ityādis *tasmāt sa tūṣṇīm āsta* (JUB 3,16,2) ityantas samupalakṣitaḥ / tato [']gnyādheyakarmaṇi brahmaṇas tūṣṇīmāsanārtham manasāgānaṃ vihitavān / manasāpi hi gītaṃ gītam eva bhavatīti /

atha caivam paśyan vāpakṣam api brahmaṇo [']bhyupagatavān / yato vacanād brahmaṇas sāmagānam āgatan tata eva vāpakṣo [']py āgata iti / udgātus tu manasāgānaṃ kva cid api na dṛśyate / na cāsya brahmaṇa iva tūṣṇīmāsane kāraṇam upalakṣyate / tasmād evam eva vyavadhātavyam / udgātā ced vācaiva brahmā ced vācā vā manasā veti //

JŚS 23,22-23*.*

sadāgnihotre
gauṣūktāśvasūkte (JGG 2,1,18-19 on JS 1,13,8) geye

[Bh 84,20-24] sadā===geye // nityam agnihotre ete geye /

vikalpāprasaṅgāt *sadā-* ity anarthakam / nānarthakam anasmadīyenāpi vidhināgnihotre hūyamāne sāmadvayasya prāpaṇārthatvāt / yadi hi *sadā-* iti nāvakṣyata *kam aham asmi kam mamety etad uktvā vā-* (JŚS 23,26) iti vakṣyamāṇatvād asmadagnihotravidhāv eva sāmadvayam prāvartiṣyata / *sadā-* iti vacanāt sarvatrāpi siddhāsya pravṛttiḥ /

kaḥ punar atra gātā / yajamānaḥ / na hy udgātāgnihotre [']sti na ca sāmāny adhvaryur avagacchati / uttaratra (Bh on JŚS 23,26) ca kāraṇaṃ vakṣyāmo yajamānageyatve /

apara āha //

JŚS 23,22.*

sadāgnihotre

[Bh 84,24-26] sadā===hotre // agnihotre iti dvitīyādvivacanam / sadā nityan dve agnihotre juhuyād āhiteṣv agniṣu / kālo [']nayoḥ ka iti cet parataḥ parasmin vākye (JŚS 23,24-25) vijñāsyati //

JŚS 23,23.*
gauṣūktāśvasūkte (JGG 2,1,18-19 on JS 1,13,8) geye

[Bh 84,26] gauṣū===geye // tayor gauṣūktāśvasūkte geye //

JŚS 23,24.
sāyaṃ gauṣūktam (JGG 2,1,18 on JS 1,13,8)

[Bh 84,26] sāyaṃ===ṣūktam //

JŚS 23,25.
prātar āśvasūktam (JGG 2,1,19 on JS 1,13,8)

[Bh 84,26-30] prāta===sūktam // yathāsaṃkhyanyāyenaiva pūrvasminn agnihotre gauṣūktasya parasminn āśvasūktasya siddher vākyadvayam anarthakam / nānarthakam ekaikasmin sāmadvayaprasaṅganivr̥ttyarthatvāt /

atha vā yathāsaṃkhyanyāyenaiva sāmadvayam agnihotrābhyāṃ kāmaṃ sambadhyatām / agnihotrayos tu sāyamprātaḥkālatvaṃ vākyadvayam idaṃ vijñāpayati / naivaṃ vacanavyaktiḥ kāryā yat sāyaṃ hūyate tasmin gauṣūktam iti / kathan tarhi / yad gauṣūktavad agnihotran tat sāyaṃ hotavyam iti //

JŚS 23,26.

pūrvasyām āhutau hutāyāṃ
kam aham asmi kam mama- (JB 1,41: 17,23) ity etad uktvā vā

[Bh 84,30 - 85,9] pūrva===ktvāvā // ayam ubhayos sāmnor gānakālaviśeṣaḥ kathyate / pūrvasyām āhutau hutāyāṃ vaitadyajurvacanānantaraṃ vā geye /

atra yadi sāmnor hāvakenaiva gānam aiṣiṣyata *pūrvām āhutiṃ hutvā-* ity avadiṣyata / yatas tv anyakartr̥kam iva codyate tasmād yajamāno gāyet / na hy anyo hāvakād agnihotrasya r̥tvig asti / itthaṃ hi śrūyate / *agnihotrasya yajñakrator eka r̥tvig* (TB 2,3,6,1) iti / yac cedaṃ yajuḥ *kam aham asmi kam mama-* iti tad yājamānam iti niścetuṃ yuktam / tatraitad yajur uktvā (JŚS 23,26) geye (JŚS 23,23*) iti samānakartr̥katvaśravaṇād eva sāmagānasya yājamānatvaṃ sidhyati (cf. Bh on JŚS 23,22*-23*) /

asya sāmagānakālavikalpasya vyavasthayā grahaṇaṃ yuktam / anyasmin hotari pūrvaḥ kāla[s] svayaṃhome para iti / asti hi kadā cit svayaṃhomo [']pi / *svayam parvaṇi juhuyād* (ĀśvŚS 2,4,2) iti *svayam ahatavāsā yajamāno [']gnihotrañ juhuyād* (JB 1,38: 16,6) iti ca /

kimartham agnyādheyasya dakṣiṇā vidhāsyaṃs (JŚS 23,27-35) tābhyaḥ pūrvam eva saśeṣam agnyādheyam avasthāpyāgnihotraṃ sasāmagānakrameṇa vihitavān iti cet saśeṣe [']py agnyādheye saty apratīkṣya pavamāneṣṭim agnihotraṃ hotavyam iti jñāpanārtham //

JŚS 23,27.

agnyādheyasya dakṣiṇāṣ ṣaḍ dvādaśa caturviṃśatiḥ

[Bh 85,10-12] agnyā===śatiḥ // ṣaḍ dvādaśa vā caturviṃśatir vā gāvo [']gnyādheyasya dakṣiṇā[s] syuḥ /

kathan na samuccayo gr̥hyate / pr̥thak pr̥thag āsāṃ vacanāt / samuccaye [']bhīṣṭe sati *dvicatvāriṃśad* ity ucyeta / agnyādheyagrahaṇam agnihotraprasaṅganivr̥ttyartham //

JŚS 23,28.

aśvaś cānaḍvān vā

[Bh 85,12] aśva===ḍvānvā // aśvaś ca vānaḍvāṃś ca vā ṣaḍādibhis samuccīyeta //

JŚS 23,29.*

bahu deyam

[Bh 85,12-14] bahu deyam // bahuvidhan dravyaṃ gavāśvamahiṣamaṇisuvarṇavrīhiyavabhūmyādi deyam / pūrvoktā dakṣiṇā nityāḥ / ayam āḍhyaviṣayo vidhiḥ / yady āḍhya[s] syān na pūrvoktābhir eva tuṣyet / bahuvidhan dravyam anyad api phalasamr̥ddhaye dadyād ity arthaḥ //

JŚS 23,30.*

aparimitan deyam

[Bh 85,15-19] apa===deyam // aparimitasaṃkhyātan dravyan deyam / bahusaṃkhyasya dravyasya dānārtham idam uktam / tad dhi dussaṃkhyānatvād aparimitam iti vaktuṃ śakyam /

adhastanād vidher asya ko bhedaḥ / taj jātiviṣayam idaṃ vyaktiviṣayam iti //

atha vaikavākyatayaiva vyākhyeyam / bahu dravyan deyan dātuśakyaṃ yuktaṃ yasya vidyeta tena pūrvoktās saṃkhyā anādr̥tyāparimitam bahusaṃkhyan dravyan deyam iti / asminn api vyākhyāne napuṃsakaliṅgopādānād evādyagavām api dānaṃ sidhyati //

JŚS 23,31.

yāvatīs saṃvatsarasya rātrayas tāvatīr deyāḥ

[Bh 85,20-21] yāva===deeyāḥ // yāvatīs tāvatīr iti cchāndasau śabdau / yāvatyas saṃvatsarasya rātrayas tāvatyo deyāḥ / śaktaś cet pūrvam pakṣatrayam atikramyemam āśrayeta //

JŚS 23,32-33*.*

āgneyasyeḻānte [']pi sahasran dadyād
ity eke samāmananti

[Bh 85,21-23] āgne===nanti // āgnyādheyikasyāgneyasya puroḍāśasyeḻānta iḻāsambaddhe karmaṇi samāpte sahasram api gavān dadyād ity eke yājñikās samāmananti /

atha vā //

JŚS 23,32.*
āgneyasyeḻānte

[Bh 85,23-26] āgne===ḻānte // uktā dakṣiṇāvikalpāḥ / tāsām ayaṃ kālaḥ kathyate / āgneyasyeḻānte tā dakṣiṇā deyāḥ / śrūyate ca parakṣudre / *āgneyo vā aṣṭākapālo [']gnyādheyam* (TB 1,1,6,3) iti / uktañ ca baudhāyanenāsyaiva puroḍāśasyādhikāre / *anvāhāryam āsādyāgnyādheyadakṣiṇā dadāti-* (BaudhŚS 2,19: 66,6) iti / parakṣudreṣu ca dṛśyate / *kāmam ūrdhvan deyam aparimitasyāvaruddhyā* (TB 1,1,6,11) iti / idam eva vyākhyānam asmābhir abhimanyate / itaratra hi dakṣiṇānāṃ kālākīrtanadoṣaḥ prasajati //

JŚS 23,34.
anāḍhyo [']gnīn ādadhāno [']py ekāṃ gān dadyād iti paiṅgakam

[Bh 85,27-29] anā===ṅgakam // yo daridraṣ ṣaḍ api gā dātun na śaknoti tasyāgnyādheyābhāvaprasaṅga idam ucyate / anāḍhyas sann agnīn ādadhāna ekām api gān dadyād iti paiṅgakam brāhmaṇaṃ vidadhāti / tasmād ekayāpi gavāgnīn ādadhīta / naiva daridratāṃ vyapadiśya nādadhīta //

JŚS 23,35.
anagnyādheyam eva tad yatra gaur na dīyate

[Bh 86,1-9] ana===yate // anāḍhyatāhetukan dakṣiṇāhrāsam pūrvasmād vākyād upalabhya mīmāṃsakānāñ ca mukhād asamartho [']pi sarvāṅgopasaṃhāre nityaṃ karmānutiṣṭhed iti (cf. PMS 6,3,1-7) śrutvāgnyādheyādīni karmāṇy adakṣiṇāny api prayuyukṣamāṇānān daridratarāṇān nirbhartsanam idaṃ kriyate / atra cāgnyādheyaśabdo gośabdaś ca viśeṣavācināv api santau pratipādyārthānurodhāya sāmānyasyopalakṣakau gṛhyete / tatrāgnyādheyaśabdas sarveṣāṃ vaidikānāṃ karmaṇām upalakṣakas sarvadakṣiṇānāñ ca gośabdaḥ / evaṃ yojyam / anagnyādheyam eva ca tad bhavati yasmin karmaṇi gaur na dīyate dakṣiṇā na dīyate / na hi dakṣiṇānyair aṅgais tulyā pravartata ṛtvigānamanārthatvāt / manuś ca bhagavān avocat

indriyāṇi yaśa[s] svargam āyuḥ kīrtim prajāṃ [sic] *paśūn /*
hanty alpadakṣiṇo yajñas tasmān nālpadhano yajed // (Manu 11,40) iti /

liṅgañ ca dṛśyate / *dakṣiṇā[s] svargaṃ lokaṃ gamayanti-* (cf. KS 14,7; 28,4; KapS 44,4; TS 4,4,8,1; MS 4,8,3) iti //

[Bh 86,10-11] āsanādy ā visargād gor agnyādheye [']pi somavat (cf. JŚS 2,1-21) / *ahaṃ kariṣyāmi-*(cf. JŚS 2,14) ity ūhed utsṛjed (cf. JŚS 2,21) dikpadādikam (cf. JŚS 2,14) //

[Bh 86,12-13] iti jaiminīyasūtravṛttāv agnyādheyasāmavidhis trayoviṃśaḥ khaṇḍaḥ //

JŚS 24. (pravargyaḥ)

JŚS 24,1.

pravargye sāmnāṃ gānakālam upadekṣyāmaḥ

[Bh 87,13-16] prava===kṣyāmaḥ // pravargyo nāma somāṅgabhūtaḥ kaś cit kriyāviśeṣaḥ / tasya tāvat pūrvam eva codanā kṛtā *pravargyopasadbhyāñ caranti-* (JŚS 3,14) iti / prathame some tu tasyānityatvaṃ śrutyantarasiddham (KB 8,4,2-6) avagamayitun tadaṅgabhūtāni sāmāni tatrāvihitāni / tāni vidhitsur ācāryaḥ pratijānāti / pravargye sāmnāṃ liṅgataḥ paravacanataś ca samupasthitānāṃ gānasya kālam upadekṣyāmaḥ //

JŚS 24,2.

yajñopavītaṃ kṛtvāpa ācamya-
antareṇa vedyutkarau prapadya-
apareṇa hotāram parītya
dakṣiṇato gharmam abhimukha upaviśya
vāmadevyena (JGG 2,6,16 on JS 1,18,5)
madantībhiś śāntiṃ kurute

[Bh 87,17-19] yajño===rute // pravargyam ārabhamāṇeṣu yajñopavīty ācānto vedyutkarāv antareṇāsīnaṃ hotāram apareṇa parītya gharmam abhimukho gharmasyaiva dakṣiṇata upaviśya madantībhir nāma gārhapatye taptābhir adbhir vāmadevyena mārjanaṃ kurute /

kim anādeśād udgātā / naivam / uttarasmād vākyāt (JŚS 24,3) prastotety avagamyatām //

JŚS 24,3.

taṃ yadādhvaryus sampreṣyati
brahman pravargyeṇa pracariṣyāmo
hotar gharmam abhiṣṭuhi
prastotas sāmāni gāya- iti
tad gāyati

[Bh 87,19-23] taṃya===yati // taṃ kṛtaśāntikaṃ yadādhvaryur evaṃ sampreṣyati tat tadāprabhṛti vakṣyamāṇāni sāmāni gāyati /

hotṛbrahmasampraiṣavacanam atrānarthakam / nānarthakam brahmaṇā prasave kṛte hotrā copakrānte [']bhīṣṭave gānārambha iti jñāpanārthatvāt /

atha vā pravargyacodanāyām avidhānāt sāmnām anityatvaṃ kaś cid āśaṅketa / tannirāsārtham asaṃśayanityābhyām brahmahotṛpraiṣābhyām prastotṛsampraiṣasya sahavacanam //

JŚS 24,4.

brahma jajñānam (JS 1,33,9) ity etayoḥ pūrvaṃ (JGG 4,1,17) trir gāyati

[Bh 87,24] brahma===yati // *brahma jajñānam* (JS 1,33,9) ity ṛcy etayos sāmnoḥ (JGG 4,1,17-18) pūrvaṃ sāma trir gāyati //

JŚS 24,5.

ajyamāne mahāvīre śārṅgam (JGG 6,9,31 or 32 or 33 on JS 1,57,11)

[Bh 87,25 - 88,5] ajya===śārṅgam // mahāvīre prathamam ājyenājyamāne śārṅgaṃ gāyati / trīṇi śārṅgāṇi (JGG 6,9,31-33) / teṣām anyatamaṃ gāyati /

nanv asati kāraṇe prathamātikramaṇam anyāyyam / satyam etat / asti tv iha kāraṇaṃ yat *brahma jajñānam* (JŚS 1,24,4) prattāyām (JŚS 24,12) iti vākyayoḥ pūrvagrahaṇam uttaranivṛttyarthaṃ karoti / tena śārṅgāṇām aniyamas sidhyati /

atha vā triṣu pravargyadivaseṣu trīṇi krameṇa geyāni / punar apy evam eva caturthādiṣv api vidyamāneṣv āvarteran / evaṃ yātayāmadoṣaparihāras sambhavataḥ kṛto [']pi bhavati /

atha vā yāvantaḥ pravargyās tāṃs tredhā vibhajyaikaikasmin bhāge krameṇaikaikaṃ gāyet / evaṃ sambhavato yathāsaṃkhyam anugṛhītam bhavati //

JŚS 24,6.

rukma upadhīyamāne śukram (JĀrG 22,9 on JS 1,45,1)

[Bh 88,5-16] rukma===śukram // rukmaśabdas suvarṇe cāsti rajate ca / rukme mahāvīrasyādhastād upadhīyamāne śukraṃ gāyati /

upadhāya rukmaṃ vādhūlakās sampreṣyanti (VādhŚS 8,20,20) / tathā sati pūrvam eva sampraiṣāc chukraṃ geyam / tatra kim prāthamyāc chukran trir geyam uta prāthamyañ jahad api brahmajajñānīyam eva trir geyam / taddharma trirgānam iti / atra brūmaḥ / na śukram avidhes trir geyan nāprathamam brahmajajñānīyan trirgānasyeha prathamottamadharmatvāvagamāt /

kim punas sakṛd eva dve api / naivam / trirgāne vihite sakṛd gātum ayuktatvāt /

kā punar gatiḥ / iyaṃ gatiḥ / yathā śukran tathā brahmajajñānīyam api pūrvam eva sampraiṣād geyam iti / asya hi śārṅgādivad avayavakarmabhir na sambandho [']sti / evaṃ kṛte na bhūyān vidhyatikramaḥ kṛto bhavati / iyad eva hy atra vihitād bhidyate yad asampraiṣaṃ sāmadvayaṃ gīyata iti / vidhikramaś ca sāmnāṃ sambhavann evam anugṛhīto bhavati / prāthamyañ ca brahmajajñānīyasyātyaktaṃ bhavati /

anaṅgam asya prāthamyaṃ śukratṛtīyavat tyajyatām apīti cen na / aṅgam evāsya prāthamyam prathamavihitatvāc chukrādivac ca karmaviśeṣasambandhenāvidhānāt /

nanu sampraiṣapūrvakatvam asyaivan tyaktam bhavati / na sampraiṣapūrvakatvaṃ prāthamyavad asyaiva viśeṣadharmaḥ / sādhāraṇo [']yam eṣāṃ sarveṣām api / saugatyā tyajyata iti nāyuktaṃ śukrasyeva //

JŚS 24,7.

uttarasmiṃś
candram (JĀrG 22,10 on JS 1,45,1)
abhidhīyamāne

[Bh 88,17-18] utta===māne // abhir atroparibhāktve vartate / uttarasmin rukme mahāvīrasyopari dhīyamāne candraṃ gāyati //

JŚS 24,8.

gharmendhane
gharmasya tanū (JĀrG 18,3-4 on JS 1,53,4)
gharmavrate (JĀrG 9,16-17 on JS 2,3,9)

[Bh 88,18-24] gharme===vrate // gharmo mahāvīraḥ / tasyendhane dīpane kriyamāṇe gharmasya tanū ca gharmavrate ca gāyati /

nanv anyatra samuccaye caśabdo dr̥śyate / yathāgneś ca śraiṣṭhyaṃ (JŚS 23,5) somasya ca vratam (JŚS 25,15*) iti / iha caśabdābhāvān na samuccayo yujyate / katham punar bhavān manyate / uttaraṃ sāmadvayam pūrveṇa vikalpyata iti /

yady evam bhavatāpi nānanditavyam adoṣo me pakṣa iti / anyatra hi vikalpe vāśabdo dr̥śyate / yathā *kakubhaṃ vā* (JŚS 24,11) *kāvaṃ vā-* (JŚS 24,20) iti / tad atra vāśabdādarśanād vikalpo [']pi na yujyate / kiñ ca na prāyeṇa vāśabdādibhir lakṣaṇair vinā vikalpo dr̥ṣṭaḥ / dr̥ṣṭas tu samuccayo vinā caśabdādibhiḥ / yathā *rathantaran dairghaśravasan naudhasaṃ samantam ābhīśavaṃ yaudhājayam* (JK 2,8b: 147,21) iti *hotur brahmaṇa ājye* (JK 4,50: 177,23) iti ca / tasmāt samuccaya evātra niścitaḥ //

JŚS 24,9.

rucite
gharmasya rocanam (JĀrG 5,1 on JS 1,3,11)

[Bh 88,25-26] ruci===canam // rucite gharme gharmasya rocanaṃ gāyati /

kadā punar ayaṃ rucito bhavati / yadā vadanti *rucito gharma* (MS 4,9,4: 125,2; MŚS 4,2,35; TĀ 5,5,3 bis; ĀpŚS 15,8,13; ŚB 14,1,3,33; KŚS 26,4,10; KB 8,7,22; ŚŚS 5,9,25; LŚS 5,7,2) iti //

JŚS 24,10.

rājanaṃ (JĀrG 6,9 on JS 1,33,6)

pūrvasmin rauhiṇe hūyamāne

[Bh 88,26] rāja===māne // rauhiṇau nāma dvau puroḍāśau / tayoḥ pūrvasmin hūyamāne rājanaṃ gāyati //

JŚS 24,11.

gavy upasr̥ṣṭāyān
dhenu (JĀrG 20,7 on JS 1,49,2)
kakubhaṃ (JGG 5,7,9 on JS 1,45,6) vā

[Bh 88,27] gavyu===bhaṃvā // gavi vatsenopasr̥ṣṭāyān dhenu vā kakubhaṃ vā gāyati //

JŚS 24,12.

prattāyām
pūrvaṃ śyāvāśvaṃ (JGG 2,4,8)
gaur dhayati marutām (JS 1,16,5) iti

[Bh 88,27-28] prattā===miti // prattāyāṃ gavi *gaur dhayati-* (JS 1,16,5) ity asyām r̥ci ye dve śyāvāśve (JGG 2,4,8-9) tayoḥ pūrvaṃ gāyati //

JŚS 24,13.

duhyamāne
dohādohīyam (JGG 6,1,11 on JS 1,49,1)

[Bh 88,28 - 89,4] duhya===hīyam // payasi duhyamāne dohādohīyaṃ gāyati /

kiṃ śārṅgavad (cf. Bh on JŚS 24,5) dohādohīyayor (JGG 6,1,10-11) apy aniyamaḥ / nainayor aniyamaḥ / na hi śārṅgavad enayor liṅgatas sāmyam asti / viśeṣaviniyoge hi liṅgaṃ kāraṇam bhavati tac cottarasminn evāsti /

uttarayor vidhānayoḥ (JŚS 24,14-15) payograhaṇaṃ kariṣyati / atraiva na karoti / yasmād āharaṇam āsecanañ ca bahūnām api dravyāṇāṃ sambhavati / dohanan tu payasa eva nānyasya sambhavati /

agnivāyuravibhyaś ca trayam brahma sanātanam /
dudoha yajñasiddhyartham r̥gyajussāmalakṣaṇam // (Manu 1,23)
ityādidarśanād aparihāro [']yam iti cen na tasya prayogasya gauṇatvāt / mukhyo hi dohaśabdaḥ payoviṣaya eva vijñātavyo [']viśiṣṭāyān dohanacodanāyāṃ paya iti lokavedayoḥ pratīyamānatvāt //

JŚS 24,14.

paya āhriyamāṇe
payaḥ (JĀrG 20,8 on JS 1,3,5)

[Bh 89,4-17] paya===payaḥ // yasmin kāle paya āhriyamāṇam bhavati sa kālaḥ payaāhriyamāṇaḥ /

nanv evam āhriyamāṇapaya iti prāpnoti / satyam etat / viśeṣaṇam bahuvrīhau pūrvan nipatati / vivakṣāvaśena tu viśeṣaṇaviśeṣyabhāvasyāniyamo dṛśyate / yathā loke brāhmaṇagṛhastho gṛhasthabrāhmaṇas taskaravṛṣalo vṛṣalataskara iti / yathā ca vede taruṇadarbhā darbhataruṇā[ś] (JGS 1,2,6) [śrotriyamahārājā] mahārājaśrotriyā (JUB 2,6,12; JK 1,6,12) iti / tadvad atrāpi payaāhriyamāṇenājyan dadhi vety anayā vivakṣayā payo viśeṣaṇam bhavati / payaāhriyamāṇe kāle payo gāyati /

aparam matam / nāyaṃ samāsaḥ / payo [']trāharatikarma / tataḥ paya iti dvitīyā /

nanv anabhihiteṣu karmādiṣu dvitīyādayo bhavanti (cf. Pāṇini 2,3,1ff.) / satyam etat / na tv iha kārakam abhihitam mantavyam / bhāva evāhriyamāṇaśabdenābhihita iti kalpyam / ayan tv atra doṣaḥ / sakarmakasya dhātor bhāvotpattir abhyupagatā bhavati /

aparam matam / *paya* iti saptamyantaś śabdaś chandovad iti / ayam arthaḥ / payasy āhriyamāṇe payo gāyatīti / atrāpy ayan doṣaḥ / yathā prattāyām (JŚS 24,12) iti vākye pūrvavākyāvasthitasyaiva (JŚS 24,11) gośabdasyānuvartanenārthas siddha evam etadvākyāvasthitasyaiva (JŚS 24,14) payaśśabdasyānuvartanenārthasiddhāv uttarasmin vākye (JŚS 24,15) payograhaṇaṃ vyartham bhavet / tasmād uktas samāsapakṣa eva sādhīyān / kiñ ca *gharmotsādyamāna* (JŚS 24,20) iti vakṣyati / tatra tāvad avaśyam abhyupagantavyas samāsa iti / yat tatra lakṣaṇan tad evātrāpi bhavati //

JŚS 24,15.

sindhu (JGG 2,9,4 on JS 1,21,4)
payasy āsicyamāne

[Bh 89,18-20] sindhu===māne // mahāvīre payasy āsicyamāne sindhu gāyati / sindhuṣāma sindhu /

triḥ paya āsicyate (cf. MŚS 4,3,16) / sāmāpi kin trir geyam / atra brūmaḥ / *gavy upasṛṣṭāyām* (JŚS 24,11) iti gavādhikāre vihitāni sāmāni gavyenaiva payasā sambanddhum arhanti / prathamam eva hi gavyam āsicyate dvitīyam ājan tṛtīyam ubhayaṃ saṃsṛṣṭam (cf. BaudhŚS 9,9) / iti sakṛd eva gānaṃ siddham //

JŚS 24,16.

vasiṣṭhasya śaphau (JĀrG 19,10-11 on JS 2,3,10)
parigṛhyamāṇe

[Bh 89,21] vasi===māne // śaphābhyām mahāvīre parigṛhyamāṇe vasiṣṭhasya śaphau gāyati //

JŚS 24,17.

brāhmaṇaspatyam (JGG 1,6,2 on JS 1,6,2)
hriyamāṇe

vratapakṣau (JĀrG 17,5-6 on JS 1,33,6) vā

[Bh 89,21-27] brāhma===kṣauvā // āhavanīyam prati mahāvīre hriyamāṇe brāhmaṇaspatyaṃ vā vratapakṣau vā gāyati /

vratapakṣapakṣe dvau pakṣau / ubhe prātar ubhe sāyam ity ekaḥ pakṣaḥ / pūrvam prātar uttaraṃ sāyam ity ekaḥ / uttaraḥ pakṣaḥ kimavalambanaḥ / ekena dvayor vikalpas satyāṃ gatau na yuktataraḥ / śakyate cainayoḥ kālāpekṣayā vyavasthā kartuṃ sā ceha viśeṣato yuktā / yataḥ pūrvam ahnas sāma rātrer uttaram / *ahar vai pūrvāhṇo rātrir aparāhṇa* (JB 2,98: 200,15-16) iti śrūyata ity etad avalambanam /

yā prāṇāpānayor r̥k sā tayā gītyā yuktā vratapakṣāv apy anusarpati (cf. JĀrG 17,1-2 vasiṣṭhasya prāṇāpānau and 17,5-6 ahorātrasya vratapakṣau on JS 1,33,6) / ke cit tu vratapakṣāv anr̥cāv evecchanti / tatra yuktataram āstheyam /

kiṃ vā saṃśayitasevanayeti brāhmaṇaspatyam eva geyam //

JŚS 24,18.

gharme hute
[']śvinor vrate (JĀrG 1,9-10 on JS 1,32,2)

[Bh 89,27] gharme===vrate // pravargye hute [']śvinor vrate gāyati //

JŚS 24,19.

rauhiṇakam (JĀrG 6,10 on JS 1,33,6)
uttarasmin rauhiṇe hūyamāne

[Bh 89,27] rauhi===māne // uttarasmin rauhiṇe puroḍāśe hūyamāne rauhiṇakaṃ gāyati //

JŚS 24,20.

gharmotsādyamāna
ārūḍhavad āṅgirasan (JGG 1,10,2 on JS 1,10,2) trir gāyati
kāvaṃ (JGG 6,9,6 on JS 1,57,1) vā

[Bh 89,27-28] gharmo===vaṃvā // gharmotsādyamāne kāla ārūḍhavad āṅgirasaṃ vā kāvaṃ vā trir gāyati /

dve kāve (JGG 6,9,1.6 on JS 1,57,1) / tayoḥ katarad geyam / uttaraṃ geyaṃ kāvaśabdenānyatropāttatvāt / *tāsu kāvaṃ* (JB 1,166: 69,32) *kāvam antyam* (JK 1,1; etc.) iti / sāmānyacodanāyāṃ hi prasiddhagrahaṇan nyāyyam / ayam eva nyāya aukṣṇorandhrādiṣv api (cf. Bh on JŚS 25,23) //

JŚS 24,21.

vāmadevyena (JGG 2,6,16 on JS 1,18,5)

madantībhiś śāntiṃ kr̥tvā
yathāprapannan niṣkramya
saṃsthitāyām upasady utkare tiṣṭhan
subrahmaṇyām āhūya
yathārtham eti

[Bh 89,29 - 90,11] vāma===meti // pūrvavac chāntiṃ kr̥tvā (cf. JŚS 24,2) prapadanavartmanā niṣkramyopasadi saṃsthitāyām utkare tiṣṭhan subrahmaṇyām āhūya yathārthaṃ yathāprayojanam eti / prayojanavaśena gacchatīty arthaḥ / atraiva kartavyasyottarasyāpi karmaṇo vidyamānatvāt tadavirodhena dūragamanābhāvārthaṃ yathā[rtha]grahaṇam /

nanūpasadante subrahmaṇyāhvānaṃ subrahmaṇyakartr̥kam pūrvam eva vihitam (cf. JŚS 3,14.16) / tasyaiva kim idaṃ subrahmaṇyāhvānasya prastotr̥kartr̥katvaṃ vikalpena vidhīyata utānyad idam prastotus subrahmaṇyāhvānaṃ vidhīyate / atra brūmaḥ / nedam ubhayam apy avakalpate / pūrvasya samākhyāprāptakartr̥parityāgo doṣaḥ / uttarasya niruktām aniruktām ity avacane [']nyataraniścayāśakteḥ prayogo [']prasiddhiḥ /

kaḥ punar adoṣaḥ pakṣaḥ / ime brūmahe / ṣoḍaśa rtvijas somasya vihitāḥ / teṣāṃ yo yasmin karmaṇi śrutyādibhiḥ kāraṇair viniyujyate sa tan nirvartayati / tatra yaṣ ṣoḍaśa puruṣān r̥tvigguṇayuktān nopalabdhuṃ śaknoti tenāpy āvaśyako mā hāyi somayāga ity evamartham eko [']pi bahūny ārtvijyāni kartuṃ śakyāni kuryād iti yājñikair niścitam / tasmin viṣaye prastotur asyaiva subrahmaṇyayā samānakartr̥katvaṃ syāt / mā bhūd anyasyeti jñāpanārtham prastotradhikāre subrahmaṇyāhvānam idaṃ kīrtitam /

evañ cet *saṃsthitāyām* ityādi padacatuṣṭayam anarthakam / nānarthakaṃ pūrvavihitam evedaṃ subrahmaṇyāhvānam anūdyate nāparaṃ vidhīyata ity etadavabodhanārthatvāt / yau hi deśakālau pūrvavihitayā subrahmaṇyayā saha vihitau tāv evātrāpy ucyete / tatra deśakālānanyatvāt saiveyaṃ subrahmaṇyeti prajñāyate //

[Bh 90,12-13]
hūto [']pi śāntiṃ kurvadbhiḥ prastotā nāśrayeta tān /
tathaiva sarvodgātāras tānūnaptrābhimarśibhiḥ //

[Bh 90,14-15] iti jaiminīyasūtravr̥ttau pravargyasāmavidhiś caturviṃśaḥ khaṇḍaḥ //

JŚS 25. (parigāṇāni)

JŚS 25,1.
atha parigāṇāni

[Bh 91,14-15] atha===ṇāni // athānantaram parigāṇāni vakṣyāma upadekṣyāma iti vānuvartayitavyam / yataś caitāni stotrāntarbhāvena na pravartante tataḥ parita[s] stotrāṇi vartanta iti parigāṇāni bhavanti //

JŚS 25,2.
na geyāni

nādhvaryus sampreṣyati
yadādhvaryus sampreṣyati geyānīti

[Bh 91,16 - 92,6] nage===nīti // prathamam eva tāvat parigāṇāni geyāny ageyānīti vicāryante / yadi hi geyāni syus tadaiva hi vidheyāni / yataś caitāni geyāny ageyānīti saṃśayyante tato vayam manyāmahe / liṅgata evaiṣān dīkṣaṇīyādiṣu pravṛttir na vacanād iti / vacanaprāptau hi satyān na yuktaṃ saṃśayitum /

na tāvat parigāṇāni geyāni / kuta iti cen naitāny adhvaryus sampreṣyati / yac cādhvaryur geyāni pravargyasāmādīni sampreṣyatītītaḥ kāraṇād ity arthaḥ / hetāv api hi dṛṣṭa itiśabdaḥ / yathā- *abhirūpa iti kanyān dadāti / dhanavān iti kanyān dadāti-* iti / idañ cāsya vākyasya dṛṣṭāntatvena laukikaṃ vākyam anūdyate / varṣāsu sūrya udito neti saṃśaye vadanti *noditas sūryaḥ kamalāni hi na vikasanti / yatas tāni vikasanty uditas sūrya* iti / tadvad idan draṣṭavyam / atraivam arthayogaḥ / yasmād geyāni sāmāny agnyādheyapravargyāgnicayagharmodvāsanāvabhṛtheṣv adhvaryus sampreṣyati na ca tārkṣyasāmādīni (JŚS 25,5ff.) sampreṣyati tasmād etāni na geyānīti /

nanv araṇisannidhānādau nādhvaryus sampreṣyati (Śrautakośa ES I.1: 32ff. no. 3) gīyanta eva ca sāmāni (cf. JŚS 23,2) / tato vipakṣe sadbhāvād ayukto hetur *nādhvaryus sampreṣyati-* iti / atra brūmaḥ / yeṣv adhvaryusampraiṣo nāsti tāni sarvāṇi sapakṣabhūtāny evātrābhipreyante / yad dhi gānam astotrāntarbhūtan tat sarvam parigāṇam iti śakyaṃ vaktum (cf. Bh on JŚS 25,1) / tasmād ghṛtācer āṅgirasasya sāmety (JŚS 23,2) evamādīny api tārkṣyasāmādīni (cf. JŚS 25,5) vedānīm ageyāny eva saṃvṛttāni /

atha vā vācanikam araṇisannidhānādau sāmagānam mantavyam / yas tv ayaṃ vicāro geyāny ageyānīti sa liṅgataḥ pravṛtteṣu tārkṣyasāmādiṣv iti vyākhyāyāṃ vipakṣam ayaṃ hetur nopasarpati //

JŚS 25,3.

sve vā yajñe gāyet

[Bh 92,7-18] svevā===gāyet // svasmin vā yajñe gāyet / sattre vā gāyed ity arthaḥ / tatra hi yajamānair evārtvijyaṃ kriyate / tataḥ prastotur api sva eva sa yajño bhavati / pūrvam eva hi prastotṛgeyatvam parisāmnām avocāma (Bh on JŚS 9,16; 22,18) /

vāśabdaḥ pakṣavyāvṛttyarthaḥ / adhastane vākye (JŚS 25,2) pratiṣiddhatvāt parisāmnāṃ sattre [']py agānam eva prāptam / sa pakṣo vāśabdena nivartyate /

kim punar ayaṃ vikalpārtho na gṛhyate / sattre gāyed vā na veti / atra brūmaḥ / vikalpārthe [']py asmin sati na mahān doṣaḥ / kin tūttarasmin vākye (JŚS 25,4) dvau vāśabdau staḥ / tatraikena vikalpe samuccaye vā siddha itarasyāvaśyaṃ pakṣavyāvṛttyarthatā grāhyā / tattulyatvam ṛjv āgatam asya notsraṣṭavyam iti kṛtvā pakṣavyāvṛttyartho [']yan niścitaḥ / tatas sattre nityāni parigāṇāni /

apara āha / sva ity agniṣṭomasya prākṛtasyākhyā / evaṃ hi śrūyate / *tad āhur na prathamaṃ yajamāno [']tirātreṇa yajeteti / svañ ca hy atimanyate dvau ca*[*sic*] *yajñakratū / brahma vā agniṣṭomaḥ / brahma vai brāhmaṇasya svam / agniṣṭomañ ca hy atimanyata ukthyañ [sic] ca ṣoḍaśinañ ca-* [*sic*] (JB 1,207: 85,20-22) iti / ayaṃ grantha[s] svaśabdam agniṣṭomābhidhāyinam avagamayati / tasmāt sve yajñe gāyed agniṣṭome gāyed ity arthaḥ /

evañ ced *gāyed* ity evāstu na *sve yajña* iti / prakaraṇād eva hy agniṣṭomasambandhas sidhyati / satyam etat / avadhāraṇārthan tu *sve yajña* ity uktam / sva eva yajñe gāyen nānyatreti / tatas siddham / nātyagniṣṭomādiṣu na ca vikr̥tiṣv iti / iyam anayor jyāyasī vyākhyā //

JŚS 25,4.

yaṃ vā śreyāṃsaṃ kāmayeta tasya vā

[Bh 92,18 - 93,4] yaṃvā===syavā // evaṃ sthitam / ya[s] svo yajñas tato [']nyatra na geyānīti / sa pakṣo vāśabdenaikena nivartyate vidhis tv ayam ekena vikalpyate / yaṃ vā puruṣaṃ śreyāṃsaṃ kāmayeta prastotā tasya yajñe gāyed vā na veti /

nanv r̥tvijo yajamānasya śreyastvan nityam eva kāmayante / kimarthaṃ viśeṣyate *yaṃ … śreyāṃsaṃ kāmayeta-* iti / atra brūmaḥ / dvividhā yaṣṭāraḥ ye ca phalam abhisandhāya pravartante ye ca kiñ cid anabhisandhāya vihitam avaśyaṃ kartavyam ity eva śuddhena manasā pravartante / tatra ye phalam anabhisandhāya pravartante te [']nyebhya[ś] śreyāṃso bhavanti / tathā ca bhagavadgītāsu śrūyate /
karmaṇy evādhikāras te mā phaleṣu kadā cana /
mā karmaphalahetur bhūr mā te saṅgo [']stv akarmaṇi // (BhG 2,47) iti
anāśritaḥ karmaphalaṃ kāryaṃ karma karoti yaḥ /
sa sannyāsī ca yogī ca na niragnir na cākriyaḥ // (BhG 6,1) iti ca /
tato [']yaṃ vākyārthaḥ / yaṃ śreyāṃsam phalākāṅkṣiṇaṃ kāmayeta manyeta tasyeti /

yaṃ loka[ś] śreyāṃsaṃ kāmayeteti vā yojyam / evan tāvad imāni parigāṇāni sve yajñe nityāni / yas tu śreyān kāmyate tasya yajñe vaikalpikāni bhavanti / tatra punar evam brūmaḥ / ubhayatrāpi nityāny eveti / tata idaṃ varṇyate / samuccaye vāśabdo na vikalpa iti / samuccayaḥ pūrvaṃ vidhim apekṣya kriyate / ayam arthaḥ / yaṃ viśeṣeṇa śreyāṃsaṃ kāmayeta tasya ca yajñe gāyen na kevalaṃ sve yajña eveti / evañ ca sati yad yajñasya śrutam phalaṃ tasyotkarṣakarāṇi parigāṇānīti mantavyam / tataḥ phalotkarṣād yajamāna[ś] śreyān bhavati //

JŚS 25,5.

dīkṣaṇīyāyān
tārkṣyasāmanī (JGG 4,3,1-2 on JS 1,35,1) gāyet

[Bh 93,5] dīkṣa===gāyet // dīkṣaṇīyāyām iṣṭau tārkṣyasāmanī gāyet //

JŚS 25,6.

prāyaṇīyāyām
pravad bhārgavam (JGG 6,9,14 on JS 1,57,4)

[Bh 93,5-6] prāya===gāyet // prāyaṇīyāyām iṣṭau pravad bhārgavaṃ gāyet //

JŚS 25,7.

ātithyāyām

auśanam (JGG 1,1,9)
preṣṭhaṃ vo atithim (JS 1,1,5) iti

[Bh 93,6-8] āti===miti // ātithyāyām iṣṭau *preṣṭhaṃ va* (JS 1,1,5) ity asyāṃ yad auśanan (JGG 1,1,9) tad gāyet / *auśanam* ity ukte prasiddham auśanan tat syād iti matvedam ṛcā viśeṣyate / tatas sabhavāmadevyakāvādiṣu siddham prasiddhagrahaṇam (cf. Bh on JŚS 24,20) //

JŚS 25,8.
pravargye ca yathāliṅgam upatiṣṭheta

[Bh 93,8-18] prava===ṣṭheta // pravargye ca yathāliṅgaṃ yāni liṅgavanti sāmāni tair upatiṣṭheta /

kāni punar atra liṅgavanti / yāni gharmaśabdavanti navānugānādīni trīṇy (JĀrG 23,10-12) uttaraṃ vaiśvānaravratam (JĀrG 7,4) *udyan lokān* (JĀrG 10,6) ityādīni /

kadā punar imāni gātavyāni / ūrdhvaṃ gharmavratābhyāṃ (cf. JŚS 24, 8) prāg gharmasya rocanāt (cf. JŚS 24,9) / tadaiva hy eṣām asty avasaraḥ / yady eṣām apariniṣṭhite gāne rucito gharma syād gīyamānaṃ sāma samāpyaiva gharmasya rocanaṃ gāyet /

tatra trirabhyāso gātuḥ prāṅmukhatvaṃ sthānāsanayor aniyamaś ca parigāṇadharmā vakṣyante (cf. JŚS 26,10ff.) / pravargyasāmāny udaṅmukhenāsīnena sakṛd geyāni / prathamottamayor eva hi trirabhyāsaḥ (cf. JŚS 24,4.20) / tatraiṣāṃ liṅgād gīyamānān navānugānādīnām parigāṇatvāviśeṣāt trirabhyāsādayo dharmāḥ prāpnuvanti / teṣān nivartanārthaṃ *gāyed* (JŚS 25,5) ity anuvartamānenaivārthasiddhau satyām apy *upatiṣṭheta-* iti śabdāntareṇa vidhiḥ kriyate / tataś śabdāntaracoditatvād dharmāntaragrahaṇam eṣāṃ siddham / tasmān nityaiḥ pravargyasāmabhis tulyadharmataiṣām bhavati / asminn arthe [']nyad api jñāpakam udvāsanādhikāre [']vādiṣma (Bh on JŚS 5,15) /

iha gharmasyādityasaṃskṛtatvād asmadbrāhmaṇe *tad yat tad yajñasya śiro [']cchidyateti so [']sāv ādityas sa u eva pravargya* (JB 3,126: 407,2-3) iti darśanād vrataśukriyāṇy (JĀrG 23,13-18) api liṅgavanti bhavanti //

JŚS 25,9.
agner vratam (JĀrG 5,3 on JS 1,3,7)
somavratam (JĀrG 2,1-2 on JS 2,1,2)
viṣṇor vratam (JĀrG 4,4 on JS 2,2,3)
ity upasatsu

[Bh 93,19-22] agne===satsu // itikaraṇas samuccayārthaḥ / trīṇy etāny upasatsu gāyet /

yad uktaṃ śārṅgeṣu (Bh on JŚS 24,5) tat somavrateṣv api tulyam / kiñ ca tṛtīyasya (JĀrG 2,3) somavratasyāgnīṣomapraṇayane vidhāsyamānasya (JŚS 25,15*) yātayāmadoṣas sati sambhave parihārya iti kṛtvā dve eveha somavrate (JĀrG 2,1-2) upādāya tayoḥ pūrvam paurvāhṇikyām upasadi geyam uttaram aparāhṇikyām ity ayam apy atraikaḥ pakṣaḥ / ayam eva ca tebhyo [']bhimatataraḥ //

JŚS 25,10.

sado mīyamāne
sadasā (JGG 1,11,10 on JS 1,11,4)

[Bh 93,23-28] sado===dasā // sadas sadasopatiṣṭheta / kasmin kāle / mīyamāne tasmin / mīyamāna iti vikaraṇavyatyayaś chāndasaḥ /

bahusthūṇaṃ sadaḥ / tatra yā sthūṇā prathamam mīyate tasyāṃ sāma gāyet / audumbarī kaiś cit prathamam mīyate (cf. TS 6,2,10; BaudhŚS 6,27; VādhŚS 6,13,42-47; 6,16; BhŚS 12,10; ĀpŚS 11,9,13ff; HŚS 7,7; VaikhŚS 14, 10-11; MS 3,8,9; MŚS 2,2,3,13ff; KS 25,10; ŚB 3,6,1; KŚS 8,5,26 ff; cf. also PB 6,4; ṢB 4,3; LŚS 1,7; DŚS 2,3; AnupS 1,1; JB 1, 70-72; JŚS 6) kaiś cin na / tatra ke cid vadanti / *yady apy anyā sthūṇā prathamam mīyeta tām atikramyaudumbaryām eva sāma geyam / saiva hi sthūṇānām abhyarhitā-* iti / guravas tu bruvate / sado[']ṅgam etat sāma na tatsthūṇāṅgam / yadā ca sado mīyate so [']sya kāla ity uktam / tatra yathā loke *śālāyām mīyamānāyām maṅgalaṃ giro viprān vācayata-* ity ukte prathamasthūṇāyām eva mīyamānāyāṃ vācayanti śālā mīyata iti cāvagacchanti tadvad atrāpi sadasaḥ prathamāyām eva sthūṇāyām mīyamānāyāṃ sado mīyata ity avagamya sāmaitad geyam iti //

JŚS 25,11.

havirdhāne
havirdhānābhyām (JGG 1,11,11-12 on JS 1,11,4)

[Bh 93,29-30] havi===nābhyām // havirdhāne anasī havirdhānābhyām upatiṣṭheta / kadeti ced yadaite svasthānam prāpte tadopatiṣṭheta //

JŚS 25,12-13*.*

agnim praṇayanti
tad agner vratam (JĀrG 5,3 on JS 1,3,7)

[Bh 93,30 - 94,2] agniṃ===vratam // yadāgnim praṇayanti tadāgner vrataṃ gāyet / praṇīyamāne gāyed ity arthaḥ /

ke cid agnim praṇīya havirdhāne pravartya sado minvanti / tatra sāmnāṃ siddhakrama-vighātaḥ / evam anyatrāpy upalakṣya karmakramānurodhaḥ kāryaḥ //

JŚS 25,14-15*.*

agnīṣomau praṇayanti
tad agner vratam (JĀrG 5,3 on JS 1,3,7)
somasya ca vratan tṛtīyam (JĀrG 2,3 on JS 2,1,2)

[Bh 94,3-4] agnī===tīyam // yadāgnīdhrīyam agniñ ca somañ ca praṇayanti tadāgner vratañ caiva yat tṛtīyaṃ somavratan tac ca gāyet / praṇīyamānayor gāyed ity arthaḥ /

aparaṃ vyākhyānam //

JŚS 25,12.*
agnim praṇayanti

[Bh 94,4-5] agniṃ===yanti // uttaravivakṣayaitac coditam //

JŚS 25,13.*
tad agner vratam (JĀrG 5,3 on JS 1,3,7)

[Bh 94,5] tada===vratam // yatrāgniḥ praṇītas tatrāgner vrataṃ gāyet / praṇītasyāgnes samīpavartī gāyet //

JŚS 25,14.*
agnīṣomau praṇayanti

[Bh 94,5] agnī===yanti //

JŚS 25,15.*
tad agner vrataṃ (JĀrG 5,3 on JS 1,3,7)
somasya ca vratan tṛtīyam (JĀrG 2,3 on JS 2,1,2)

[Bh 94,5-10] tada===tīyam // yatrāgnīṣomau praṇītau tatraite gāyet / praṇītasyāgnes samīpavarty agner vrataṃ gāyet somasya somavratam ity arthaḥ /

pūrvasmin vyākhyāne praṇayanakriyāṅgaṃ sāma bhavati / yasya ca karmaṇas sāmāṅgan taddeśāpannena gātavyam / vakṣyati hi *tattatkarmāpanna* (JŚS 26,10) iti / praṇayanaṃ khalv idam agner agnīṣomayoś ca śālāyām ārabhyā mahāvedyantam āgnīdhrāgāram ā havirdhānañ ca bahubhir deśaviśeṣais sambadhya nistiṣṭhati na yatropakramas tatra / evañ ca sati sthitenāsīnena vā gīyamāne karmadeśāpattir vihanyeteti vrajateti prasajati / tadaprasaṅgād uttaraṃ vyākhyānaṃ sādhīya iti ke cit / vayan tu manyāmahe / *tiṣṭhann upaviṣṭo vā-* (JŚS 26,10) iti vacanasāmarthyād eva vrajatātra gānan na prasajati / na ca praṇayanaṃ vidhāya tad gāyed ity ukte sulabham etad artharūpaṃ yatra praṇītas tatra gāyed iti / ittham eva hy atrāvagatir bhavati / tad gāyet praṇayane gāyed iti / tataḥ pūrvam eva sādhīyaḥ / praṇayanārambhadeśam eva cāpannaḥ praṇayanadeśāpanno bhavati / tataś śālāyām eva samāpayed iti //

JŚS 25,16.

pavitre rājany ānīyamāne
trīṇi somasāmāni gāyet
somaf pavata (JS 1,54,9) iti
yāni prathamād ūrdhvam (JGG 6,6,32-34)

[Bh 94,10] pavi===dūrdhvam // pavitre soma āsicyamāne *somaf pavata* (JS 1,54,9) ity asyām ṛci yāni prathamād ūrdhvan trīṇi somasāmāni (JGG 6,6,32-34) tāni gāyet /

anuvartamānena siddhe *gāyed* ity anarthakam / nānarthakam asya sāmatrayasya nityatvāvagamanārthatvāt //

JŚS 25,17.

ahar ahas sattre
sattrasya rddhi (JĀrG 1,5 on stobhas) gāyet
saṃsthite [']hani paścād gārhapatyam

[Bh 94,10-11] aha===patyam // ahar ahas sattre saṃsthite [']hani paścād gārhapatyaṃ gārhapatyasya paścād vartamānas sattrasya rddhi gāyet / gāyed ity asyāpi nityatvārtham (cf. Bh on JŚS 25,16) //

JŚS 25,18-19*.*

yajñasārathy (JĀrG 16,2 on JS 1,29,4)
ahīnaikāheṣu prāk chvassutyām
paścād eva gārhapatyam

[Bh 94,11-19] yajña===patyam // ahīneṣv ekāheṣu ca prāk chvassutyāyās subrahmaṇyāyāḥ paścād eva gārhapatyasya vartamāno yajñasārathi gāyet /

atha vā vākyadvaye [']pi *gārhapatyasya-* iti vaktavye dvitīyaprayogād gārhapatyam īkṣamāṇas tasyaiva paścād iti vyākhyeyam /

nanu yajñasārathi vidhāya somasāmāni vidhātavyāni kriyākramānurodhāya / satyam etat / kin tv *ahīnaikāheṣv* iti vacanam asya sattreṣv abhāvārtham / tatra yadi kriyākramānurodhenāyaṃ vidhir akariṣyata somasāmnām apy abhāvas sattreṣv āśaṅkyeta / tatparihārārtham atrāyaṃ vidhiḥ kṛtaḥ /

evam api sattrārthaṃ sattrasya rddhinaḥ pūrvam ahīnaikāhārthaṃ yajñasārathi vidhātavyam / satyam etad api / *prāk chvassutyām* iti tu yajñasārathinaḥ kālo vihitaḥ / sa eva vakṣyamāṇānāṃ rākṣoghnānām (cf. JŚS 25,20*) apīṣyate na tu sa yas sattrasya rddhinaḥ kālas *saṃsthite [']hani-* (JŚS 25,17) iti / tatsiddhyarthaṃ rākṣoghnasannikarṣeṇa yajñasārathi vidhīyate //

JŚS 25,20.*

agner (JGG 1,3,9-10 on JS 1,3,4; JGG 5,10,15-16 on JS 1,48,10)
agastyasya- (JGG 1,10,7 on JS 1,10,6; JGG 1,11,15 on JS 1,11,7; JGG 1,11,18 on JS 1,11,10; JGG 1,12,14 on JS 1,12,8)
atrer (JĀrG 4,6 on JS 2,5)
iti rākṣoghnāni sāmāni gāyet

[Bh 94,20-25] agne===gāyet // itiśabdas samuccayārthaḥ / eteṣām ṛṣīṇāṃ rākṣoghnāny etair dṛṣṭāni prāk chvassutyāyā gāyet / dvayor anayor vākyayor *ahar ahar* (JŚS 25,17) ity anuvartate /

kim punar asmin vākye *paścād gārhapatyam* (JŚS 25,17) ity anuvartate / nānuvartate / yadi hy anuvarteta pūrvasmin vākye *paścād [eva] gārhapatyam* iti vacanam anarthakam bhavet / tatrāpi hi sattrasyarddhivākyād evānuvarteta / tathā sidhyati / yat tatra *paścād eva gārhapatyam* (JŚS 25,19*) iti vadati taj jñāpayati / nānuvṛttir asyeti / tasmād aniyatadeśāni rākṣoghnāni /

kim punas sarveṣāṃ rākṣoghnānām etadṛṣidṛṣṭānām atra gānam āho svit trayāṇām eva / sarveṣām iti brūmaḥ / yadi hi trayāṇām evaiṣiṣyata *trīṇi-* ity avakṣyata somasāmasv (JŚS 25,16) iva / sattrārthāni caitāni / tad uttarasmin vākye vivariṣyate (Bh on JŚS 25,19*-20*) /

aparo mārgaḥ //

JŚS 25,18*.

yajñasārathy (JĀrG 16,2 on JS 1,29,4) ahīnaikāheṣu

[Bh 94,25-31] yajña===heṣu // *ahar ahaḥ ... saṃsthite [']hani paścād gārhapatyam* (JŚS 25,17) iti sarvam anuvartate / asmin pakṣe vidhikramam prayogakramo nātikrāmati /

nanv idam prakṛtyupayogāt sattrasyarddhitaḥ pūrvaṃ vidheyam / atra brūmaḥ / ahar ahar ahīnaikāheṣu yajñasārathi gāyet / *saṃsthite [']hani paścād gārhapatyam* (JŚS 25,17) iti kṛte- *ahar ahar* (JŚS 25,17) iti vīpsāvacanam ahīnārtham eva mā bhūt / ekāhārtham apy etad astv iti kṛtvā kālavācinam evāhaśśabdam prasiddham upādāya sūrye [']stam ite [']stam ite gāyed iti kalpayitum prasajet / itthan tu kṛte sattrasyarddhivākyāvasthitasyāharahaśśabdasya karmaviśeṣavācinaḥ kṛtārthasākalyasyehānuvartanaṃ kriyamāṇam ahīnārtham evāpi san nānupapannam bhavati //

JŚS 25,19-20*.*

prāk chvassutyām paścād eva gārhapatyam agner (JGG 1,3,9-10 on JS 1,3,4; JGG 5,10,15-16 on JS 1,48,10) agastyasya- (JGG 1,10,7 on JS 1,10,6; JGG 1,11,15 on JS 1,11,7; JGG 1,11,18 on JS 1,11,10; JGG 1,12,14 on JS 1,12,8) atrer (JĀrG 4,6 on JS 2,5) iti rākṣoghnāni sāmāni gāyet

[Bh 95,1-8] prākchva===gāyet // asya sattraviṣayatottarasmād vidhes (JŚS 25,21) setsyati / sattreṣu ca sarvāhānāṃ prāktanam aṅgaṃ śvassutyāhvānañ ca- *ahar ahar* (JŚS 25,17) ity anuvartate / evaṃ sthite [']pi śvassutyāviśeṣasya vāharaharviśeṣasya vānupādānāt arthata eva rākṣoghnānām āvṛttis sidhyati / *saṃsthite [']hani-* (JŚS 25,17) iti kālāntaraśruter nivṛttiḥ / tathā ca sati *paścād gārhapatyam* (JŚS 25,17) ity asyānuvṛttir nādhyavasīyeteti kṛtvoktaṃ *paścād [eva] gārhapatyam* iti /

dvāv etau mārgau / ko [']nayor jyāyān / yaś śāstrāntareṇāviruddhaḥ / tata uttara eva jyāyān / tena hi yajñasārathy ahassamāptau muktasaṃśayaṃ vihitam (cf. LŚS 1,6,40; DŚS 2,2,43) /

atha sārathinā kāryan nāsti / yajñarathe gata ity āsthā pūrvapakṣe syāt / sā kuyuktir akāraṇāt / na hi sārathinā kāryam asti / yajñarathaḥ kṛtaḥ / rathasyopari yaḥ kḷptas tiṣṭhati eṣa hi sārathiḥ //

JŚS 25,21.
sarvān saṃśrāvayed yajamānān sapatnīkān

[Bh 95,9-12] sarvā===tnīkān // tāni rākṣoghnāni gīyamānāni sarvān yajamānān sapatnīkān saṃśrāvayet sārdhaṃ śrāvayet / yajamānabahutvasambandhād vartata eva rākṣoghnāni /

sattrādhikārasya ca sattrasyarddhivākyād anuvṛtter abhāvānavagamād yajamānān ity etāvatā siddhe *sarvān* ity anarthakam / nānarthakaṃ sarvān samīpam ānīya gāyed ity etadarthatvāt / sarvaśabdas sambhūyavartiṣv api hi sambhavati //

JŚS 25,22.
anūbandhyeṣu ca yathāliṅgam

[Bh 95,13-14] anū===liṅgam // anūbandhyeṣu ca vakṣyamāṇeṣu (JŚS 25,23-32) yathāliṅgaṃ sāmāni gāyet /

katham atra liṅgopādānam iti ced idam ucyate //

JŚS 25,23.
aukṣṇorandhram (JGG 6,5,55 on JS 1,53,7) ukṣaṇi

[Bh 95,14-16] aukṣṇo===kṣaṇi // aukṣṇorandhraṃ gāyed ukṣaṇy anūbandhye sati / anūbandhyadravyāṇāṃ sāmnāñ cābhidhānasārūpyaṃ liṅgatvenopādīyate / prathamam aukṣṇorandhraṃ (JGG 6,5,55 on JS 1,43,10) gāyet / kāraṇam iha kāvavidhāv avādi (Bh on JŚS 24,20) //

None of the three aukṣṇorandhras JGG 5,5,26-28 on JS 1,43,10 is found in the JŪha nor are the two latter ones of the three JGG 6,5,55-57 on JS 1,53,7.

JŚS 25,24.
ārṣabham (JGG 2,5,24 on JS 1,17,7) ṛṣabhe

[All the three ārṣabha sāmans JGG 2,5,22-24 are found in the JŪha (3,3,47-49; 3,3,50-52; and 1,2,31-33 respectively). Most probably the last one is meant, because it is used in the fundamental jyotiratirātra, the other two in the aptoryāma.]

[Bh 95,17-18] ārṣa===ṣabhe // trayāṇām (JGG 2,5,22-24) anyatamaṃ gāyet / prasiddhir iha niyamahetur uktaḥ / sa sarveṣv apy asti / prāthamyasya vā hetutvaṃ śārṅgavidhāv uktam (Bh on JŚS 24,5) / *vṛṣabha-* (JS 1,17,7) iti liṅgād ārṣabhasyopādānan na kevalam abhidhānasārūpyād eva //

JŚS 25,25.
vāśaṃ (JGG 3,5,7 or 8 on JS 1,29,5) vaśāyām

[Bh 95,19] vāśaṃ===śāyām // *vāśe* (JGG 3,5,8) iti ca liṅgād asyopādānam //

[JS 1,29,5 ends in the word *turvaśe*. This appears in JGG 3,5,7 in the form *to bā rvāśo / hā(y)i*, in JGG 3,5,8 in the form *tū auhovā / rvāśe*. Bh seems to be quoting the latter sāman, which howerver is not found in the JŪha, while JGG 3,5,7 is.]

JŚS 25,26.
unnate traikakubham (JGG 5,5,23 on JS 1,43,8)

[Of the three traikakubha sāmans JGG 5,5,23-25 only the first one is found in the JŪha (1,11,95-97), where it is chanted on the yoni tristich JS 3,56,18-20.]

[Bh 95,19-20] unna===kubham // ṛṣabham eva viśeṣeṇonnatakakudam unnata iti vadanti / yathā bhīmasenam bhīma iti / tato [']trāpy abhidhānasārūpyam eva liṅgam bhavati //

JŚS 25,27.
ājīkam (JGG 6,1,14 on JS 1,49,2) aje

[The ājīka sāman JGG 6,1,14 is found twice in the JŪha (1,12,1-3 and 4,12,1) while the other ājīka JGG 6,1,1 on JS 1,49,1 is not found in the JŪha.]

[Bh 95,21-27] ājī===maje //

jātaretaskam ukṣāṇam ṛṣabham pūrṇayauvanam /
vidyād vaśāṃ vṛṣārūḍhām bṛhatkakudam unnatam //
ity ukṣādibhiś śabdaiś codita upādīyate gaur ajo vānyo vā yasmiṃs tasminn aukṣṇorandhrādīni / yas tv ajaśabdena codita upādīyata ukṣa ṛṣabho vaśonnato vā tasminn ājīkam iti / yadi tūbhayaśabdacodita[s] syād ajarṣabho [']javaśeti tatra jāteḥ prādhānyād ājīkam eva /

aparam matam / dviśabdacodite dve api sāmanī samuccinuyād iti //

JŚS 25,28.
paya (JĀrG 20,8 on JS 1,3,5) āmikṣāyām

[Bh 96,1-2] paya===kṣāyām // paśubhyo [']nyo [']pi dravyaviśeṣo [']nūbandhyasthānam āpadyate / tathābhāve saty āmikṣāyām payo gāyet / iha nidhanagataṃ liṅgam //

[The nidhana is *e payāḥ*.]

JŚS 25,29.

dadhini dadhikram (JGG 4,5,10 on JS 1,37,7)

[Bh 96,2] dadhi===dhikram // iha sāmagataṃ liṅgam abhidhānasārūpyam ca //

JŚS 25,30.

madhuni madhuścyunnidhanam (JGG 4,5,7 on JS 1,37,4)

[Bh 96,3] madhu===dhanam // iha ca pūrvavat //

JŚS 25,31.

ājye ghr̥taścyunnidhanam (JGG 2,6,3 on JS 1,18,1)

[Bh 96,3] ājye===dhanam //

JŚS 25,32.

aurṇāyavam (JGG 6,1,68-69 on JS 1,49,10) āvike meṣe ca

[Bh 96,3-15] aurṇā===ṣeca // *āvika* iti svārthe taddhitaprayogaḥ / avau meṣe cānūbandhyayor aurṇāyavaṃ gāyet / ūrṇety avilomanāma / tato [']vir ūrṇāyuḥ / evam ihābhidhānasārūpyasiddhiḥ /

avāv evaṃ sidhyatu / katham meṣe / idam ucyate / avijāter eveyam avāntarajātir yā meṣajātiḥ / yathā paśujāter gojātiḥ / ajajātir iti kuta iti cen meṣasyāpy aviśabdena loke vyavahāradarśanād yajñe ca meṣapaśoḥ praiṣeṣv aviśabdena nirdeśāt / tathā cāśvalāyanīya uktam *usro gaur meṣo [']viko hayo [']śva* (ĀśvŚS 3,4,10) iti / tato meṣeṇa duśśakam anavinā bhavitum /

yady evam *apeyam āvikam* (cf. GautDhS 2,8,24 *āvikam apeyam*; BaudhDhS 1,5,12,11 *āvikam... apeyam*) iti smr̥ter meṣīpayo [']py apeyam bhavati / nāyam paryanuyogaḥ paryāpto bādhitum / apeyam eva meṣīpaya iti hy asmākaṃ siddhāntaḥ / kva cid asya śiṣṭair api dr̥ṣṭam pānam iti cen nācārasmr̥tiviruddhapramāṇam bhavitum utsahate / yathā pānamārasya / tato meṣasyāpy ūrṇāyutvād abhidhānasārūpyād evaurṇāyavam asmin bhavati /

sarveṣām anūbandhyasāmnāṃ vidhānād eva siddher *yathāliṅgam* (JŚS 25,22) ity uktam anarthakam / nānarthakam *aukṣṇorandhram ukṣaṇi-* (JŚS 25,23) iti ca *paya āmikṣāyām* (JŚS 25,28) iti ca liṅgopāditsayā vaco vihita[m] iti jñāpanārthatvāt / siddham anyatrāpi yathāliṅgam upādeyeṣu sāmasu spaṣṭaliṅgānām abhāva īdr̥śair api śabdaleśaiś ca liṅgatvaṃ sāmnām avadhārya grahaṇaṃ kāryam / nādityādiṣu paśuṣv adityādidevatyāny adityādiliṅgāni ca na santi sāmānīti viramed iti //

JŚS 25,33.

udayanīyāyām udvat (JGG 6,9,7 on JS 1,57,2)

[Bh limits the *udvat* sāman here to those composed on the *jagatī* metre, i.e. JGG 6,9,7-9. Out of these two, 7 and 9, are found in the JŪha (1,10,42-44 and 1,11,35-37 respectively). JGG 6,9,7 seems to be meant, because in the KGG (16,2,7) it is called *udvad bhārgavam* and thus conforms to the *pravad bhārgavam* (JGG 6,9,14) that Bh mentions as the prāyaṇīyā counterpart of the *udvat.*]

[Bh 96,16-18] uda===mudvat // iha yajñaprayoge bahuśaḥ prāyaṇatulyam udayanam bahuvidhan dṛṣṭam iti ceṣṭyoś ca prāyaṇīyodayanīyayos tulyarūpatvāt pravadbhārgava-[JGG 6,9,14]sarūpañ jāgatam evodvad (JGG 6,9,7 on JS 1,57,2) geyan nānuṣṭubham (JGG 6,8,28 on JS 1,56,7) /

iha taittirīyāḥ prāg anūbandhyāyā udayanīyayā caranti (cf. BaudhŚS 8,21) //

JŚS 25,34.
udavasānīyāyām udvaṃśīyam (JGG 4,4,3 on JS 1,36,1)

[Bh 96,19-21] uda===śīyam // devayajanād gṛhān prati nivṛtto madhya udavasānīyayeṣṭyā yajate / sodavasānīyā nāma / iha ke cid iṣṭitaḥ pratinidhibhūtām pūrṇāhutiñ juhvati (cf. ŚB 4,5,1,16; KŚS 10,9,20; MŚS 2,5,5,27) / tasyām api geyam iṣṭipratinidhitvād avirodhāc ca //

JŚS 25,35.
sautrāmaṇyāṃ surāyāṃ
sāṃśānāni sāmāni (JGG 3,3,12-15 on JS 1,27,6) gāyet

[Bh 96,22 - 97,3] sautrā===gāyet // sautrāmaṇī nāma haviryajñas surāpaśupuroḍāśa-dravyaḥ / sautrāmaṇyāṃ yā surā tasyāṃ sāṃśānāni sāmāni gāyet /

dvividhā sautrāmaṇī / kā cid agnivājapeyādīnāṃ kratūnām aṅgabhūtā / kā cit pṛthag eva kartavyā phalāya / tatra kratvaṅgabhūtāyāṃ yaḥ kratoḥ parigātā sa eva gāyati prastotā / anyasyān tv adhikṛtasya gātur abhāvāt saṃśayaḥ / kim eṣām eva gānārthaṃ kaś cid upādeya uta yajamāna etāni gāyed iti / kim atra prāptam ity ucyate / nāsya saṃśayasya viṣayo [']sti / kratvaṅgabhūtāyām eva hi sautrāmaṇyām imāni vidhīyante kratvadhikārān netarasyām ihādhikārābhāvāt / yathā vakṣyamāṇāni (JŚS 26,1-8) paśubandhasāmāni kratvaṅgabhūteṣv eva paśuṣu bhavanti na nirūḍheṣu tadvat /

sāmāni- ity anarthakam / nānarthakaṃ yathaitāni sāmāni syus tathā gāyed ity etadarthatvāt / udgṛbhāgo hy eṣām aprathamānāṃ śrūyate (cf. ŚB 12,8,3,26) / tatrāsati yatne yathāpāṭham eva gīyerann iti kṛtvā kṛto [']yaṃ yatnaḥ / tatas siddham prathamavat saṃpādyottarāṇy api geyānīti /

evam apy anuṣaṅganyāyād evāsyārthasya siddher ayaṃ yatno [']narthakaḥ / nānarthako [']nuṣaṅganyāyasyānityatvajñāpanārthatvāt / kim atas sidhyati / anaśnatsaṃhitāyām (JGS 2,8) eṣām anyeṣāñ cānuṣaṅgābhāvas sidhyati / *gāyed* ity eṣān nityatvārthaṃ somasāmavat (cf. Bh on JŚS 25,16) //

[Bh 97,4-5]

ke cid udgātṛgeyatvaṃ *gāyed* iti punarvidhau /
icchanti neyatodgātā svāpa[s] svāpā tu nityatā //

[Bh 97,6-7] iti jaiminīyasūtravṛttau parigāṇavidhiḥ pañcaviṃśaḥ khaṇḍaḥ //

JŚS 26. (prakīrṇam)

JŚS 26,1.

atha paśubandheṣu

[Bh 98,12-13] atha===dheṣu // athānantaram paśubandheṣu kratvaṅgabhūteṣu (cf. Bh on JŚS 25,35) geyāni sāmāny upadekṣyāmaḥ / anūbandhyeṣūpadiṣṭatvād (cf. JŚS 25,22ff.) agnīṣomīyasavanapaśvartham idam ucyate //

JŚS 26,2.

sāvitrāṇi sāvitre

[Bh 98,13-19] sāvi===vitre // savitṛdevatyāni sāvitrāṇi savitṛdṛṣṭāni ca sāvitrāṇi / *sāvitrāṇi-* ity avadhāraṇam iha śakyam / *somasāmnān trīṇi-* (JŚS 25,16) iti viśeṣaṇāt trīṇy eva hi tāni prathamād ūrdhvaṃ santi / siddhe tu tritve *trīṇi-* (JŚS 25, 16) iti tatra vacanam anyatra bahutvaśrutau sāmnān tritvam eva nāvadhāryam ity etadartham /

kim punar ihāśrayaṇīyam / yac chrutan tad āśrayanīyam / bahutvañ ca śrutan nānyat / tato bahūni geyāni / nāsti saṃkhyāniyamaḥ /

evañ ced rākṣoghnasāṃśānānām api sarveṣāṃ grahaṇam uktam (cf. Bh on JŚS 25,20*; 25,35) na sidhyati / śakyatvāt sidhyati / śakyārambhaprasaṅgadoṣādd hi paśuṣv iha sarvagrahaṇapakṣo nirastaḥ / tatas siddham / paśubandheṣu trīṇi catvāri pañceti yathāvasāraṃ sāmāni gāyed iti //

JŚS 26,3.

āgneyāny āgneye

[Bh 98,20] āgne===gneye //

JŚS 26,4.

aindrāṇy aindre

[Bh 98,20] aindrāṇy aindre //

JŚS 26,5.

vaiśvadevāni vaiśvadeve

[Bh 98,20] vaiśva===deve //

JŚS 26,6.

prājāpatyāni prājāpatye

[Bh 98,20-24] prājā===patye //

iha prayogasaukaryārthaṃ kāni cit parigaṇayāmaḥ / dve ca maukṣe (JGG 2,3,10-11 on JS 1,15,7) *doṣo āgād* (JGG 2,7,3 on JS 1,19,3) iti caivamādīni sāvitrāṇi / āgneyāny aindrāṇi prathitatarāṇi / tvamindrapratūrtīyañ (JGG 3,8,10 on JS 1,32,9) caturthaṃ vṛṣāpavīyaṃ (JGG 6,1,26 on JS 1,49,3) viśveṣān devānāṃ vrataṃ (JĀrG 4,5 on JS 2,2,4) tṛtīyo [']tīṣaṅga (JĀrG 14,9 on JS 1,55,12 and 1,49,7) iti vaiśvadevāni / parameṣṭhinaḥ prājāpatyaṃ (JĀrG 2,6 on JS 2,1,4) prajāpater arkaḥ (JĀrG 13,6 on JS 1,56,2) prayasvat prājāpatyam (JGG 5,10,4 on JS 1,48,3) iti mukhyāni prājāpatyāni bahūni cānyāni nidhanakāmādīni (JGG 1,2,15 on JS 1,2,10; JGG 2,4,13 on JS 1,16,8; JGG 3,4,11 on JS 1,28,8; etc.) //

JŚS 26,7.
yathāliṅgañ ca yathādevatañ cānyeṣu

[Bh 98,25 - 99,25] yathā===nyeṣu //

uktebhyo [']nyeṣu paśuṣu yathāliṅgañ ca yathādevatañ cānviṣya sāmāni gāyet / yena kena cil liṅgena tam paśum anugatāni vā yā tasya paśor devatā taddevatyāni vā gāyed ity arthaḥ /

atra liṅgam bahudhopādīyate / kva cit paśugato guṇas sāmny upalakṣyamāṇo liṅgam bhavati / yathā dhenau dvyanugānaṃ (JĀrG 23,11) gṛhyeta / kva cit sa eva sāmanāmni / yatha ṛṣabha ṛṣabhaḥ pāvamānaḥ (JGG 6,1,3) / kva cit sa evobhayasmin / yathā vṛṣṇau vṛṣakavṛṣaikavṛṣāṇi (JGG 3,4,1; 6,2,3-5; JĀrG 16,3-4; 20,5) /

kva cit paśujātis sāmny upalakṣyamāṇā liṅgam bhavati / yathā jāgataṃ saubharadvayaṃ (JGG 5,1,19-20) meṣe / [kva cit saiva sāmanāmni / yathā ...] / kva cit saivobhayasmin / yathā gavi gavāṃ vratāni (JĀrG 3,3-6) /

kva cid devatā vakṣyamāṇāpi liṅgam bhavati / yathā raudre paśau kāvaṣe (JGG 3,5,4-5) / vāstoṣpatitvaṃ hi rudrasya guṇaḥ / kva cit sa eva sāmni / yathā tasminn eva mārgīyavam (JGG 2,1,4) / kva cit sa evobhayasmin / yathā vāruṇe [']pāṃ vrate (JĀrG 3,1-2) / adhiṣṭhānaṃ hi varuṇasyāpaḥ /

kva cid devatā liṅgam bhavati / yathā maitra auśanaśairīṣāṇi (JGG 1,5,1-3) / kva cit saiva sāmanāmni / yathā tasminn eva saumitrāṇi (JGG 43,7,1-3) tvāṣṭre ca tvāṣṭrīsāmāni (JGG 19,1,1; 21,8,1-2) / kva cit saivobhayasmin / yathā vaiśvakarmaṇe *purām bhindur* (JS 1,37,8) iti vaiśvāmitram (JGG 4.5,11) /

atha vā kva cid devatā sāmni / yathā tvāṣṭre / kva cit saiva sāmanāmni / yathāditidevatye *kadā ca na-* (JS 1,31,8) ity aditisāma (JGG 3,7,9) / kva cit saivobhayasmin / yathā vāruṇe *ghṛtavatī* (JS 1,39,9) iti varuṇasāmanī (JGG 5,1,21-22) /

atha *yathādevatam* iti / yaddevatyaḥ paśu[s] syāt taddevatyaṃ sāma tasmin gāyet taddṛṣṭaṃ vā /

katham punar idaṃ vijñeyam iyam asya sāmno devateti / itthaṃ vijñeyam / yā devata rcas saiva sāmna iti / śrūyate ca *kindevatyaṃ sāma vaiyāghrapadyeti yaddevatyāsu stuvata iti hovāca taddevatyam iti-* (unknown text) iti / tatas sārasvate *pāvakā na* (JS 1,20,5) iti bhāradvājaṃ (JGG 2,8,6) gāyet / aindrāgne vācas sāma- (JGG 3,5,14) *indrāgnī apād* (JS 1,29,9) iti / yā saurye / yā ca devatā sāmnaiva stūyate sāpi tasya devatā bhavati / tatas saumya *ā sotā-* (JS 1,59,3 with JGG 6,11,10-12) iti gāyet / tataś ca paran tatsadṛśe vāgdevatye (JGG 6,11,13-15 vācas sāmāni on JS 1,59,3) /

evañ ced *yathāliṅgam* iti etāvataiva sarvaṃ sidhyati / liṅgenaiva hi devatā jñāyate / tasmād *yathādevatam* ity anarthakam / nānarthakaṃ yathādevataṃ gānam itarasmān mukhyam iti jñāpanārthatvāt /

nanv asaty api yatne [']nukrāntāt prakārāl leśātītāl liṅgād yaddevatyaḥ paśus taddevatyānān taddr̥ṣṭānāṃ vā sāmnāṃ gānam mukhyam bhavaty eva / tataḥ punar eva *yathādevatam* ity anarthakam / nānarthakam pratyakṣan taddevatyāśravaṇāt sambhave yathā kathañ cid api devatām āśritya tāny eva yāni sāmāni bhavitum utsaheraṃs tāni gāyet tathāpy asambhave yathāliṅgam ity etadarthatvāt / tato [']gnīṣomīye paśāv *imam ū ṣv* (JS 1.3,8) ity āgneyyām r̥ci somena dr̥ṣṭaṃ sāma (JGG 1,3,13) saumīṣu ca- *ayaṃ vicarṣaṇir hitaḥ* (JS 1,52,12) *pra soma devavītaye* (JS 1,53,4) *pavasva devavītaya* (JS 1,58,6) ity etāsu yāny agninā dr̥ṣṭāni (JGG 6,4,17; 6,5,39; 6,10,24) tāni gāyet / na hy agnīṣomadevatyāny agnīṣomadr̥ṣṭāni vā lakṣyante //

dr̥ṣṭvāgnīṣomayoḥ ke cit pr̥thak praṇayane stutim /
paśāv api tathecchanti na tad icchati no guruḥ //
yathā hy avasthitau yāge na hi praṇayane tathā /
nidhāyāgnin tatas somaḥ kevalaś ca praṇīyate //
tataś ca hotā tatrāgniṃ somañ ca stauti bhedataḥ /
sahayāge tatas sādhu sāmakl̥ptir iyaṃ kr̥tā //
agnis sarasvatī somaḥ pūṣā cātha br̥haspatiḥ /
viśvedevendramaruta indrāgnī savitā tataḥ //
varuṇaś caiṣu deveṣu prakr̥tau paśudevatāḥ /
siddhāni tatra sāmāni vāg api syāt sarasvatī //

JŚS 26,8.
teṣāṃ yāni paśau śiṣṭāni vapānte tāni gāyet

[Bh 99,25 - 100,3] teṣāṃ===gāyet // teṣāṃ sāmnāṃ yāni paśau vihitāni tāni vapānte vapākarmasamāptau gāyet / mārjanād ūrdhvam ity arthaḥ / iha *paśāv* ity ekavacanaṃ sāmaviṣayeṣu ca padeṣu *yāni-* ityādiṣu bahuvacanam prayuñjāno jñāpayati / pratipaśu sāmabahutvan dhruvam iti / tasmād ihādiṣṭeṣv agnīṣomīyādiṣv api naikan dve vā gītvoparamet //

JŚS 26,9.
pradānakāla upasatsu ceṣṭiṣu ca

[Bh 100,4-5] pradā===ṣuca // pradānasya kālaḥ pradānakālaḥ / yāga ity arthaḥ / yad dhi haviṣo devatāyai pradānaṃ sa yāgaḥ / yāni sāmāny upasatsu ceṣṭiṣu ca śiṣṭāni tāni pradānakāle gāyet //

JŚS 26,10.
tāni tattatkarmāpanno yajñopavītī prāgāvr̥ttas tiṣṭhann upaviṣṭo vā madhyamayā vācā gāyet

[Bh 100,6-8] tāni===gāyet // iyam paribhāṣā sarvaparigāṇasādhāraṇā / yad yat karma prati vihitāny etāni tat tat karmāpannas tan taṃ karmadeśam prapannas san yajñopavītavān prāṅmukhas tiṣṭhan vopaviṣṭo vā madhyamayā vācā gāyed imāni parigāṇāni //

JŚS 26,11.

teṣāṃ yāni tr̥casthāni tr̥ceṣu tāni gāyet

[Bh 100,9-10] teṣāṃ===gāyet // yāni tr̥ceṣv eva gīyante santaniyaṇvāpatyādīni (JGG 6,11,35; JĀrG 20,9-10; etc.) tāny atrodāhartavyāni / tāny api hi kadā cit prāpnuvanti paśuṣu //

JŚS 26,12.

yāny ekarcāni tris tris tāni tr̥cepsutāyai

[Bh 100,10-24] yāny e===tāyai // tr̥cam āptum icchatīti tr̥cepsuḥ / tasya bhāvas tr̥cepsutā / tr̥cepsutārtham /

atha vā hetau pañcamyarthe caturthī / ekarcānām api trirabhyāse tr̥casādr̥śyam bhavati /

kimartham idan *tr̥cepsutāyā* iti / ucyate / pūrvan tāvad vākyaṃ (JŚS 26,11) santanyādibhir anekarcagītaiḥ kr̥tārtham idañ ca tārkṣyasāmādibhir (cf. JŚS 25,5ff.) ekarcagītaiḥ / atha yāny ekarceṣu gīyante tr̥ceṣu ca yathā vāmadevyaṃ rathantaram br̥had iti teṣu saṃśaya[s] syāt tr̥ceṣv ekarceṣv iti / tatrāyaṃ vākyaśeṣas tr̥cagānasiddhaye nyastaḥ / evam asya yogaḥ / trir gīyanta ekarcās tr̥cepsutāyai gauṇatr̥cakalpanārtham / asaty eva ca mukhye gauṇam āśrayitavyam / śakyate ca br̥hadrathantaravāmadevyeṣu mukhyam eva tr̥cam āśrayitum / tasmāt tr̥ceṣv evaitāni geyānīti /

atha vā santanyādīnām anekarcagītānān tr̥cagānasyārthaprāptasyāvidheyatvāt pūrvo vidhir ihāpy agnyādheyavad br̥hadādīnān tr̥cagānārthaṃ kalpyaḥ / tr̥cepsutāvādas tv ayam anyatrāpy eṣān tr̥ca ekarca iti saṃśaye tr̥copādānārthan nyasta iti kalpanaṃ samyag bhavati / tataś śāntyādau vāmadevyasya tr̥copādānaṃ sidhyati /

santy anr̥cāni sāmāni yathā vāco vrate (JĀrG 1,1-2) sattrasya rddhi- (JĀrG 1,5) iti / santi dvyr̥cāni yathātīṣaṅgās (JĀrG 14,7-9) tavaśśāvyam (JĀrG 25,1) iti / santi bahvr̥cāni yathā kaśyapavratam (JĀrG 10,11) ādityavratam (JĀrG 23,18) ilāndañ (JĀrG 6,4-8) ca / pākṣikāni sarvāṇy ekarceṣv evāntarbhavanti / itthaṃ hi kalpanīyam / yasya sāmno gītis sakr̥n niṣṭhitā na punar āvartate tad anr̥can dvyr̥cam bahvr̥caṃ vā sad apy ekarcasādr̥śyād ekarcam eveti / ayukteyaṃ kalpaneti cen nācāryeṇa jñāpitatvād *atīṣaṅga ekasyām* (JK 2,13; 2,21) iti //

JŚS 26,13.

tatra padāya padāya stobhān anusaṃhared ity ācāryasamayaḥ

[Bh 100,25-27] tatra===mayaḥ // tatra teṣu parisāmasu ye stobhā agnervratādiṣu (JĀrG 5,3, etc.) tān padāya padāyānusaṃharet / anukrameṇa saṃharet / yathaivan teṣu ca tathā pratipādam brūyād ity ācāryāṇāṃ samayaḥ /

kim idam ācāryasamaya iti / kva cid vacanād upalabdho [']rthas tatsadr̥śe [']nyasminn api kasmiṃś cid vinaiva vacanād yukta iti yathā vācāryaiḥ kalpyate sa ācāryasamayaḥ //

JŚS 26,14.

yathādhītāny eva geyāni-
ity anubrāhmaṇino [']vacanāt

[Bh 100,28 - 101,2] yathā===canāt // yathādhītāny evādhītarūpāṇy eva yathāmnātam eva geyāny etānīti vadanty anubrāhmaṇinaḥ /

evam iti vā yo [']rthas tasminn ayam evaśabdo grāhyaḥ / tathā sati yathaitāny adhītāny evaṃ geyānīti yojyam /

avacanāt pratipādaṃ stobhānām āvr̥ttau vacanābhāvāt /

anubrāhmaṇāni nāma brāhmaṇāny evānuvartamānā ke cid granthaviśeṣāḥ / tadvido [']nubrāhmaṇinaḥ / athānayor ācāryasamayānubrāhmaṇimatayoḥ katarat pratipattavyam ity ākāṅkṣita ucyate //

JŚS 26,15.

kasmān mantraikadeśābhyāsa[s] syāt

[Bh 101,2-5] kasmā===sasyāt // asya stobhasya mantraikadeśābhyāsaḥ kasmāt syāt / naivāyam bhavitum arhatīty arthaḥ / na hi mantrasyānāvr̥ttau tadekadeśasyāvr̥ttir r̥te vacanād yujyate / evañ ca saty udvāsanasāmno [']vabhr̥thasāmnaś ca stobhāvr̥ttir vacanata (JŚS 5,4; 22,6) evopalabdhācāryeṇeti mantavyam / sā ca tayos sarvatrāpi pravr̥ttayor bhavati //

JŚS 26,16.

udvāsanīya eva sarvo nidhanam upeyād
avabhr̥thasāmni ca

[Bh 101,6-11] udvā===mnica // udvāsanāvabhr̥thayor ye dve sāmanī vihite te sattraṃ rākṣoghnatvāt paśuñ cāgneyam āgneyatvād gacchataḥ / tatra saṃśayaḥ / *sarve nidhanam upayanti-* (JŚS 5,5; 22,7) ity ayaṃ vidhis sāmadharma ity atrāpi pravartetāho svid udvāsanāvabhr̥thadharma iti nivarteteti / tatredam ucyate / yad udvāsane vihitaṃ sāma tasminn udvāsanīya eva sati yac cāvabhr̥the tasmiṃś cāvabhr̥thasāmny eva sati sarvais sārdhan nidhanam upeyāt / anyatra tv anyasāmavat svayam evopeyād ity uktam bhavati / udvāsanāvabhr̥thadharma evāyaṃ yad asya sāmadvayasya sarve nidhanam upayantīti abhiprāyaḥ / tulyam etad iṣṭāhotrīyasyāpy (JŚS 5,14) udvāsanīyatvāviśeṣāt //

JŚS 26,17.

na vārṣāhare

[Bh 101,12-20] navā===hare // yathā vārṣāhare na sārdham anyair nidhanopāyanan (JŚS 5,15) tadvad ity arthaḥ / ayam pūrvasya vidher dr̥ṣṭānto nyastaḥ / evam asya prayojanam / vacanapramāṇako vidhir yatra vacanan tatraivāvatiṣṭhate / yathaikasampraiṣayor ekasthānayor vārṣāhareṣṭāhotrīyayor yasmin vacanam asti tasminn iṣṭāhotrīya eva sarvopeyanidhanatvadharmo [']vasthitaḥ / na vārṣāhare prāpnoti / evam etayo rākṣoghnayor iṣṭāhotrīyasya ca yatra vacanan tatraivodvāsanāvabhṛthayor evāvatiṣṭhate / nānyatra prāpnotīti /

evañ cet stobhāvṛttir apy etayor anyatra na prāpnoti / atra brūmaḥ / sāmnor anayor vidhānānantaraṃ kiñ cid apy anyad anapekṣya vihitaṃ *padāya padāya stobham āha-* (JŚS 5,4; 22,6) iti / sarvanidhanopāyanan tu vidhāya tataḥ kālasambandhaḥ kṛtaḥ / *devān vā etasmin kāle rakṣāṃsy anvasacanta-* (JŚS 5,6; 22,8) ity adhikāreṇa / tasmāt tatkālayor eva bhavati /

atha [vā] *vārṣāhara* iti saptamīnirdeśaṃ sādhīyas saṃskurvann apara āha / vārṣāhare [']vabhṛthasāmni saty api na sārdhan nidhanam upeyāt / yady apy asyāvabhṛthasāmatvena vidhānan nāsty ata eva yatnāt keṣāñ cit kva cid astīty anumantavyam //

JŚS 26,18.

āvarti vrataśukriyeṣu (JĀrG 23,13-18) catuḥ karmāpannāḥ kuryuḥ

[Bh 101,21-24] āva===kuryuḥ // pariniṣṭhitaḥ parigāṇādhikāraḥ / atha vaikṛtaḥ kaś cid agniṣṭomamantraikadeśābhyāsas tatprasaṅgād ihaiva kathyate / yac chabdajātam apy avadhānenāvartate tad iha- *āvarti-* ity abhipreyate / vrataśukriyeṣu yad āvarti tat karmāpannā[s] stotram āpannāś catuṣkuryuś catur vadeyuḥ / bhrājādayaś śabdās trir ucyante pāṭhe teṣāñ catuś catur vacanam idaṃ vihitaṃ stotraviṣaye //

JŚS 26,19.

bhrājābhrājābhyān tūpadravanidhane trirukte syātām

[Bh 101,25-29] bhrājā===syātām // caturthī ṣaṣṭhyarthe / bhrājābhrājayos tūpadravanidhane trirukte eva syātān na caturukte / na cedam upadravanidhanayos trirvacanaṃ vidhīyate / tuśabdo vijñāpayati pūrvasya vidher ayam apavāda iti / tasmād upadravanidhanāvayavabhūtā bhrājādayaś śabdā upadravanidhanaśabdenātra gṛhītā iti cintyam / dṛśyate hy avayaviśabdo [']vayave / yathā *yajñavid ayam bahvṛco madhuro [']yam āmra* iti //

JŚS 26,20.

kasya hetor ity
ekaviṃśe bhavataḥ

[Bh 102,1-26] kasya===vataḥ // vrataśukriyāntarbhūtasyāvartijātasya caturvacanaṃ vidhāya bhrājābhrājopadravanidhanaviṣaya eva kasya hetoḥ pratiṣidhyata iti ced evam ete bhrājābhrāje ekaviṃśe ekaviṃśasampadyukte bhavataḥ / itarathā hy ekaviṃśasampanna[s] syād ity abhiprāyaḥ /

vinā tu hetuvacanād ācāryavacanaprāmāṇyād dhetuvacanam anarthakam / nānarthakam anyasyāpi kasya cid ihāvartinas trirvacanam asty ekaviṃśasampadam anatirekārtham iti jñāpanārthatvāt / kasyeti cet parastād vakṣyāmaḥ /

kim punas sarveṣu vrataśukriyeṣv ekaviṃśasampad asti / asti / tad eva hīdam āvarticatuṣkaraṇaṃ vihitam / ime ca vayam etām ekaviṃśasampadam bālāvagataye kalpayiṣyāmaḥ /

bhrāje (JĀrG 23,13) tāvad aṣṭādaśa bhrājaśabdās traya ṛkpādāḥ / evam ekaviṃśaḥ /

atha vā bhrājaśabdeṣu trīṇy ṛgakṣarāṇi yojayet / avaśiṣṭāny ekaviṃśatir eva / evam asmin dvāv ekaviṃśau /

yathā bhrāje tathābhrāje (JĀrG 23,14) /

atha vikarṇe (JĀrG 23,15) sapta stobhāś caturvacanād aṣṭāviṃśatiḥ / ta evam eva pañcakṛtva ucyante tac catvāriṃśacchatam / yas tūttamastobhas sa punar eva paranidhanadvayārtham āvartamānaḥ pūrvañ catur ucyate paścāt tu trir eva / tasya jñāpakam uktam / te saptapūrveṇa catvāriṃśena śatena sambhūya saptaikaviṃśā bhavanti / auhovāhāuvāśabdas tri[ś] śrūyate / trīṇi nidhanāni ṣaṭtriṃśad ṛgakṣarāṇīti dvāv ekaviṃśau /

atha bhāse (JĀrG 23,16) daśa stobhāś caturvacanāc catvāriṃśat / evaṃ pañcakṛtva ucyante sā dviśatiḥ / ihauhośabdā nava nidhanāc ca yo [']dhastanastobhas te dviśatyām prakṣiptā daśaikaviṃśān sampādayanti / *bhadram* ityādayo nava vyāhṛtayo bhāśśabdadaśamā dvātriṃśad ṛgakṣarāṇi ca sambhūya dvāv ekaviṃśau /

atha mahādivākīrtye (JĀrG 23,17) dvāv ādyau stobhau caturvacanād aṣṭau / anantaran nidhanam / tāni nava / tataḥ prathamañ ca purīṣapadam (JS 2,7,4a) anyaś ca stobho dvyabhyāsenānyasyāvartamānau pūrvair navabhis saha saptadaśa / teṣu parasmin purīṣapadacatuṣṭaye (JS 2,7,4b-e) prakṣipta ekaviṃśo niṣpadyate / vayomanaḥprabhṛtayo vayobhūtāntās sapta vyāhṛtayo dvi[ś] śrūyante tāś caturdaśa / dvitīye śravaṇe ya[s] stobhas sa ekaviṃśam pūrayati / nidhanadvayaṃ kṣaṇam avatiṣṭhatām pañcottarā stobhāś caturvacanād viṃśatiḥ / yad ado nidhanam *ī* iti tad ekaviṃśam pūrayati / atha hośabdo auvāśabdaś caturuktaḥ pañca / te caturuktā viṃśatiḥ / yad ado nidhanam *ū* iti tad ekaviṃśam pūrayati / athaika[s] stobhaḥ pratipādan nidhāya ca catuś catur abhyasyamāno nidhanena sahaikaviṃśan niṣpādayati / ṛkpādāś catvāraś (JS 2,3,2 a-d) catasraś ca tadādisthā vyāhṛtayo *dyaur* ityādayaś ca trayaś caturuktā[s] stobhā viṃśatir bhavanti / anantareṇa nidhanenaikaviṃśaṃ sampannam / *bhū[mi]r* ityādayaś ca trayaś caturvacanād dvādaśa / nidhanam eṣān trayodaśa / atha dvau stobhāv *āyur jyotir* iti / tayoḥ pūrvaś catur ucyata uttaras tūktāj jñāpakāt trir eva / te sapta trayodaśabhis sambhūya viṃśatiḥ / nidhanenaikaviṃśaḥ pūryate /

dvau bhrāja eko vābhrāje tadvan nava ca sapta ca /
brahmaṇas sāmni hotuś ca bhāse dvādaśa te khalu //
ekaviṃśās samāsena triṃśad dvātriṃśad eva vā /
śukriyeṣu vikāro [']yam etasyai sampade śrutaḥ //

JŚS 26,21.
sarvam āvarti pañcoktam mahāvrate

[Bh 102,27 - 104,17] sarva===vrate // mahāvrate [']hani sāmasu yad āvartiśabdajātan tat sarvam pañcoktaṃ kuryuḥ pañcakṛtvo vadeyuḥ / rājanarauhiṇakacatustriṃśatsaṃmitāny (JĀrG 6,9-10; 5,10; JŪhya 1,6,8-10.11-13.14-16) asya vidher viṣayaḥ /

nanv anyeṣv api sāmasu tasminn ahani santy āvartīni / satyam etat / na tu teṣāṃ mahāvratena viśeṣaṇam eṣu satsu sambhavati / eṣāṃ hi mahāvrata eva pravṛttir dṛṣṭā (JK

2,33) nānyatra / teṣām eva mahāvratena viśeṣaṇaṃ yuktaṃ na tu yeṣām mahāvrate [']nyatra ca / na hi kratur ubhayasāmā rathantarasāmety ucyata indrāgnigupto vendragupta iti / yac cedam uktaṃ sāmatrayan tasya mahāvrate pravr̥ttir dr̥ṣṭā bhadrādīnān tv anyatrāpi / tatas siddhaṃ rājanarauhiṇakacatustriṃśatsaṃmitāny asya vidher viṣaya iti /

kim punar ayaṃ vidhiḥ pravartaka āho svin nivartako [']pi / kaś cātra viśeṣaḥ / yadi pravartaka eva kiṭkiṭākārāḥ pañcadaśakr̥tva eva yathāmnāyam abhyasyeran / atha nivartako [']pi pañcadaśakr̥tva eva te [']py abhyasyeran / tathā ca sati tasyāśītisampad vihanyeta / yady evam avighātārtham asyās sampadaḥ pravartaka evātra vidhir bhavatu / mā kiṭkiṭākāreṣu pravartiṣṭa /

sarvam iti kimartham / vrataśukriyeṣv āvartinas sarvañ catur ucyata ity evamartham /

nanu tatraiva hetuvacanāt siddham / satyam etat / siddhasyaiva tv idan dr̥ḍhīkaraṇam /

nanu punar ayam mahāvrataśabdaḥ pr̥ṣṭhe mukhyas saṃstavanasambandhād ahani pravartate / tataḥ pr̥ṣṭhaviṣaya evāyaṃ vidhir bhavatu / atra brūmaḥ / yady ayaṃ vidhiḥ pr̥ṣṭhaviṣaya eva syāt prakṣāveṣu na prasajet tathā ca saty *anyatra prakṣāvebhya* (JŚS 26,22) ity anarthakaṃ syāt /

iha ke cit prājñam manyamānāḥ pralapanti kila mahāvrate pr̥ṣṭhe pañcasāmātmake prāpiteyam āvartipañcoktatā- *anyatra prakṣāvebhya* (JŚS 26,22) iti rājanād anyebhyo [']pi nivartyata iti / te [']sya prativacanan dadatu / pañcoktaṃ rājana iti kr̥tvā mā vā bhūd uttaraṃ vākyam iti /

atha vāsya vidheḥ pr̥ṣṭhaviṣayatve doṣo [']yam aparihāraḥ prādur bhavati rauhiṇake / *tad vā aśītibhis sampannam* (JB 2,14: 160,10) iti yad aśītisampannatvam uktan tad rauhiṇakāvartiṇām pañcoktatvābhāve mr̥ṣā bhavati / yac ca sāmendrasya mahāvratam (JĀrG 7,1) iti tasmin liṅgadevatābhyāṃ paśuparigāṇārtham prapanne sati tu viṣayatāpy asya vidher anenaiva pratyuktā / tasmād ihāhar eva mahāvrataśabdenopalakṣyata iti samyak / yathā mahāvratam atirātra (JK 1,12: 135,19) iti / tatrāpy uktaṃ sāmatrayam evāsya vidher viṣayaḥ /

nanu catustriṃśatsaṃmite pañcakr̥tva evāvartijātam paṭhyate triḥ prakṣāvāḥ / teṣv ayaṃ vidhir neṣyate / tasmād *rājanarauhiṇakayor api-* iti vaktavyam / tataś caivam artho bhavati mā ca bhūd uttaraṃ vākyam iti / atra brūmaḥ / bhavaduktavan nyaste [']py atrārthas sidhyati / arthāntarasya tu jñāpanārthaṃ mahāvrataśabdenaivaitat sāmatrayam upalakṣyate / kin tad arthāntaram iti cet *tasmin mahāvratam upayanti-* ityādinā vacanena (JK 1,2: 134,17) yasyāhno mahāvrataṃ pr̥ṣṭhaṃ syāt tasmin rauhiṇakacatustriṃśatsaṃmitayor api prayogaḥ kārya iti / evam idaṃ vrataśukriyeṣu rājanarauhiṇakayoś cāmnāyavirodhena śabdānām abhyāsādhikyaṃ vihitam / tatra vrataśukriyeṣu yo vidhis sa brāhmaṇāntarād āgato [']vagantavyaḥ / rājanarauhiṇakayos tu yo [']yaṃ vikāras so [']smadbrāhmaṇād evāgacchati / [tathā] hi sāmanī prakr̥tya śrūyate / *tad vā aśītibhis sampannam ekaikasyāṃ stotriyāyān dve dve aśītyau sampadyete* (JB 2,15: 160,28) iti ca *tad vā aśītibhis sampannam āśayanty evainam etena-* (JB 2,14: 160,10) iti ca / tāsām aśītīnāṃ sampattyartham asmin sāmadvaye vikāraḥ kriyate /

katham iti ced rājane (JĀrG 6,9) tāvat sapta stobhā r̥kpādena sahāṣṭau / te pañcakr̥tvo [']bhyasyante / sārdhā dvāviṃśatiḥ / sābhyāsās te catvāriṃśat sampannāḥ / evam uttareṣv api pādeṣu / te dve aśītyau / nidhaneṣu pr̥thak pañcaviṃśasampat sampāditā / *ta u vai pañca pañcaviṃśās sāmanidhanānāṃ saṃstutānāṃ sampadyanta* (JB 2,16: 161,1-2) iti vāgādiṣu pañcasu nidhanāvayaveṣu nidhanaśabda[ś] śrūyate / pañcaviṃśastome sati pañcaviṃśaṃ śatam bhavati /

atha rauhiṇake (JĀrG 6,10) ṣaṭ stobhāḥ pañcakṛtvo [']bhyasyamānāḥ pañcadaśabhiḥ kiṭkiṭākārais saha pañcacatvāriṃśad bhavanti / evam eva pañcakṛtvaḥ kṛte sapañcaviṃśatir dviśatī / tataḥ paran nidhanāny anantarhitāni dvādaśa / tataḥ para upadravaḥ / tataḥ paran nidhanam / tāni caturdaśa / teṣāṃ yoga ekonam aśītitrayaṃ saṃvartate / yadi tatra catvāra ṛkpādāḥ praviśeyus tat tryadhikaṃ syāt / tathā ca saty *aśītibhis sampannam* (JB 2,14: 160,10) iti vacanaṃ vihanyeta / tasmād anapekṣya pādānām pṛthag avasthānam ṛg ekadhaiva prakṣeptavyā / evam etad aśītitrayam *aśītibhis sampannam* (JB 2,14: 160,10) iti śrutyuktam anyūnam anadhikam bhavati / pañcaviṃśasampad atrāpy asti / yāsau dviśatī sapañcaviṃśā tato nava pañcaviṃśās saṃvartante / ṛgakṣarāṇi ṣaṭtriṃśat / teṣv amīṣāñ caturdaśānām prakṣepe dvau pañcaviṃśau bhavataḥ /

catustriṃśatsaṃmite (JĀrG 5,10) nāmarūpaiva sampat / sā dvividhā / samudāyagatāvayavagatā ca / pūrvasyān tāvad anantarhitās traya[s] stobhāḥ pratipādam pratiprakṣāvan nidhanāya cāvartamānāś caturviṃśatir ṛkpādair aṣṭāviṃśatiḥ / navasu prakṣāveṣu traya evānantarhitā gaṇyante / tair ekatriṃśadbhir nidhanāvayavaiś catustriṃśaḥ pūryate / athāvayavagatā / tasyān traya[s] stobhāḥ pañcakṛtvo [']bhyasyamānāḥ pañcadaśa rkpādena ṣoḍaśa / punar api te stobhāḥ pūrvavad evāvṛttāḥ pañcadaśa prakṣāvair aṣṭādaśa / pūrvaiṣ ṣoḍaśabhis saha yogād eṣāñ catustriṃśas saṃvartate / evaṃ pratipādañ catustriṃśatsampad bhavati / antyasya tu prakṣāvatrayasya sthāne naidhanaṃ vacanatrayam praviśati //

aṅgāni yeṣām prakṣāvās sāṅgas tv ātmā mahāvratam /
sampādayantu te [']śītiṃ śrutāṃ rauhiṇake dhiyā //

JŚS 26,22.
anyatra prakṣāvebhyaḥ prakṣāvebhyaḥ

[Bh 104,18-22] anya===vebhyaḥ // prakṣāvā iti kṣauśabdānām eṣāṃ yājñikaprasiddhā saṃjñā / teṣv api pūrvasya vidheḥ prasaṅga idam ucyate / prakṣāvebhyo [']nyatra pūrvo vidhir bhavati / prakṣāveṣu na bhavatīty arthaḥ /

evañ cen *na prakṣāveṣv* iti kartavyam / naitad yuktam / pratiṣedhāntan tarhi sūtram evaṃ syāt / tad amaṅgalam bhavet / tatparihārāya vidhir evāyaṃ kṛtaḥ /

atha vedam pūrvavākyāntarbhūtam eva bhavatu na vākyāntaram / tathāpy ukto [']rthas sidhyati / evam idaṃ yatnato maṅgalāntatvaṃ sūtrasya kṛtam //

[Bh 104,23-24] prathetedaṃ sūtrañ jagati ye cedam adhīyīrann asya cārtham avabudhyeran te viśvaṃ śivam aśnuvānā dvayor lokayos samaverann iti //

[Bh 104,25-26]

idam alpataraṃ sūtram arthatas tu mahattaram /
kaver vedanidher vaktrāt prasrutam praṇavāyate //

[Bh 104,27-29] iti jaiminīyasūtravṛttau prakīrṇakaṣ ṣaḍviṃśaḥ khaṇḍaḥ //

[Bh 105,5-6]

śrībhavatrātaracitā mādhavena manoramā /
jaiminīyasya vṛttir eṣā vyalikhyata //

[Bh 105,7-8]

vilikhya vṛttiṃ sūtrasya jaiminīyasya sāmpratam /
tasyaiva kārikā tena mādhavena vilikhyate //

[Bh 105,1-4]

padam anantasukhan nigadanti yad
gatadhiyāṃ sulabhaṃ kavipuṃgavāḥ /
mahitam anvaham āttadayan dvayaṃ
bhavatu haimavatīpatipādayoḥ //

[Bh 105,9 - 113,1]

1. vṛttiñ jaiminisūtrasya kṛtvā ślokān imān api /
2. paṭhati sma bhavatrāto bhavan natvā bhavacchidam /
3. pratimantraṇam ādau syāt pṛcchet kac cid iti tv atha /
4. vinā praśnād ayājyatve jñātena pratimantraṇam /
5. kuryād ahīnānūdeśyaśabdayoḥ plutim antataḥ /
6. avikrayadhiyā pṛ[c]chen nityaṃ kā dakṣiṇā iti /
7. devyā vācā pratibrūyād yajamāno yathātatham /
8. japann añjalinā mantram pratigṛhyotsṛjed apaḥ /
9. bhuvi pātran nidhāyāśya madhu muktvā kaniṣṭhikām /
10. nāvṛttir yajuṣo [']mīṣāṃ sāmni hiṃkaraṇaṃ yathā /
11. ekaṃ vasitvācamyānyadyajuṣaivopavītatām /
12. vastran nayet prāk praṇavād upāṃśu pratimantraṇam /
13. imaṃ varaṇamantran tu yajamāno na vetti cet /
14 pūrvam evāpramādāya śikṣayet tan niyojayet /
15. datte tu devayajane gām upājed yathāvidhi /
16. nāṅgānām madhuparkasya gṛhyoktānām ihāgamaḥ /
17. attv ity antam upāṃśu syād uccakaiḥ praṇavādikam /
18. upāṃśv eva tu sarvatra yajuṣām uktir iṣyate /
19. ṛcām api japatvaṃ vā yāsāṃ karaṇatāpi vā /
20. yā ṛco [']syān tu śākhāyām āmnāyante tribhi[s] svaraiḥ /
21. tās tathaiva japāditve sarvās tv ardharcaśo vadet /
22. yāny amāṃsāśitādyāni vidhāsyante vratāni tu /
23. ṛtvigbhis tāni caryāṇi yathāvidhy ā visarjanāt // //

24. agreṇaiva parītyaitad rājavāhanam āruhet /
25. prāgvartanāt prāg eva tris subrahmaṇyom itīrayet /
26. prāgvartanādiṣv apy evam pratīcy anasi saṃspṛśet /
27. yadāsmākīnam atraitad itiprabhṛti codanam /
28. avabodhayitavyas tad yaṣṭā yajñasya sampade /
29. asti karmasu sampraiṣo yeṣv ākāṅkṣeta teṣu tam /
30. svaraś ca subrahmaṇyāyām avasānāñ ca pāṭhataḥ /
31. uccair eva niruktāyāṃ sarvatrāhvānam iṣyate /
32. śṛṇuyātām mitho yena sa svaro vācane dvayoḥ /

33. sthānaṃ śālotkare pūrvam pradhānotkarajanmanaḥ // //

34. agnau vyāhr̥tisāmāni svasambandhisamīpataḥ /
35. geyāni prāṅmukhenaiva sthitvodgātrā sakr̥t sakr̥t /
36. gāyatraṃ vāmadevyañ ca br̥hac cātha rathantaram /
37. upasthāne tr̥casthāni vratavad deśavartmanī // //

38. hiṃkārasyāsti nāvr̥ttis sāma geyaṃ sakr̥t sakr̥t /
39. upeyur nidhanaṃ sarve gharmakarmopayoginaḥ /
40. vastram ādāya gīyeta śyaitam pratiyatā sakr̥t // //

41. yadādhvaryus tadodgātā kuryād audumbarīkriyām /
42. abhijuhvat sruveṇaivam ājyasthālyābhivardhayet /
43. paryūhaṇe [']sti nāvr̥ttir mantrasyaivaṃvidheṣu ca /
44. dr̥ṃha dr̥ṃheti ṣaṭkr̥tvaḥ pratimantran dr̥ḍhīkr̥tiḥ /
45. ā[c]chādayet tr̥ṇais sarvāṃ sarvām eva ca vāsasā /
46. śuklāṇy anupabhuktāni nirṇiktāni śucīni ca /
47. upādeyāni vastrāṇi sarvasmin vastracodane // //

48. strīnāmnāṃ yadi nirdeśaḥ pitur mātur iti kramaḥ /
49. mātrādīnām anekatve jyeṣṭhāsām agragāminī /
50. nāmāni pautranaptr̥̄ṇām putrānantaram ādiśet /
51. nityaḥ putrādinirdeśo nāpatyan nirdiśen mr̥tam /
52. janiṣyamāṇavākyan tu ke cid bhindanti no vayam /
53. syād udāttas tiṅantādya[s] syāntāntyau māntamadhyamau /
54. ādyāntyau hāntayor antyaḥ padaśeṣasya ca svaraḥ /
55. na sandadhīta vākyāni nāntarā viramed api /
56. śvaśśabdam prakṣiped asyāṃ saty apy arthena pūrvayoḥ /
57. trir āhvānam ihāpi syād idaṃrūpe pare api // //

58. visubrahmaṇyakā vedim prapadyeran samantrakam /
59. anyadā yadi sampraiṣas tadaivāhvānam atra na /
60. havirdhānābhimarśanādi yat karmodgātur eva tat /
61. viśvarūpā vaden mantram ekaśrutyeti no matiḥ /
62. avasyet pādayoḥ pāde pādayoḥ pādayor iti /
63. pavayet tris tribhir mantraiḥ prohasaṃmārjane tathā /
64. pavitraṃ kalaśe [']tyasyet parītyāsīta cāvr̥tā /
65. pavitrātyasanāntas tu syāt puro[']bhiṣavo dvyr̥caḥ /
66. dvitīyasyāvahāra[s] syāt pavitrasyāntarīṣataḥ /
67. tr̥cañ japan vitanuyāt pavitram bhāgaśo [']pi vā /
68. prastotr̥pratihartro[s] syād idānīm upaveśanam /
69. āsanāvr̥d anāstāve nainayor iti nirṇayaḥ /
70. ārthasiddhī ca dhāryeta pavitraṃ vitatan tribhiḥ /
71. udgātraivābhimr̥śyorvī tribhir ātmābhimarśanam // //

72. adhvaryuṃ hārayed atra tr̥ṇābhyām prastaraṃ saha /
73. svāhā pūrvāhuter nāsti sarva evottarām api /
74. darbhottareṣu vastreṣu stoṣyatām upaveśanam // //

75. upaviśyaiva kurvīta devasomasya bhakṣaṇam /
76. udgātā prasavād ūrdhvaṃ yuktimukte tu te śrutau /

77. prattā yuktī tayo rūpam anuvīkṣyādadīta ca /
78. yad rūpam upadher asya smaryate [']smābhir āditaḥ /
79. tad rūpam upagānasya nānyad ity eṣa nirṇayaḥ /
80. sarvastotreṣu tat kāryam prastāvānteṣu nānyadā /
81. ahiṃkṛtā syād retasyā pratihāryaṃ yathāśruti /
82. prastutyaiva vaded eṣā madhyamaiṣottameti ca /
83. udgātāvanayet sarvair utthātavyaṃ yathāvidhi /
84. ga[c]cheyur atha te prāñcaḥ kiñ cit sayajamānakāḥ /
85. udgṛhṇīyus tato bāhūn yaṣṭur vikramaṇan tataḥ /
86. yajūṃṣi vācayed veder nirga[c]cheyuś ca vartmanā // //

87. asattre mārjanan nāsti prapadācāmapūrvikā /
88. tasya tasya samīpasthaiḥ prāṅmukhair apy udaṅmukhaiḥ /
89. utkarāntā upastheyā raudreṇety anuṣajyate /
90. dakṣiṇānto mahāveder avedir hītarādhunā /
91. dvārāv ity aparan dvāram abhita[s] sthūṇayor vacaḥ // //

92. bhakṣitañ camasaṃ hotrā gṛhītvāvekṣaṇaṃ kṣamam /
93. bhakṣayantan tu hotāran nyāyato vacanād api /
94. ye niṣedhanti te kin nu kathayanty atra kāraṇam /
95. syāc ced vacanam asmākaṃ hotṛbhakṣanivartakam /
96. tad āyudhair niṣeddhavyaṃ kevalan na karāyudhaiḥ /
97. atha vā svavidhistho [']sau na no vidhiśatair api /
98. vārya[s] svo hi vidhir jyāyān parakīyāt svakarmaṇi /
99. vidhiś cāyam adṛṣṭārtha[s] syād dhotur bhakṣam anv iti /
100. abhakṣe bhakṣaṇe tv asya dṛṣṭārtha[s] syā[c] chivañ ca tat /
101. hutabhakṣaṇavākyañ ca vyarthaṃ syād dhotrabhakṣaṇe /
102. avekṣaṇādi bhakṣāntaṃ kṛtvā camasam utsṛjet /
103. salilārdreṇa hastena saṃmarśanam iheṣyate /
104. bhakṣitam pratihartrātha prastotāpyāyayed imam // //

105. nārāśaṃseṣu na nyāyyaṃ hotary upahavaiṣaṇam /
106. na subrahmaṇyabhakṣo [']tra sattre bhakṣāya tūcyate /
107. prastotā vaiṣṭutaṃ vāsa ity udgātāpi vā vadet /
108. kaniṣṭhikā parīṇāhā grāhyā viṣṭutayo vraṇāḥ /
109. ṛjavas satvaca[ś] ślakṣṇās sitakalkāṅkitāgrakāḥ /
110. prāgagrāś codagagrāś ca prastāvānte stṛṇīta tāḥ /
111. adhvaryur jñāpayed ete stotrāharaṇavartmanī /
112. kurvanty eke japād ūrdhvam audumbaryāḥ parigraham /
113. parigṛhyaiva khalv enāṃ stotram ādadmahe vayam /
114. praśāstṛbrāhmaṇācchaṃsinn ity upahvānam etayoḥ /
115. prasṛptavartma yat tena savanānteṣu nirgamaḥ /
116. anyadā pūrvayā dvārā hotur dakṣiṇatas tv iyāt /
117. asattre ke cid i[c]chanti naiṣāṃ ṣoḍaśibhakṣaṇam /
118. nātra kāraṇam asmābhir jñāyate [x x x x x] /
119. na vakṣyo bhakṣaṇāyāttas sa sarvo ca tair api [x] /
120. ukto bahvṛcasūtreṇa praśāstrā gharmabhakṣibhiḥ /
121. udgātṛbhiś ca bhakṣo [']tra yuktan nābhakṣaṇan tataḥ /
122. avekṣyo bhakṣaṇāyāttas sa sarvaiṣ ṣoḍaśigrahaḥ /

123. hotur iṣṭvā tato [']dhvaryor i[c]ched upahavan tv iha /
124. tato [']nyebhyo [']pi yāvanto bhakṣayeyur imaṃ graham // //

125. niṣkramyācamya mantreṇa prapadyākramaṇādi ca /
126. veder idānīm evaite kurvīrann āsanāv adhi /
127. yadābhiṣṭūyate somas tadotthāya pradakṣiṇam /
128. āvṛtya prāṅmukhair etais sadaso nirgatair atha /
129. havirdhānam praveṣṭavyaṃ gatair adhvaryuvartmanā /
130. vacanaṃ viśvarūpāṇāṃ gānañ cāsv iha neṣyate /
131. uccakair geyam ekarce pratyagyāne [']numantraṇam /
132. hutvā savyāvṛtām eṣām avyāvṛttikarī gatiḥ /
133. pradakṣiṇāvṛtān tu syād adhvaryvādivaśād gatiḥ /
134. prāpyāstāvam athāvṛtya santatais savyatas tribhiḥ /
135. upaveṣṭavyam evaṃ hi vyāvṛttir vinivartate /
136. prastaro devasomasya bhakṣo yuktiś ca santi naḥ /
137. asya pratnām iti bhaved ṛg gāyatrasya madhyamā /
138. gātavyam o vauṣāṭ bhū o dādeti yathāsvaram /
139. asya pratnāvaṣaṭkārau pratipatsv itarāsu na /
140. udapātrāvanejyādi vikramāntam ihāsti na // //

141. subrahmaṇyom iti brūyāt tris tūṣṇīn dakṣiṇāgrahaḥ /
142. praṇavenaiva vā kāryo dṛśyo dānavidhi[ś] śrutau /
143. ṛtvijo [']nye mahartvigbhyo hotṛkā hotrakā iti /
144. sahaibhyo deyam ekatvān mantrasya bahuyoginaḥ // //

145. pradakṣiṇāvṛn niṣkramya hutvā savyāvṛd āvrajet /
146. bṛhatpadasya na nyāsaḥ prokto mahimasambhṛtau /
147. proktaḥ pṛṣṭhāhutau tasmād bṛhan mahimayoginaḥ /
148. pratyeti vāg ityāde[s] syād ūrdhvam abhyananāt kriyā /
149. saṃmīlanaṃ ho āvādau vidarśo bhuvi hastayoḥ /
150. nyāsaś ca stotriyās sarvās samanvetīti niścayaḥ /
151. ke cid āder adhas sāṃnor dvayoś śaṃsanti vāg iti /
152. śākhāyām asmadīyāyān tasya mūlan na dṛśyate /
153. śākhāntaragatasyāpi yujyate nedṛśo grahaḥ /
154. vāgādino hi nāsmatto ho ā ityādi gṛhṇate // //

155. tṛtīyasavane kuryād yāvaduktam iti sthitiḥ /
156. sthitaḥ pūtabhṛtaṃ samyak pāvayitvā tadaiva tu /
157. pavitrasya vitānādi kuryād avikṛtaṃ varam /
158. prācīnāvītibhiḥ kāryaṃ śakalānām upāsanam /
159. camasan dakṣiṇena svan dakṣiṇodarkam ādṛtaiḥ // //

160. saumyakarma tribhiḥ kāryam mantraḥ pratidṛg iṣyate /
161. syād rathantaravarṇāyām eva patnīsamīkṣaṇam /
162. tat pūrvan nidhanāt ke cid ūrdhvam eva tu yujyate /
163. vṛṣṇas ta iti nālañ cet patnī vaktum patir vadet /
164. yajamānād iha grāhyo vācayitvā stuter varaḥ /
165. stotrasyāntyasya someṣu bhakṣiteṣu sruvāhutī /
166. sahetarābhyān niṣkramya juhuyāt svayam eva tu // //

167. āsīrann uttareṇāgnim parītya sukham atra vā /
168. āhūya dhānākarmārtham antarvedi prapāditam /
169. subrahmaṇyañ ca vinderan svāhākārāṃś ca śākalān /
170. apsuṣomān udañco vā prāñco vaite trayas saha /
171. uktvā samupahūtā[s] sma ity athānukrameṇa vā /
172. apsv ity evāvajighreyur udgātaivāvanāyakaḥ /
173. dadhiṣomārtham āgnīdhraṃ ga[c]cheyur dakṣiṇāvṛtā // //

174. sarveṣān nidhanopāyaḥ patipatnyṛtvijām iha /
175. ācāmeyus trir asyantair ācamyācamya te jalam /
176. subrahmaṇyo [']pi kurvīta paraṃ vidhicatuṣṭayam // //

177. pūrvāgnaye yadoddhāro vāmadevyan tadā tanum /
178. manasā veti pakṣo [']yam brahmapakṣe vikalpyate /
179. agnihotre tu gātavye yajamānena sāmanī /
180. pūrvaḥ kālo [']nyahavane svayaṃhome paro [']nayoḥ // //

181. gharmasāmasvaro madhyaḥ kaiś cid uttama iṣyate /
182. tadārambhas tu sampraiṣaḥ brahmaprasavapūrvakaḥ /
183. asampreṣyaiva ced rukmam upadadhyur adhastanam /
184. gītva rtusāmakaṃ kuryād upadhānapratīkṣaṇam /
185. arthān na sampraiṣepsātra śukraṃ śārṅgam iti kramaḥ /
186. śārṅgeṣu nādya niyamaḥ pūrvaṃ śyāvāśvam ity ataḥ /
187. tribhāgeṣu pravargyeṣu trīṇi tāni krameṇa vā /
188. gītvā gharmavrate gharmaḥ parigīyeta sāmabhiḥ /
189. yat pūrvan nihnavād ūrdhvaṃ svarebhyas trīṇi yāni ca /
190. eteṣu yāvatāṃ kāla[s] syād gānan tāvatām iha /
191. ekaṃ vā dve [']tha vā teṣāṃ gītvā bhrājādi gīyatām /
192. ud yat prāg anyad iti arvāg ūrdhvañ caruta[ś] śruteḥ /
193. upagrahotsādo nātra stotrāpannāśrayo hi saḥ /
194. brāhmaṇaspatyam ārabhya syād ayam prāgudaṅmukhaḥ // //

195. upasatsāmagānāya niṣkramya praviśet punaḥ /
196. śārṅgeṣu yad adaḥ proktan tulyaṃ somavrateṣu tat /
197. prathame eva tu syātāṃ kālayor ubhayoḥ kramāt /
198. agnipraṇayane hotrā sahopakramaṇakriyā /
199. gāyanto [']nuvrajanty eke hotṛśiṣyā ivādhiyaḥ /
200. sthānāsane ca na śiṣṭe parigāṇeṣu no gatiḥ /
201. tasmād anena gīyeta śālāyām eva tiṣṭhatā /
202. agnīṣomapraṇītau ca tathā sāmadvayan tataḥ // //

203. paśāv athāgnīṣomīye somasāme amūṣv iti /
204. ayā pra somety āgneye dve ca gāyan na duṣyati /
205. ādyaṃ vā vargam āgneye na ma ene mamādi vā /
206. samantam paramaindrāgnaṃ yac cendrāgnī apād iti /
207. tāny aindrāgne pareṣv evaṃ liṅgād devatayāpi vā /
208. ekaikasmin paśau trīṇi sāmāni syur bahūni vā /
209. somasāmāni geyāni nityāni savanatraye /
210. patnīsaṃyājaniṣṭhāyāṃ gātavyaṃ yajñasārathi /
211. nośanty eke tad ekāhe homas teṣām mahānase /

212. āpnoty udavasānīyā sāmāhutir apīṣṭivat // //

213. pipālayiṣyatā bālān pramādāt saṃhṛtam mayā /
214. śrutinyāyāvisaṃvādi matam asmadguror guru //

[Bh 113,2-3]
kārikā saṃśayacchedakārikā sūtragāminī /
mādhavena manassaṅgi mādhavena vyalikhyata //